本书受吉林省教育厅人文社科研究项目
"'后冬奥'背景下吉林省冰雪休闲旅游开发策略研究"（JJKH20230193SK）和
吉林财经大学校级项目"服务生态系统视角下服务企业的价值共创模式研究"
（2022YB012）资助。

OPERANT RESOURCE-BASED
CAPABILITIES AND
COMPETITIVE ADVANTAGE IN
ENTERPRISES

刘燕琪 著

操作性资源能力
与企业竞争优势
基于服务生态系统的视角

A PERSPECTIVE

BASED ON

THE SERVICE ECOSYSTEM

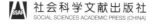

社会科学文献出版社
SOCIAL SCIENCES ACADEMIC PRESS (CHINA)

摘　要

数字经济和服务经济的繁荣使行业融合发展的趋势不断加剧，开放共享理念日益深入人心，越来越多的企业选择通过加强与其他各角色参与者的互动建立竞争优势。服务生态系统是 A2A 导向的，强调价值通过互动产生，将广泛的经济社会参与者纳入资源整合者和价值共创者的范畴中，成为探索企业竞争优势形成的新视角。近年来，服务生态系统的实践不断丰富，在 2024 年 Brand Finance 公布的全球最有价值品牌排行榜中，居前 3 位的（苹果、微软、亚马逊）均是具有生态系统视野、拥有主导生态系统能力的企业，从服务生态系统的视角出发探索企业竞争优势的形成成为一个具有现实意义的问题。然而，现有关于服务生态系统的研究远落后于实践发展，对服务生态系统中企业的关注更多地聚焦在企业与生态系统的共生关系上。尽管服务生态系统打破了原有价值和创新活动中创造者和毁灭者的界限，强调 A2A 导向，但是参与者在生态系统中仍存在地位和角色的差异，影响着利益的分配，获得竞争优势对企业来说仍然至关重要。

基于此，本书从服务生态系统的视角出发，综合资源基础观、动态能力理论、服务主导逻辑理论，对 W、H、B 3 家企业进行探索性案例研究，根据案例分析结果，以竞争优势为因变量、操作性资源能力为自变量、价值共创和服务创新为中介变量、共享制度为调节变量，构建了操作性资源能力对竞争优势作用机制的整合模型，并根据模型提出了研究假设，通过问卷调查的方式进行了数据收集，使用 SPSS 20.0、AMOS 17.0 等软件对研究假设进行了检验。

本书得出以下研究结论：操作性资源能力为服务生态系统中的企业活动奠定了坚实的基础，对竞争优势具有积极影响，价值共创是服务生态系统中价值创造的一般形式，且在操作性资源能力对竞争优势的影响中起部分中介作用。服务创新关系着企业的长远发展，能够使企业保持活力，在操作性资源能力对竞争优势的影响中起部分中介作用。同时，共享制度能够强化操作性资源能力对价值共创和服务创新的正向影响，并正向调节"操作性资源能力—价值共创—竞争优势"和"操作性资源能力—服务创新—竞争优势"两条作用路径。此外，本书的研究结论对在服务生态系统中活动的企业提供了实践启示，企业应打破原有产品主导逻辑的禁锢，从服务生态系统的视角出发看待发展，制定具有生态系统视野的发展战略，通过培养和有效运用操作性资源能力，促进竞争优势的形成和提升。同时，企业应形成符合数字经济浪潮的价值创造模式，通过与参与者互动合作实现价值共创，以开放共享的态度开展服务创新，解决技术创新和市场创新割裂的问题，利用共享制度在跨文化、跨区域合作中规避风险。

目　录

第 1 章 绪论

1.1 研究背景

近年来，服务业在国民经济中的重要作用不断得到认可，服务经济飞速发展，产品与服务的界限愈发模糊，二者融合发展成为必然趋势。在这样的背景下，原有的产品与服务分离、价值生产者与价值毁灭者分离的产品主导逻辑的解释力不断下降，无法很好地指导经济管理活动，服务主导逻辑开始出现（Vargo and Lusch，2004）。服务主导逻辑认为一切经济都是服务经济，服务被定义为了自己或他人的利益而应用资源。在这种定义中的服务（service，单数）超越了产品主导逻辑中与有形产出产品（goods）相对的无形产出服务（services，复数）的范畴，包括了社会和经济活动的所有相互作用，产品与服务之间的矛盾得到解决。随着服务主导逻辑研究的不断深入，由参与者通过服务交换和资源整合进行价值共创而连接起来的、基于共享制度逻辑的、相对独立的、自我调节的服务生态系统开始成为学界关注的焦点（Akaka et al.，2013）。在实践中，许多服务生态系统已经被建立起来，并且卓有成效。从通过技术标准建立起来的苹果（iOS）、谷歌（安卓）服务生态系统，到通过商业模式建立起来的BAT、小米服务生态系统，再到通过核心价值理念汇集参与者而建立起来的 Eataly（意大利传统饮食理念）、共享单车（共享经济）服务生态系统，有关服务生态系统的实践内容不断丰富，共生的服务生态系统理念被更多人认可并成为现代商业发展的一个新方向，这也为企业发展提供了新思路，为管理研究提供了新视角。

从服务生态系统出发探讨企业管理的重要意义主要体现在三个方面。首先，服务生态系统提高了企业适应复杂动态环境的能力。在全球化进程不断推进的今天，世界各地的联系日益密切，国际市场的复杂性和差异性使企业面临巨大挑战。此外，科技发展速度的加快导致了产品与服务更新速度不断提升，企业需要同时面对来自国际市场和科技创新的双重压力，其所处环境的竞争性、动态性、不确定性进一步加剧。服务生态系统是一个通过共享制度连接的、自我调节的动态系统，共享的制度逻辑降低了复杂市场带来的冲击，自我调节性提高了整个系统适应不确定动态环境的能力，成熟的服务生态系统是具有跨文化视野的、不断创新的自适应系统（Chandler and Vargo，2011）。其次，服务生态系统促进了参与者之间的交流与互动，提高了资源利用率，提升了企业抵御风险的能力。随着互联网和移动网络的普及，交易成本不断降低，有形资源和无形资源的流动速度不断加快（杨善林等，2016），各利益相关者之间互动频繁，所有社会经济的参与者都成了资源整合者（Vargo and Lusch，2016）。参与者之间的互动推动了组织形式变化和产业重组的进程，服务生态系统成为容纳这种变化的新的框架形式（Lusch and Nambisan，2015）。最后，服务生态系统是一个共赢的系统。随着社会经济的发展，竞争观念发生了变化，企业之间由一开始完全对立的竞争转变为现在的既竞争又合作的复杂关系，这种变化在服务生态系统中体现得尤为明显。以苹果公司为主导的苹果服务生态系统为例，该生态系统是由 iOS 技术标准和一系列价值理念为核心建立起来的。苹果公司作为该服务生态系统的主导参与者获得了收益，但是收益并不是由苹果公司独享，苹果公司、苹果零部件供应商、零售商、iOS 应用的开发者、苹果产品和应用的使用者等各种不同角色的参与者都从这个服务生态系统中得到了收益。服务生态系统着眼于更多参与者之间的共生、共创、共赢，致力于提升整个生态系统的总福利（Vargo and Lusch，2010）。

值得注意的是，尽管服务生态系统是一个 A2A（actor to actor，参与者到参与者）的共赢系统，但是参与者在服务生态系统中的角色和地位仍存在差异，这一点在现有服务生态系统的相关研究中没有得到足够重视。如同人类在地球这个生态系统中占据主导地位一样，服务生态系统中也存在着占据领导地位的参与者，并且这种领导者角色往往是由企业扮演的。不难发现，现有的服务生态系统多以占据领导地位的企业或品牌命名，如Uber 服务生态系统、Airbnb 服务生态系统、小米服务生态系统等，虽然这些服务生态系统的参与者都从中得到了收益，但是处于领导地位的企业无疑是获益最大、影响生态系统能力最强的参与者。因此，如何在服务生态系统中获得竞争优势、占据服务生态系统中的领导者地位是服务生态系统研究需要关注的一个核心问题。

随着服务生态系统实践和理论的不断发展，操作性资源的重要性开始受到学者的关注。Constantin 和 Lusch 于 1994 年提出了新的资源分类方式，即资源可以分为在生产活动中处于被动地位的对象性资源（operand resources），这类资源通常是有形的、静态的（如自然资源等），以及在生产活动中可以产生影响的操作性资源（operant resources），这类资源通常是无形的、动态的且可以作用于对象性资源（如知识、技术、关系等）。目前，操作性资源是竞争优势和战略利益根本来源这一判断被众多学者认同（Aal et al.，2016；Banoun et al.，2016；Vargo and Lusch，2016；Beirao et al.，2017；Vink et al.，2021），企业要想提升自身的竞争优势、在服务生态系统中占据更有利的位置，就必须提升对操作性资源的应用能力，操作性资源能力开始引起关注。那么，服务生态系统中企业的操作性资源能力是如何提升竞争优势的？操作性资源能力对竞争优势的影响是通过何种路径形成的？在操作性资源能力对竞争优势的作用机制中是否存在调节因素的影响？基于以上问题，本书从服务生态系统中企业的操作性资源能力出发，对企业竞争优势的形成机制进行了探索。

随着服务生态系统实践的不断发展，相关研究日益丰富。通过对相关文献的梳理与回顾可以发现，现有的有关服务生态系统中操作性资源能力与竞争优势的研究存在一定的局限。第一，目前学者对服务生态系统的关注聚焦于参与者的共创以及参与者同服务生态系统之间的共生关系，对服务生态系统中的竞争问题有所忽视，对企业如何在服务生态系统中获得竞争优势的探讨略显不足。第二，在现有研究中学者已经开始关注操作性资源的重要意义，但从能力出发探索操作性资源应用即操作性资源能力的研究有所欠缺，对操作性资源能力与竞争优势关系的研究十分稀少，实证研究更为缺乏。第三，根据对现有研究的梳理可以发现，企业掌握对操作性资源的识别、整合、应用等能力有助于在服务生态系统中实现价值共创和服务创新，同时，价值共创和服务创新是企业获得竞争优势的重要途径（Vargo and Akaka，2012；Koskela-Huotari et al.，2016）。由此可知，在操作性资源能力对竞争优势的影响机制中，价值共创和服务创新发挥着关键作用，但是现有文献对操作性资源能力对竞争优势的具体作用路径欠缺研究，对价值共创和服务创新在路径中的具体作用缺乏讨论。第四，服务生态系统是通过共享的制度逻辑连接的、相对独立的、自我调节的系统，参与者之间的互动行为受到服务生态系统共享制度的协调和约束，共享制度一致与否是参与者互动能否成功的关键因素（Solomon et al.，1985），也是操作性资源能力能否有效发挥的重要权变因素，但是以往的研究对此缺乏关注。

本书基于资源基础观、动态能力理论、服务主导逻辑理论，从服务生态系统的视角出发，探究竞争优势的形成机制，对企业操作性资源能力与竞争优势的关系进行了深入探析，进一步研究价值共创与服务创新在操作性资源能力和竞争优势关系中的中介作用，以及共享制度在其中的调节作用，力求进一步丰富服务生态系统的相关理论，为服务生态系统中企业的管理实践提供理论指导。

1.2　研究意义

1.2.1　理论意义

第一，探索了服务生态系统中操作性资源能力对竞争优势的积极作用，丰富了操作性资源能力的实证研究。随着学者对服务生态系统关注程度的不断提升，操作性资源能力的重要意义开始被重视。学者普遍认同操作性资源是服务生态系统中占据主导地位的资源，操作性资源能力影响竞争优势的形成（Vargo and Lusch，2008）。但是，现有对操作性资源能力的研究大多停留在理论层面，实证研究较为欠缺，仅有的对操作性资源能力的实证研究也以定性研究为主，且集中于对价值创造、创新等某一方面问题的探讨，有关操作性资源能力对企业综合性影响的研究还有待丰富。本书将竞争优势作为因变量，较为综合地考察了操作性资源能力对企业的影响，并深入探讨了不同维度的操作性资源能力对竞争优势的作用。

第二，探索了服务生态系统中企业操作性资源能力影响竞争优势的具体路径和权变因素。操作性资源能力是企业竞争优势重要来源的观点被众多学者认同（Maglio et al.，2010；Beitelspacher et al.，2012），然而，操作性资源能力对竞争优势的具体作用路径鲜有学者研究。由此，本书引入了价值共创和服务创新两个中介变量，对操作性资源能力对竞争优势的具体作用路径进行了探析。此外，在操作性资源能力对竞争优势的作用机制中存在调节作用。企业作为服务生态系统的参与者，受到共享制度的指导和约束，共享制度会影响企业在生态系统中活动的效率和效果，本书引入共享制度这一权变因素，对其调节作用进行了深入分析。

第三，构建了服务生态系统中操作性资源能力对竞争优势发挥作用的整合模型。目前对服务生态系统的研究仍以理论探讨和定性研究为主，实证研究较为缺乏。本书以理论研究和实证研究相结合、定性研究与定量研究相结合的方法对服务生态系统视角下操作性资源能力对竞争优势的作用机制进行了深入研究，将竞争优势作为因变量，将操作性资源能力作为自变量，将价值共创、服务创新作为中介变量，将共享制度作为调节变量构建了操作性资源能力对竞争优势的作用机制的整合模型，丰富了服务生态系统的实证研究。

1.2.2　现实意义

第一，探索了服务生态系统中企业操作性资源能力影响竞争优势的"黑箱"，为服务生态系统中的企业实践提供了指导。从 Windows 服务生态系统、苹果服务生态系统，到 Uber 服务生态系统、Airbnb 服务生态系统，服务生态系统的实践日益丰富，越来越多的参与者从成功的服务生态系统中获益。但是，目前服务生态系统的理论研究远滞后于实践发展，企业在服务生态系统中的实践缺乏有力指导，致使企业活动存在一定的盲目性。现今，操作性资源在服务生态系统中的重要意义已经得到公认，但是企业如何发挥操作性资源的作用、如何构建操作性资源能力、如何获得竞争优势、如何同服务生态系统共同成长仍缺乏具体依据。因此，本书深入探讨了服务生态系统中企业不同的操作性资源能力对竞争优势的作用，为服务生态系统中企业的管理实践提供了理论指导。

第二，厘清了服务生态系统中价值共创和服务创新在竞争优势形成机制中的作用，为企业价值创造活动与创新活动的开展提供了借鉴。在服务生态系统中，参与者互动是价值创造和传递的前提和基础（Storbacka et al.，2016），价值共创与服务创新都是参与者互动的结果，但是这两种结果产生的效果略有不同：价值共创增加了服务生态系统中的总福利，但是可能使参与者行为出现刚性；服务创新可能会产生大量成本，但是有助于企业与其共生的服务生态系统不断革新以避免淘汰。本书对企业如何发挥操作性资源能力进行价值共创和服务创新进而获得竞争优势的路径进行了研究，为企业如何在服务生态系统中有效开展价值创造和创新活动提供了参考，为企业确立竞争优势提供了可行路径。

第三，转变竞争观念，帮助企业更好地与其所在的服务生态系统共生共赢。一方面，企业之间单纯的竞争关系不符合现代企业的管理实践。市场范围的扩大、科技更新速度的加快、消费观念的转变等因素使企业间的关系变得复杂，呈现既竞争又合作的状态。另一方面，传统意义上的价值创造者和价值毁灭者、创新制造者和创新消费者的划分逐渐变得模糊，在价值创造和创新过程中，企业、顾客等都是参与者，都在应用自己的资源为自己或他人创造利益。在这种趋势下，企业需要转变固有思维，积极寻求与服务生态系统中的其他参与者进行合作，操作性资源不仅是竞争优势的根本来源，而且是战略利益（系统总福利）的根本来源（Vargo and Lusch，2016），这使企业在应用操作性资源能力为自身创造竞争优势的同时也增加了服务生态系统的总福利。本书为企业更好地适应服务生态系统中的竞合关系、与服务生态系统共同成长提供了理论参考。

第四，为"双循环"背景下跨国、跨区域经营的企业提供新的商业模式。伴随信息技术和交通运输业的发展，世界经济一体化趋势日益明显。企业的跨国、跨区域合作不断增加，但是由地域、文化等因素带来的固有差异仍然存在，各地市场的差异和变化导致了企业面临的复杂性和动态性增加，成为跨国、跨区域经营的企业面临的一大难题。服务生态系统通过共享制度将参与者联系在一起，共享制度既包含规则、规范，又包含信仰、价值观等内容，参与者在共享制度上的一致性提高了整个服务生态系统对差异性和动态性的包容性和适应性，企业如果能够搭建以其为主导的服务生态系统，将在跨国、跨区域竞争中获得优势。本书为企业如何在跨国、跨区域经营中更好地发展、实施全球化战略提供了有效的商业模式。

1.3　研究的主要创新

第一，从服务生态系统的视角探索了操作性资源能力对竞争优势的影响。服务生态系统是一个互利共赢的系统，学者对其的研究聚焦于共生、共赢、共创等方面，对服务生态系统的竞争性关注不够，鲜有对服务生态系统中企业竞争优势问题的讨论。本书不仅将竞争优势作为因变量，探讨了服务生态系统中竞争优势的形成，并且从操作性资源能力出发，回答了企业是如何发挥操作性资源能力促进价值共创和服务创新进而形成竞争优势的，丰富了竞争优势理论在服务生态系统领域的应用，为服务生态系统中的企业活动提供了理论依据。

第二，采用了案例分析与统计分析相结合的方法，研究了操作性资源能力对竞争优势的作用机制。本书通过对相关文献的梳理，建立了研究的预设框架，选取了 W、H、B 三家处于不同服务生态系统、在生态系统中占据不同地位的企业作为案例研究对象，通过三级编码分析的方法进行了案例研究，为正式的研究模型和假设的提出奠定了基础。此外，通过对问卷调查收集的数据进行统计分析，对研究模型和假设进行了检验，弥补了服务生态系统中操作性资源能力与竞争优势相关研究中实证研究相对缺乏的不足。

第三，揭示了价值共创和服务创新在操作性资源能力与竞争优势关系中的中介作用。操作性资源能力对竞争优势的作用存在着具体路径，现有研究只笼统地提出操作性资源能力能够带来竞争优势，但是具体的作用路径有待进一步讨论。价值共创是服务生态系统中价值创造的一般形式，关乎企业价值的累积；服务创新关系到企业的长期发展，是企业是否能领先竞争对手的关键。本书将价值共创和服务创新引入分析框架，探寻二者在操作性资源能力对竞争优势作用机制中的中介作用，力图弥补当前研究的不足，为服务生态系统中企业获得竞争优势提供了可行路径。

第四，从服务生态系统特性出发，探索了共享制度这一调节变量的作用。在服务生态系统中，参与者通过共享制度来协调彼此的互动，共享制度对理解服务生态系统的结构和功能起关键性作用。企业在发挥操作性资源能力的时候，受到服务生态系统共享制度的指导和约束，参与者之间共享制度的一致性对企业在服务生态系统中活动的效率和效果产生影响。基于此，本书引入共享制度作为调节变量，进一步完善了服务生态系统中操作性资源能力对竞争优势的作用机制的整合模型，为服务生态系统中的企业活动提出了合理化建议。

1.4　研究方法与技术路线

1.4.1　研究方法

（1）文献分析法

本书在"Elsevier Science""EBSCO""Springer‐link""ProQuest""Science Direct""中国知网""万方""维普"等数据库中搜索与服务生态系统、竞争优势、操作性资源能力、价值共创、服务创新、共享制度等相关的文献，通过对相关文献的梳理和回顾，厘清了各变量的概念、研究发展进程，对变量相关研究的不足和发展方向进行了深入了解，并在此基础上借助资源基础观、动态能力理论、服务主导逻辑理论对变量之间的关系进行了分析，得出了研究的理论模型。

（2）访谈法

一方面，为了更好地搭建研究的理论框架，本书进行了案例分析，通过对案例企业管理者、客户、其他利益相关者的半结构化访谈，对 W、H、B 三家案例企业进行了一手资料收集。另一方面，为了进一步保障问卷的信度和效度，在预测试和正式发放问卷之前以访谈的形式对问卷进行了前期调研，通过对相关领域专家和企业管理者的访谈对问卷中各变量的量表题项进行了修正，力图避免歧义，精简问卷，提升问卷的科学性和可行性。

（3）问卷分析法

本书的问卷调研分为预测试和正式调研两部分。在预测试阶段少量发放问卷，针对被调研者在填写问卷时遇到的问题，结合预测试信度、效度分析结果对问卷进行修改，进一步完善问卷的结构和内容。在正式调研阶段，使用"线下+线上"的方式发放问卷，通过对问卷的回收、筛选、整理，形成能够在统计分析中使用的数据。

（4）数据统计分析法

为了对本书的理论模型和研究假设进行检验，进一步验证服务生态系统中操作性资源能力对竞争优势的作用机制，本书对问卷调研中收集到的一手数据资料进行统计分析。统计分析包括描述性统计分析、信度效度检验、相关分析、回归分析、Bootstrap 检验等，使用工具主要包括 SPSS 20.0、AMOS 17.0 等。

（5）扎根理论分析法

利用扎根理论分析法对服务生态系统中企业竞争优势的形成机制进行探索，为本书正式研究框架和假设的提出奠定基础。首先，根据文献综述和理论梳理构建研究的预设框架；其次，选取不同服务生态系统中的典型企业 W、H、B 作为案例研究企业，并对这些案例企业进行了一手资料和二手资料收集；最后，对收集的资料进行三级编码分析，检验预设框架的合理性，并提出相关命题。

1.4.2　技术路线

本书的技术路线如图 1.1 所示。

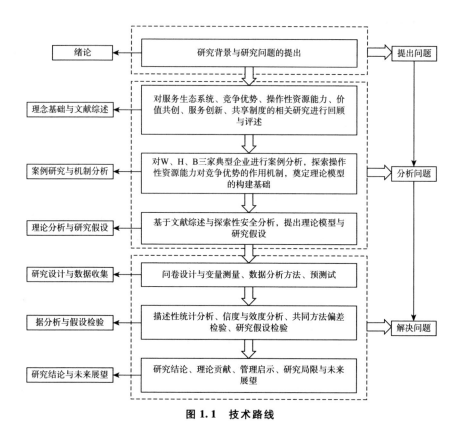

图 1.1　技术路线

1.5　本书结构

根据本书的技术路线和研究方法，本书将分为 7 章进行阐述。

第 1 章　绪论。本章从经济管理实践中产品与服务不断融合、不同角色的参与者通过互动共同创造价值出发，介绍了服务生态系统在实践和理论中的发展状况，提出了本书的理论意义和现实意义，并在分析前人研究的基础上提出本书的创新点。同时，本章对研究方法、技术路线、篇章结构等内容进行了阐述。

第 2 章　理论基础与文献综述。本章围绕服务生态系统、竞争优势、操作性资源能力、价值共创、服务创新、共享制度等内容，回顾和梳理了国内外相关研究文献，从服务主导逻辑和服务生态系统的视角厘清了各变量的内涵及测量方法。此外，本章对相关变量的现有研究进行了辨析，厘清了变量之间的关系，为本书理论模型和假设的提出提供了理论支撑。

第 3 章 案例研究与机制分析。本章通过文献梳理构建了本书的预设框架。选取了旅游生态系统、共享单车生态系统、新能源汽车生态系统中的 W、H、B 企业作为案例研究对象，通过访谈和资料查找进行原始数据的收集工作，再对收集到的数据进行三级编码分析，梳理操作性资源能力对竞争优势的作用机制，验证预设框架是否成立，并提出初始命题，为研究的模型构建奠定基础。

第 4 章 理论分析与研究假设。本章在文献综述和案例研究的基础上，以资源基础观、动态能力理论、服务主导逻辑理论等为基础，构建以竞争优势为因变量、操作性资源能力为自变量、价值共创和服务创新为中介变量、共享制度为调节变量的理论模型，通过分析各变量之间的关系，提出了本书的研究假设。

第 5 章 研究设计与数据收集。本章对研究设计与研究使用的主要方法进行介绍。基于构建的研究模型，查阅相关文献资料，对竞争优势、操作性资源能力、价值共创、服务创新、共享制度的量表进行选取，结合调研的现实情况与专家反馈意见对量表进行修改完善，得出本书的调查问卷。进行预测试，在预测试反馈的基础上对问卷进行最后的修改，完善后进行正式的问卷发放。

第 6 章 数据分析与假设检验。本章对问卷调研得来的数据进行分析和检验。首先，对样本和各变量进行描述性统计分析；其次，为了检验数据和量表质量，对竞争优势、操作性资源能力、价值共创、服务创新、共享制度进行信度、效度以及共同方法偏差检验；最后，通过相关分析、回归分析、Bootstrap 分析等对本书的假设进行检验，并对检验结果进行讨论。

第 7 章 研究结论与未来展望。本章对实证研究得出的结果进行进一步分析，得出本书的研究结论。结合研究过程和研究结论总结本书的理论贡献和管理启示。同时，对研究中样本的选取、使用的方法、模型的构建等方面的不足进行总结，对未来相关领域的研究提出展望。

第2章 理论基础与文献综述

2.1 服务生态系统相关研究

2.1.1 服务生态系统的理论来源

（1）服务主导逻辑

随着供给侧结构性改革的不断深入，我国经济结构调整的步伐不断加快，服务业对国民经济的贡献率不断上升，支柱性作用开始显现。然而，无论是理论上还是实践上，对服务、服务业和服务经济的争议一直存在。早在1776年，"经济学之父"亚当·斯密就提出国民财富的主要来源是具有"生产性"的产品，"非生产性"的服务是次优的，只需适当给予关注。之后在经济学领域的研究中，大量学者继承了这一个观点，将有形的产品放在主导位置上，认为无形的服务只是提高产品价值的附属品。传统的市场营销学继承了经济学的观点，将研究聚焦于以产品为核心的"4P"（product，price，place，promotion）理论，认为营销是一种通过对"4P"进行组合来满足目标市场顾客需求而获得利润的决策活动。这种关注有形产出（产品）的研究范式与当时科学研究中围绕牛顿力学而搭建起来的主流研究范式相呼应，嵌入有效用的商品经济模型与牛顿力学研究范式具有自然的兼容性和吸引力。由此，产品主导逻辑（goods dominant logic）在经济学和管理学领域占据了上风。产品主导逻辑的本质如表2.1所示。

表 2.1 产品主导逻辑的本质

序号	本质内容
1	经济交换从根本上来说是与产出单位（产品）有关的
2	产品在制造（或农业，或提取）过程中具有价值
3	对于效率而言，理想的生产是标准化的，是在与客户分离的情况下进行的，在面临不规则需求的情况下，可以进行存货盘点以使生产周期平衡
4	产品可以通过创造需求在市场上销售

资料来源：根据 Maglio 等（2009）的研究整理。

随着社会经济的不断发展，服务在经济和社会活动中的重要性日益凸显，原有的产品主导逻辑开始受到冲击。20 世纪 90 年代中期，开始有学者提出市场营销活动（以及一般的经济活动）应该从服务交换的角度来理解，而不是从产品交换或货物交换的角度来理解，由此提出了与传统产品主导逻辑相对的服务主导逻辑（service dominant logic）（Vargo and Lusch，2004）。服务主导逻辑的核心在于对服务的全新诠释。在产品主导逻辑中，服务（services，复数）被视为一种受限制的产品（无形的产出单位）或提升产品价值的附加部分；而在服务主导逻辑中，服务（service，单数）被认为是为了自己或他人（另一方）的利益而应用资源，不将产品作为交换行为的焦点。这里的资源指的是操作性资源（operant resources）。Constantin 和 Lusch 于 1994 年提出了新的资源分类方式，即资源可以分为在生产活动中处于被动地位的对象性资源（operand resources），这类资源通常是有形的、静态的（如自然资源等），以及在生产活动中可以产生影响的操作性资源（operant resources），操作性资源可以作用于对象性资源，这类资源通常是无形的、动态的（如知识、技术等）。Penrose 早在 1959 年就指出永远不是在生产过程中作为"输入"的资源在起作用，而是资源所提供的服务在起作用。因此，相对于对象性资源，操作性资源和操作性资源能力更为重要。

服务主导逻辑对服务的界定扩大了原有服务的范畴，对服务的研究囊括了社会和经济交换的所有相互作用。服务主导逻辑的关注焦点不再是交换价值（为某物支付的价格），而是使用中的价值或者体验价值（Holbrook，2006）。在产品主导逻辑中，管理者和学界关注的是有形的产出和离散的交易,而在服务主导逻辑中,无形的交换过程、关系成为关注的重点。正如科特勒(1991)所说,实物产品的重要性与其说在于拥有它们,不如说在于获得它们提供的服务,产品应该被看作服务的分配机制或满足更高层次需求的供给者。

服务主导逻辑提出以来受到学界的广泛关注,经过多年的研究和修正,逐渐形成了 11 个基本命题和 5 条公理(Vargo and Lusch,2004,2008,2016),如表 2.2 所示。

表 2.2 服务主导逻辑理论的发展

序号	2004 年	2008 年	2016 年
1	专业技能和知识的应用是交换的基本单位	服务是交换的基础	无变化(公理 1)
2	间接交换掩饰了交换的基本单位	间接交换掩饰了交换的基础(服务)	无变化
3	产品是服务供给的分销机制	无变化	无变化
4	知识是竞争优势的基本来源	操作性资源是竞争优势	操作性资源是战略性利益的基本来源
5	一切经济都是服务经济	无变化	无变化
6	客户始终是共同生产者	客户是价值的共同创造者	价值是由多个参与者共同创造的,总是包含受益人(公理 2)
7	企业只能提出价值主张	企业不能传递价值,只能提出价值主张	参与者不能传递价值,但是可以参与价值创造和提供价值主张
8	服务中心是面向客户关系的	服务中心的视角是客户导向和关系性的	服务中心的视角本质上是利益和关系导向的
9		所有社会和经济活动的参与者都是资源整合者	无变化(公理 3)
10		价值总由受益人独特地用现象学方法决定	无变化(公理 4)
11			价值创造由参与者产生的共享制度来协调(公理 5)

资料来源:根据 Vargo 和 Lusch(2004,2008,2016)的研究整理。

服务主导逻辑为服务生态系统提供了理论内核。我国学者李雷等(2013)将服务主导逻辑的基本命题分成操作性资源与竞争优势、市场交易机制、价值共创模式以及服务生态系统四类,并认为操作性资源与竞争优势是服务主导逻辑的基础，市场交易机制和共创模式是服务主导逻辑的核心，服务生态系统则是服务主导逻辑发展的归宿，为本书的模型构建提供了研究思路。

（2）服务系统

在一个日益复杂化和全球化的世界中，系统的方法使决策者对所观察到的现象有了更广泛、更动态的思考。在服务主导逻辑出现之后，将服务主导逻辑与系统的方法相结合的研究成为解决动态环境中复杂问题的新途径。服务系统以服务主导逻辑为逻辑基础，强调价值共创中的协作与适应，为互惠的服务提供了一个平衡的、相互依存的系统框架。

结构和系统之间的区别意味着从静态视图到动态视图的转变（Barile and Saviano，2000）。Spohrer 和 Maglio（2008）将服务系统定义为利用人、技术、连接系统内外部的价值主张以及共享的信息（语言、法律、方法、规则、规范等）进行价值共创的配置。这里对服务的界定继承了服务主导逻辑，表示为了自己或他人的利益而应用资源和能力。因此，服务至少涉及两个实体：一个是应用能力的实体；另一个是将应用能力与其他资源相结合并确定效益的实体（Maglio et al.，2009）。服务系统有大有小，最小的服务系统是以个体之间的互动为中心的，最大的服务系统则能够将全球经济囊括其中，企业部门、企业、城市、政府机构、国家服务系统等都是服务系统的表现形式。

服务系统是服务交换的基本分析单位（Vargo et al.，2008），服务系统之间的交互具有复杂性，Maglio 等（2009）建立了服务系统交互的 IS-PAR（Interact-Serve-Propose-Agree-Realize）模型，分析了两个服务系统之间交互的 10 种可能的结果。所有的服务系统都是既包含服务的供给者又包含服务的消费者，服务系统是由价值链、价值网络或价值创造体系中的价值主张来连接的，供应者和消费者在其中共同创造价值。

服务系统是具有自我调节与适应能力的复杂系统（Gruhl et al.，2007），人是服务系统的重要组成部分，人自身的调节性和适应性加剧了服务系统的复杂性，因而服务系统是动态、开放的系统，而不是一个简单优化的系统。服务科学是随着对服务系统的深入研究而发展演进出的学科，旨在区分和辨析服务系统的类型和特点，解释服务系统中各主体的相互作用，系统地寻找原则和方法以促进价值共创（Maglio and Spohrer，2008）。服务科学的出现使抽象的服务主导逻辑有了现实的应用场所，密切了服务主导逻辑理论与实践的联系，为后来服务生态系统的出现铺平了道路。

（3）生态系统

20世纪初，Clements（1916）第一次提出了生物群落的概念，即居住在一个特定区域的整个生物体群落。Tansley（1935）在此基础上提出了系统的概念，认为相对于生物群落，系统的概念更为基础，系统不仅包含了生物群落，还包括形成生物群落环境的所有物理因素，这是一个包含了广义上栖息地因素的复合体。虽然有机生命是生物学研究的重心，但是有机体生命依存于它们所存在的环境，不能将其与环境剥离，有机生命与其生存的环境形成了一个特殊的物理系统。

从生态学的角度来看，有机生命体与其生存的无机环境所形成的物理系统是地球表面自然的基本单位。但是在Tansley（1935）之前的研究通常将二者分离，并且认为有机体是更重要的部分（Tansley称之为人类天生的偏见）。然而，无机环境也是系统重要的组成部分，系统中的能量、物质交换不仅存在于有机生命中，更存在于无机体与无机体、无机体与有机体之间。系统中的各个部分相互影响改变了系统的状态，生态系统是动态而非静止的。例如，动植物是生态系统的重要组成部分，它们所形成的生物群落受到所处环境中气候和土壤条件等无机环境的影响，同时，生物群落的变化会反过来影响它们所处环境的气候和土壤条件。没有完美的生物体或物种，只有不断地变化和适应，学习发生在多个尺度上。在生物世界中，失败意味着死亡，尽管个体无法从自己的死亡中学到很多东西，但随着时间的推移，物种却能够适应动态环境。

现实中，每一个相对独立的生态系统都是更大的生态系统的组成部分，生态系统之间是相互嵌套、相互影响、相互重叠的。但是，对这种相互嵌套、相互影响、相互重叠的系统的研究过于复杂，于是研究者提出了"隔离物"的概念（Tansley，1935），隔离出相对独立的系统（如太阳系、地球、非洲等）作为研究对象，使生态系统的研究得以继续。

生态系统的观点和研究方法对于管理学来说有重大意义。如同生物学的研究聚焦于有机生命体一样，管理学的研究通常聚焦于市场主体（企业），常常忽视主体所处的环境。同时，不同的市场之间也存在着如生态系统一样相互嵌套、相互影响、相互重叠的关系。关于生态系统的研究为管理学理论的进步与发展提供了洞见。

（4）组织生态系统

随着达尔文进化理论的不断发展，以牛顿力学和平衡机制为基础的各学科研究范式开始受到挑战，以生物进化理论为指导理论的框架开始在包括语言学、人类学、经济学等在内的人文社会科学领域应用。

达尔文模型开始作为一种新的研究范式在组织理论领域被讨论。Miller 和 Friesen（1980）提出了与达尔文的自然选择理论异曲同工的组织生存驱动因素。洛克菲勒公司也提出大企业的成长仅仅是适者生存，即对自然选择法则的应用。将自然选择理论应用于组织理论中，有很大一个原因是二者在概念上有诸多相似性，自然选择理论开发出的相关概念能够直接应用于组织理论的研究中。Hannan 和 Freeman（1977）指出应将种群生态学理论应用于人类社会组织，而不是将生物学规律应用于人类社会组织，在将种群生态学理论应用于组织研究中的时候需要一些视角上的改变。随着组织理论的不断发展，越来越多学者认同自然选择理论与组织理论相结合的研究视角，承认环境对组织的重要影响，认为这可以解释为什么会出现这么多不同的组织种群类型，为什么组织会保持它们的异质性以及什么在演化的过程中起了决定性作用（Astley and Van de Ven，1983；Mckelvey and Aldrich，1983），组织生态学由此形成。

组织生态学模型的 3 个核心问题是：①结构惯性对适应性的限制；②组织种群的分类；③环境对组织生存的影响（Betton and Dess，1985）。Mac-Millan 和 Komar 等（2018）指出，组织生态学家使用一个大规模的、定量的和纵向的焦点来探索新的组织是如何兴起、变化和衰落的，是环境选择组织使其生存，组织自身不具有选择权，而这种选择的依据则是组织形式与环境特征之间的契合程度。根据自然选择理论，这是通过以下 3 个途径来实现的：①多样性的创造；②某些形式的选择优于其他形式；③成功形式的保存和扩散。但是，对于组织的自然选择理论，也有学者持不同看法。Lorsch（1967）在对种群生态学模型的批评中提出，大型组织或组织种群不一定要适应不断变化的环境，它们甚至可能创造出新的环境。这实际上证明了环境和组织是相互影响、共同演化的，与生态系统中有机体和无机体相互依存的关系具有相似性。

组织生态系统将生态系统的思维方式和相关理论概念运用于组织领域，提出了环境对组织兴起、变化和衰落的重要影响，同时探讨了组织及组织种群与环境的交互影响。这使生态系统的概念跨越了原本的学科限制，以其相对成熟的理论和相关概念指导其他学科的发展，形成了组织生态系统的研究范式，为生态系统理论在管理学领域的应用和发展奠定了基础。

（5）商业生态系统

1993 年，Moore 在《哈佛商业评论》上发表的文章中首次提出了商业生态系统的概念：以组织和个人的相互作用为基础的经济联合体。Moore认为在商业生态系统中，企业围绕种子型创新共同发展能力，通过合作更有竞争力地支持新的产品与服务，满足客户的需求，并最终将其融入下一轮的创新中。商业生态系统的生命周期分为 4 个阶段：初生（birth）、扩张（expansion）、争夺领导权（leadership）、自我更新或衰亡（self-renewal or death）（如表 2.3 所示）。1998 年，Moore 进一步对商业生态系统进行了阐释，提出商业生态系统应包括客户、供应商、投资商、贸易伙伴、标准制定机构、工会、政府、社会公共服务机构和其他利益相关者。

表 2.3　商业生态系统的发展阶段

阶段	描述	主要任务
初生	围绕新的种子创新提出新的价值主张，与客户和供应商合作开发新的服务模式，商业生态系统开始生成	1. 定义顾客价值主张 2. "领导者"吸引重要的"追随者"，共同创建该生态系统 3. 培育合作伙伴和供应商体系
扩张	该生态系统所提供的价值主张被客户接受，通过与供应商和合作伙伴的合作进行市场扩张，最大限度地提升市场占有率	1. 强力营销，刺激市场需求 2. 联合供应商和伙伴保证充足的供给能力 3. 维护合作伙伴关系，增加其专属性投资

续表

阶段	描述	主要任务
争夺领导权	商业生态系统已形成相对稳定的价值网络且足够强大，领导地位值得争夺，系统内部开始争夺领导权，商业生态系统的重要增值部分和流程的结构保持稳定	1. 制定行业标准 2. 通过专利保护和持续创新，获得核心控制地位 3. 通过塑造未来发展方向和对关键客户及供应商的投资扩大控制范围
自我更新或衰亡	成熟的商业生态系统受到新兴生态系统和创新的威胁，或者外部环境剧烈变化时，商业生态需要自我更新，否则就可能走向衰亡	1. 减缓新兴生态系统的发展速度 2. 将新兴生态系统纳入自己的生态系统之中 3. 彻底重组再造自己以应对现实的变化

资料来源：根据 Moore（1993）的研究整理。

　　Iansiti 和 Levin（2004）认为微软、沃尔玛等主导企业的成功与其所在生态系统的成功密不可分，并以商业生态系统为理论依据，基于环境不确定性程度及与其他企业关系的复杂程度定义了 4 种战略：利基者战略、骨干或价值主宰者战略、商品生产者战略和实体主宰者战略（见图 2.1）。商品生产者战略致力于价值创造与价值共享；骨干或价值主宰者战略会挤压利基企业，不利于整个商业生态系统的健康发展；因为与现有商业生态系统中其他成员的关系复杂，所以当新的商业系统出现时，实体主宰者战略的反应较慢；利基者战略是强调持续创新以应对骨干企业的侵吞，避免被绑定，构建自己的小系统。此外，他们还探讨了商业生态系统的健康性问题，提出使用生产率（要素投入产出率、生产效率改善、创新的转化率

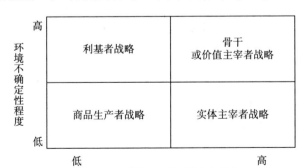

图 2.1　商业生态系统内部企业角色—战略匹配模型
资料来源：根据 Iansiti 和 Levin（2004）的研究整理。

等）、健壮性（存活率、预见能力、连续性、淘汰率等）、创造利基的能力（物种多样性、创造能力等）3 个维度进行衡量。

随着商业生态系统的相关理论在管理实践中不断被应用，商业生态系统治理问题开始受到关注。Kim 等（2010）指出在商业生态系统中存在着几个最具影响力的企业，称之为旗舰企业，旗舰企业的健康程度关系到整个生态系统的发展与存亡。他们根据商业生态系统的知识密集程度和环境动态程度提出了旗舰企业发展的 4 种战略，即稳健战略、创造战略、协作战略和生产战略。Adner 和 Kapoor（2010）提出创新在生态系统中处于核心地位，在创新过程中必须保持资源投入的连续性。Cho 和 Pucik（2005）从资源稀缺的角度指出商业生态系统中的企业不能完全兼顾创新与质量，需要寻求一个平衡点，生态系统需要稳定性和同质性来进行标准化的共同投资，但同时也需要灵活性和异质性来满足不断变化的市场需求。Wareham 等（2014）从标准化—多样化、控制性—自主性、集体—个体的角度阐释了生态系统的底层治理。我国学者崔淼和李万玲（2017）对商业生态系统治理的相关问题进行了梳理，提出了商业生态系统治理的关键问题，包含资源、能力、创新、价值、混搭 5 种类型。

商业生态系统理论继承了组织生态系统理论的部分观点，将生态系统的概念、理论和方法应用于更广阔的商业管理领域，为不断变化、相互联系的现代管理实践与研究提供了一个有效工具。商业生态系统的实践不断推动着其理论的发展，越来越多学科的理论与方法在商业生态系统的研究中得到应用，为服务生态系统的研究提供了思路与方法。

（6）小结

服务主导逻辑为服务生态系统的发展提供了基本的概念和逻辑指导，服务系统在服务主导逻辑的基础上进一步明晰了各角色参与者的关系及其交互作用，二者成为服务生态系统的直接理论来源。同时，生态系统理论在发展中逐渐成熟，它强调了主体与环境不可分割、共同发展的特性。近年来，生态系统的研究范式逐渐被运用到组织和商业领域，提供了一个全面的社会和制度框架来描述业务和非业务关系（Wieland et al.，2012），为服务生态系统的产生和研究提供了指导方法。服务主导逻辑和生态系统理论的结合发展为服务生态系统研究框架的形成奠定了基础，服务主导逻辑、服务系统构成了服务生态系统的理论内核，生态系统、组织生态系统、商业生态系统为服务生态系统的研究提供了方法（见图 2.2）。

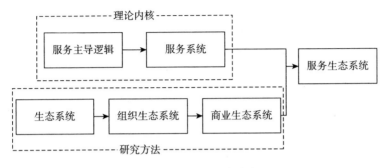

图 2.2　服务生态系统的来源

资料来源：令狐克睿等（2018）。

2.1.2　服务生态系统的内涵及核心内容

从生产者和消费者的角度分别看待同一个服务得到的将是完全不同的认知，因此需要一个新的、消除生产者和消费者区别的视角来研究服务（Gummesson，1994）。服务生态系统提供了这样一个视角，它被定义为"相对独立的、自我调节的系统，是资源整合的参与者通过共享的制度逻辑、服务交换和价值共创而联系在一起的系统"（Vargo and Lusch，2016）。服务生态系统强调动态性和进化性是服务交换系统的本质，同服务主导逻辑一样，这里的服务被定义为了自己或他人的利益而应用资源，并且服务是交换的基础，一切经济都是服务经济。

服务生态系统消除了传统意义上生产者（价值创造者）和消费者（价值消耗者、价值毁灭者）的区别，强调服务生态系统中参与者的概念。不是只有生产者才能创造价值，避免了一方成为资源和技能的持有者而（在市场或创新中）占据绝对主导地位，所有参与者都是资源整合者和服务提供者，所有参与者都能进行创新和价值创造，服务生态系统的本质是 A2A 导向的（Vargo and Lusch，2010），企业是服务生态系统中的一类参与者。在 A2A 导向下，对语境、语言、意义、符号、体验、仪式等的概念和见解不仅适用于传统意义上的消费者世界，同样适用于生产者的世界，这与服务主导逻辑中的基本命题 9 （所有社会和经济活动的参与者都是资源整合者）相呼应 （Vargo and Lusch，2011）。

服务生态系统整合了服务主导逻辑和生态系统：从理论上看，它继承了服务主导逻辑中对服务的概念定义、思考视角，认为服务是交换的基础，一切经济都是服务经济；从研究方法上来看，它继承了生态系统参与者的广泛性、关系松散的耦合性、结构的多层次性、制度的约束和协调性、情境影响等特点 （令狐克睿等，2018）。Vargo 和 Lusch （2010） 提出了服务生态系统的 8 个核心内容，它们是服务生态系统存在和发展的基础（见表 2.4）。服务生态系统为参与者活动提供了组织逻辑，同时参与者在服务生态系统中的资源整合、服务交换和价值创造等行为又反过来重塑服务生态系统的形态，使其成为一个不断变化的、复杂的动态系统。

表 2.4　服务生态系统的核心内容

序号	核心内容	具体解释
1	感知和反应的自发性	参与者与其他参与者交流，并利用他们的感知决定如何以及何时做出反应或采取行动，随着信息技术的飞速发展，感知和响应越来越自发
2	时空结构性	参与者和资源按照地理空间和时间维度排列
3	松散耦合性	参与者主要通过软合同和硬合同与组织内外的其他人建立联系
4	价值提出者	参与者不能为其他参与者创造价值，但可以通过价值主张提供具有潜在价值的主张
5	语言、制度和技术的使用	为了成功地进行交流，参与者需要一种共同的语言，他们依靠这些和其他社会制度 （如货币制度、法律等） 来规范交流和交换，技术尤其是技术创新，促进了系统的进化和绩效的提升
6	共同提供服务	参与者邀请其他参与者共同提供服务
7	在服务供给的过程中互助	参与者不能免费搭便车，必须通过服务交换 （如金钱或广义的互惠） 直接或间接地帮助其他参与者
8	价值共创	参与者在整合服务供给和其他资源 （包括其他服务供给） 时创造的价值具有独特性和特定性

资料来源：根据 Vargo 和 Lusch （2010） 的研究整理。

服务生态系统是一个多层次互动的动态系统，参与者的行为具有嵌入性，在不同的层面有不同的表现 （Chandler and Vargo，2011）：微观层面的分析单位是二元组，在这里双方进行直接的服务交换；中观层面的分析单位是三元组，中介的出现导致了间接服务交换的出现；宏观层面的分析单位是复杂的网络，在网络中进行复杂的服务活动。服务生态系统包括微观、中观、宏观 3 个层面，又在其中加入了时间维度和复制行为，形成一个多层次的动态系统。必须指出的是，这些层次是相对的而不是固定的，每个层面都是构成另一个层面的基础，即没有微观和中观层面，宏观层面就不存在，反之亦然（Latour，2007）。在服务生态系统中，参与者利用不同的角色、关系和制度来交换和整合资源并共同创造价值，微观、中观和宏观环境随着参与者活动而产生变化，又反过来影响参与者的行为，由此形成一个动态的循环（Akaka et al.，2013）。

综上所述，服务生态系统是以服务主导逻辑为理论内核、融合了生态系统特点的复杂系统，本书综合了各学者的研究成果，将其界定为资源整合的参与者通过共享的制度逻辑联系在一起进行服务交换和价值共创的、相对独立的、自我调节的系统。

2.1.3 服务生态系统的研究现状

服务生态系统是一个比较新的概念，研究包含的内容十分丰富，目前学者们关注的焦点各有不同。

（1）结构与框架

服务生态系统的构建、演化、结构是服务生态系统理论研究的重要方面。Giddens（1984）将结构概念化为"规则和资源"，强调推动人类行动的社会规范和标准的重要作用，行为者能够通过整合资源而获取收益。Vargo 和 Akaka（2012）通过对这种结构化概念的应用对服务生态系统进行了研究，提出资源整合实践有助于服务生态系统的再生产与价值共创，制度和资源结构与再生的关联性导致结构的变化与系统的变化相对应，并将技术作为操作性资源进行了重点考察，得出了服务生态系统的结构（见图2.3）。

我国学者令狐克睿等（2018）在对国内外有关服务生态系统的文献进行梳理之后，得出了"基础—过程—目标"的服务生态系统理论框架（见

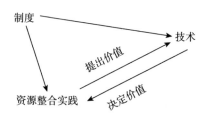

图 2.3 服务生态系统结构图

资料来源：根据 Vargo 和 Akaka（2012）的研究整理。

图 2.4）。服务主导逻辑的基本概念、作用结构、基本特征相融合构成了服务生态系统的基础，在促进机制和作用机制的推动下完成价值共创和服务创新的目标。

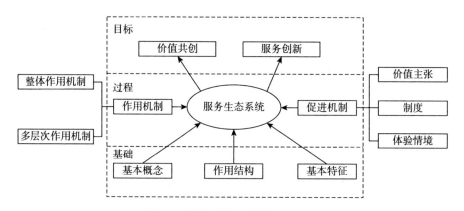

图 2.4 服务生态系统的理论框架

资料来源：根据令狐克睿等（2018）的研究整理。

（2）发展阶段

服务生态系统的形成是一个缓慢演化、曲折前进的过程（Banoun et al.，2016）。从经济管理活动的主导逻辑来看，最开始的经济管理活动是由缺乏控制的产品主导逻辑指导的，此时市场上的产品数量和种类有限，服务的供给十分稀少，附加价值、供应链以及促销渠道等都处于初级阶段。随着时间的推移和经济的发展，指导经济管理活动的逻辑从缺乏控制的产品主导逻辑开始转变，依次经历了有控制的产品主导逻辑、缺乏控制的过渡逻辑、有控制的过渡逻辑、缺乏控制的服务主导逻辑，最后形成有控制的服务主导逻辑。在有控制的服务主导逻辑的指导下，服务生态系统趋于成熟阶段（见表 2.5）。

表 2.5　服务生态系统发展阶段

发展阶段	导向	价值	连接	交流
缺乏控制的产品主导逻辑	初级产品导向：少量的服务供给	初级的附加值：缺乏战略眼光，操作性资源缺失	初级的供应链：不可靠的流程，缺乏明确的责任归属	初级促销：内部客户对 SSC 抵触，缺乏对内部员工的 SSC 教育
有控制的产品主导逻辑	调整的产品导向：规范化流程	调整的附加值：标准化服务，客观的需求	调整的供应链：阐明责任，强化过程	调整的促销：提升透明度，培训内部客户
缺乏控制的过渡逻辑	初级市场导向：内部客户与 SSC 存在关系距离	初级合作生产：缺乏内部客户参与，缺乏指标进化	初级价值链：缺乏内部客户及 SSC 合作，缺乏 SSC 人力资源的提升	初级互动交流：SSC 与内部客户之间缺乏双边交流，选择情绪化
有控制的过渡逻辑	调整的市场导向：发展客户文化，加强市场推广	调整的合作生产：对 SSC 绩效的共同监控	调整的价值链：SSC 结构演化，扩展和增强 SSC 价值链	调整的互动交流：进一步发展 SSC 与内部客户之间的关系
缺乏控制的服务主导逻辑	初级服务导向：参与者二元互动，存在官僚主义	初级价值共创：受困于 SSC，内部客户易引发过度竞争	初级的网络价值创造：新客户的到来，SSC 角色模糊化	初级对话：SSC 与内部客户之间通过正式渠道交流，SSC 难以满足客户的异质化需求
有控制的服务主导逻辑	调整的服务导向：参与者互动	调整的价值共创：基于 SSC 战略和供给的价值共创，共同创建 SSC 制度	调整的网络价值创造：SSC 变成组织单元，内部客户参与 SSC 网络价值创造	调整的对话：创造对话，为功能模块搭建平台，发展 SSC 品牌战略

注：SSC 为 shared services centers，共享服务中心。

资料来源：根据 Banoun 等（2016）的研究整理。

（3）应用场景

近年来，随着服务生态系统理论的不断发展，开始有学者将服务生态系统应用到特定的市场中。使用服务生态系统来分析国际营销，关注服务交换而不是跨国、跨区域环境的复杂性，能够有效减小国际营销研究的阻力，为跨国营销和国际市场的研究提供洞见（Akaka et al.，2013）。此外，在对 BOP（金字塔底层）市场的研究中，从服务生态系统的视角出发能够克服 BOP 市场的消费者处于被动地位的固有思想束缚，将微观层面（地方服务）、中观层面（地方网络、家庭、朋友）与宏观层面（全球网络以及间接影响生态系统的地方公共行为者和私人社会经济行为者）联系起来，为市场方案与地方环境脱节的问题寻求到了解决途径（Letaifa and Reynoso，2015）。

（4）要素

对服务生态系统要素的研究是服务生态系统研究的重要组成部分。在A2A的服务生态系统中，价值主张、制度、创新、价值创造等要素被不同学者所关注。参与者不能传递价值，只能提出价值主张，价值主张起到连接、协调参与者的作用（McColl-Kennedy et al.，2015）。制度在服务生态系统中扮演关键角色，与理性人假设不同，现实中的人往往是有限理性的，制度是调节有限理性的重要手段，可以说是制度允许了有限理性的存在（Simon，1959，1978）。因此，制度是服务生态系统得以正常运转的基石。此外，作为一个多层次的、动态的、复杂的系统，服务生态系统中的服务创新（Lusch and Nambisan，2015；Vargo et al.，2015；Koskela-Huotari et al.，2016）、价值共创（Vargo and Lusch，2010；Frow et al.，2014；简兆权等，2016）等要素备受学者青睐，也是本书重点关注的问题。

（5）研究方向

在未来研究方向上，服务生态系统的5个典型特征（相对独立性、自我调节性、参与者都是资源整合者、参与者通过共享的制度联系起来、服务交换导致了价值共创）是服务生态系统研究的核心问题，为服务生态系统的下一步研究指明了方向（Barile et al.，2016）。同时，元理论和中层理论对服务生态系统的未来研究具有重要意义，Vargo和Lusch（2016）基于服务主导逻辑这一元理论，提出了包括服务生态系统中的资源能力、创新、制度安排、价值共创、关键角色等问题在内的十大研究命题，成为服务生态系统理论未来研究的重点内容。

2.1.4 研究评述

通过对服务生态系统发展脉络的梳理可以发现，先前学者从服务主导逻辑到服务系统的探讨为服务生态系统理论内核的形成奠定了基础，从生态系统到组织生态系统再到商业生态系统的研究为理解服务生态系统的结构和运行提供了洞见，为服务生态系统的进一步研究提供了工具与方法。近年来，服务生态系统成为学界研究的新热点，对服务生态系统内涵、核心内容、框架结构、发展阶段、要素、未来研究方向等问题的讨论推动了服务生态系统理论的发展与完善，也为本书的开展提供了理论支撑。但是，现有的服务生态系统研究存在一些不足。一方面，有关服务生态系统的研究多从中观层面切入，虽然对服务生态系统的结构、运行机制等问题进行了探讨，但对服务生态系统中企业面临的具体问题有所忽视。尽管学者对服务生态系统中企业的资源能力、价值共创、服务创新等问题有所论述，但是研究以抽象的理论探讨为主，缺乏具体的实证研究。另一方面，虽然资源能力、创新、制度安排、价值共创、关键角色等问题被列为服务生态系统未来 10 年需要关注的重点问题，但是如何整合这些问题，形成模型框架进行具体研究尚需进一步讨论。

从服务生态系统出发看待经济管理实践活动已经成为解决企业现实问题的新视角，本书选取的操作性资源能力和共享制度两个变量是随着服务生态系统理论的发展而出现的新变量，而竞争优势、价值共创和服务创新在服务生态系统的研究视角下出现了新的发展和变化，上述 5 个变量均对服务生态系统中活跃的企业产生了深远影响，是服务生态系统研究中需要重点关注的要素。基于此，本书从服务生态系统的视角出发，深入探索企业操作性资源能力对竞争优势的作用机制、影响路径及其中的调节因素是有意义且必要的。

2.2 竞争优势相关研究

2.2.1 竞争优势的内涵

竞争优势是战略管理的核心内容，竞争优势是导致企业绩效差异的主要原因之一（Mehra，1994）。战略管理之父 Porter（1987）指出，竞争优势是企业相较于竞争对手所拥有的独特且优越的竞争地位，包括高低两个层次的内容，低层次竞争优势主要指低成本优势，而高层次竞争优势则来源于差异化。Porter 认为企业在制定竞争战略时应关注不同业务单元的差异，竞争优势来源于价值链中的不同部分，持续的投入和创新是保持竞争优势的关键。Barney（1991）则认为竞争优势来源于价值创造战略，且通过与竞争对手的比较来度量，一个竞争对手无法使用的价值创造战略能够带来竞争优势。目前，学界对竞争优势的研究较为深入，但是对竞争优势的界定，不同学者之间仍存在差异（见表 2.6）。

表 2.6　竞争优势的界定

代表学者	竞争优势的界定
Chamberlin（1939）	具有比竞争对手更好的表现
Selznick（1957）	企业表现出超过其他竞争者并能够在一段时间内获取超额利润或高于行业平均赢利水平的能力
Ansoff（1965）	企业利用某一产品与市场组合的特殊属性获取的强势竞争地位
Hofer 和 Schendel（1978）	企业通过资源配置所获得的相对于竞争对手的独特市场位势
Barney（1991）	企业能够实施其他竞争对手没有使用的有关价值创造的战略
Peteraf（1993）	由资源异质性带来的超额利润
Porter（1987）	企业相对于竞争对手所拥有的独特且优越的竞争地位
Hoffman（2000）	企业采取独特战略而获得的利益
周晓东和项保华（2003）	能够向顾客提供其认为更具价值的产品或服务
Carpenter 和 Sanders（2007）	企业以竞争对手不具备的方式创造价值的能力
Pierce 和 Newstrom（2008）	企业在行业竞争中识别机会、克服威胁，通过应用资源、能力、关系等获取超额利润
吴杨伟和王胜（2018）	相对于竞争对手所拥有的可持续性优势，表现为优于竞争对手的核心竞争力

　　现有研究对竞争优势的界定可以划分为 3 种视角。一是绩效的视角。在这个视角下，企业在财务和市场绩效方面的表现成为衡量企业是否存在竞争优势的标准，获得竞争优势的企业通常具有超过竞争对手的市场占有率和财务绩效（Besanko et al.，2000；Mathur，2001）。这一视角出现的时间较早，在一段时间内成为学界的主流，但是随着经济管理活动的日益复杂化，将财务或市场绩效等同于竞争优势的观点开始遭到质疑，竞争优势不一定产生卓越的绩效，甚至有时短期的绩效表现和长期的持续竞争优势

之间存在矛盾（Powell，2001；Sigalas and Papadakis，2018）。二是资源能力的视角。资源基础观认为企业的竞争优势来自独特的资源，这一视角关注资源的异质性，认为有价值的、稀缺的、不可模仿的、难以替代的资源能给企业带来竞争优势（Barney，1991）。Teece 和 Pisano（1994）提出了动态能力理论，认为企业能够在动态环境中利用内外资源培养动态能力，从而获得竞争优势，并强调核心竞争力的重要性。三是价值的视角。价值的视角强调企业在价值主张、价值传递、价值创造上的差异（周晓东和项保华，2003；Carpenter and Sanders，2007）。随着理论的不断发展，这一视角逐渐将更多的主体纳入其中，并强调顾客的重要性。

综上所述，对竞争优势的界定目前存在绩效、资源能力、价值 3 种视角，本书以资源能力视角为基础，综合其他两种视角的研究成果，考虑了服务生态系统的特性，将竞争优势界定为企业在服务生态系统中获得的有利地位和优于竞争对手的表现。

2.2.2　以资源为基础的竞争优势理论的发展

资源基础观是服务生态系统重要的理论来源之一，操作性资源是服务生态系统中占主导地位的资源，本书聚焦于操作性资源及操作性资源能力对竞争优势的影响，因此着重对以资源为基础的竞争优势理论进行了梳理。以资源为基础的竞争优势理论是竞争优势理论的重要组成部分，其发展主要经历了以下 3 个阶段（尹碧波和张国安，2010）。

（1）资源基础阶段

在该阶段，有形的自然资源是重要的。Penrose（1959）将企业作为一束资源的集合，竞争优势是来自企业内部未被使用资源的价值可能性和差异性。资源基础观理论强调资源是企业战略分析的基础，有形资源和无形资源能够为企业带来独特的能力，无法随意在企业间流动且难以复制，因而能够为企业带来竞争优势（Wernerfelt，1984）。早期关于资源基础观的理论认为企业的竞争优势来自企业内部的异质性资源。随着研究的深入，学者发现不是所有资源都有价值。资源具有流动性，特别是物质资源，能够在市场上自由交易，由这类资源带来的竞争优势很容易发生转移或被模仿。随着资源基础观的进一步发展，有价值的、稀缺的、不可模仿的、难以替代的资源是竞争优势的来源的判断被提出，企业资源也被划分为资本资源、人力资本资源以及组织资本资源 3 类（Barney，1991）。随着实践的发展，管理者和学者发现仅有优势资源是不够的，企业需要掌握关于资源的一系列能力。

（2）能力基础阶段

通过对相关文献的梳理可以发现，建立在物质资源基础上的企业异质性会随着市场交易而失去，很难形成竞争优势，由资源带来的竞争优势实际上是通过对资源的配置、开发和保护的能力而实现的，企业异质性的本质是能力的差异（余光胜，2002）。Prahalad 和 Hamel（1990）指出，核心能力是竞争优势的根源，核心能力可以由进入多个市场的潜能、对客户感知价值有重大贡献以及竞争对手难以模仿 3 个标志来识别，并认为竞争优势具有内生性，这使企业具有异质性。但是核心能力也会导致"刚性"（Leonard-Barton，1992），企业应不断根据环境的变化而发展动态能力，在使用内部资源的同时建立对外部资源的应用能力，从而更好地应对环境的变化（Teece and Pisano，1994）。

（3）知识基础阶段

企业的异质性资源说到根本是知识的差异。一方面，企业的知识本身具有异质性；另一方面，企业知识的累积和运用过程也存在差异。后者是难以模仿和复制的，表现为只可意会不可言传的默会知识。为了应对不断变化的动态环境，组织要具备有效处理信息和创造信息与知识的能力（Nonaka，1994）。总体来看，组织知识的特有性质保证了组织的异质性，并表现为过程性（知识的默会性使其只能通过具体行为和活动表现出来，每次行为和活动都具有独一无二的特点）和组织完整性（个人知识通过个体的协作和交互汇集成组织知识，导致组织知识转让存在困难）。

在服务生态系统中，知识作为一种操作性资源而存在，操作性资源能力融合了资源、能力、知识的特性，在竞争优势的形成中起重要作用。以资源为基础的竞争优势理论为本书关注的操作性资源能力对竞争优势的作用机制提供了理论支撑。

2.2.3　竞争优势的测量

自竞争优势的概念提出以来，学界对其予以高度关注，对竞争优势的测量主要分为客观指标测量和主观感知测量两种类型。

（1）客观指标测量

在客观指标测量方面主要是以财务指标为依据。主营业务收入、资产回报率（ROA）、净资产收益率（ROE）、边际收益率等财务绩效指标经常被用作衡量竞争优势的客观指标。Van Horne（1988）在研究中指出，企业的财务指标对企业来说至关重要，也是企业区别于竞争对手表现的重要依据，因而用财务指标测量竞争优势是合理的。Peteraf（1993）的研究结果显示，企业的竞争优势是由异质性带来的，其外显性表现就是超额利润。但是随着市场竞争的不断加剧，管理者和学者对竞争优势的认知不断深入，简单地以财务指标来衡量竞争优势的方法开始受到挑战。Sigalas 和 Papadakis（2018）明确指出企业的财务指标与企业竞争优势不是完全一致的，二者可能同时存在或同时不存在，也可能一方存在而另一方不存在。

（2）主观感知测量

主观感知测量包含了有关企业表现的更多方面的内容，能够更全面地反映企业竞争优势，被越来越多的学者所使用。Schulte（1999）的研究认为，企业竞争优势的基本内容为优于竞争对手的表现，这种表现具有综合性，不能完全用财务绩效进行衡量，可以通过效率、功能和持续性 3 个维度进行测量，囊括了企业主体、资源和利益相关群体等多个方面。Hao（2000）的研究结果表明，竞争优势并不等同于超额利润，这是一个应用于具体语境中（在一定环境范围内）的关系状态术语，可以通过市场中各企业的相对竞争力来测量和比较。国内学者孙璐等（2018）在研究中指出，竞争优势应兼顾短期和长期两方面内容，短期关注市场表现，长期关注持久发展，可以通过销售额、利润率、创新优势、利益相关者满意度等内容进行测量。肖艳红等（2018）在研究中通过对企业灵活性、顾客优势和创新优势 3 个方面的考察对竞争优势进行了测量。

2.2.4 竞争优势的研究现状

（1）服务生态系统视角下的竞争优势研究

服务主导逻辑是服务生态系统的理论内核，资源基础观是服务主导逻辑重要的理论依据，因此对服务生态系统中有关资源的探讨同样具有重要意义。Vargo 和 Lusch 在 2008 年的研究中将操作性资源是竞争优势的基本来源写入服务主导逻辑的基本命题，并于 2016 年进一步将其阐释为操作性资源是战略利益的基本来源。从竞争优势到战略利益意味着操作性资源不仅能帮助参与者在服务生态系统中占据优势地位，并且能够帮助整个服务生态系统实现总福利的提升，在更大范围的竞争（如与其他服务生态系统的竞争）中获得优势，强调参与者与服务生态系统的共生性和参与者之间的共创、共赢性，推动整个服务生态系统的长远发展成为参与者的共同目标（Vargo and Lusch，2016）。

然而，在现有研究中，学者的研究焦点集中在资源尤其是操作性资源对价值共创和服务生态系统共赢的影响上（Echeverri and Skålén，2011；Edvardsson et al.，2014；Nenonen et al.，2018），对服务生态系统中竞争的关注甚少，忽略了服务生态系统中角色和地位的差异。尽管服务生态系统是 A2A 导向的，消除了传统意义上价值创造者和价值毁灭者之间的差异，但是这并不意味着服务生态系统中的参与者没有角色和地位的差别。Vargo 和 Lusch（2017）指出服务生态系统中的关键角色是如何确立自己地位的这一问题应成为服务主导逻辑和服务生态系统理论研究的重要方向，服务生态系统虽然强调共创但不意味着竞争的消失，更不代表所有参与者居于同等地位。实践证实，在服务生态系统中占据领导地位、扮演关键角色的参与者往往是由企业充当的，如安卓生态系统中的谷歌公司、iOS 生态系统中的苹果公司。此外，虽然服务生态系统是一个价值共创的共赢系统，但参与者之间存在着复杂的既竞争又合作的关系，参与者从共创活动中获取的收益具有差异性。例如，同处阿里生态系统的同类型淘宝店家的赢利情况、顾客黏性、经营成本等可能存在巨大差异，而这种差异实质上反映了参与者竞争优势的状况。但遗憾的是，现有研究鲜有关于这方面的讨论，对于企业如何在服务生态系统中占据有利地位、获得竞争优势的问题仍需进一步研究。由此，本书选取服务生态系统中企业的竞争优势作为因变量，力图丰富服务生态系统理论，并对在服务生态系统中活跃的企业给予指导。

（2）竞争优势的前因变量

①资源能力对竞争优势的影响

资源基础观是竞争优势的重要理论来源，众多学者将有关资源、能力的变量作为竞争优势的前因变量进行了探索。资源基础观强调资源的异质性是导致企业表现差异的主要原因，并指出有价值的、稀缺的、不可模仿的、难以替代的资源是竞争优势的来源（Barney，1991）。动态能力理论继承了资源基础观的部分观点，认为企业能够在动态环境中利用内外资源培养动态能力，从而获得竞争优势（Teece，1994）。Sirmon 等（2007）在认可资源重要性的基础上提出了资源管理能力的重要作用，强调资源只有在被建构、整合和应用的时候才能为企业带来优于竞争对手的表现。知识经济的不断发展使学界对知识的关注程度不断提升，知识被认为是一种重要的资源或资本，对企业竞争优势的形成产生影响。类似的，知识资源也会对企业绩效产生积极影响，知识资源能够为企业带来灵活性，提升其把握机会的能力，进而使企业获得竞争优势（West and Noel，2009）。除了知识资源本身具有重要意义之外，知识整合能力也至关重要，企业的知识整合能力关系到企业对不同形态知识的识别、解码、整合以及重构，能够促进企业对新知识的理解和吸收，加强企业的灵活性和机敏性，提升企业管理效率，降低研发成本和市场风险，带来优于竞争对手的表现（Mitchell，2006）。随着研究的不断深入，除了被广泛认同的有价值资源，冗余资源也开始受到关注。冗余资源是指企业拥有的超过实际需求的剩余资源或未利用资源，在一定程度上决定了企业在竞争活动中行动的速度和质量，是企业建立瞬时竞争优势的重要基础（Ndofor et al.，2011）。此外，科学技术的发展使企业与利益相关者的联系越发密切，对企业外部资源的获取成为竞争优势形成的重要影响因素。我国学者杨苗苗和王娟茹（2020）从内外因素整合的视角出发，探索了资源跨境搜索能力对竞争优势的影响，研究结果显示前瞻性跨界搜索能力和追随性跨界搜索能力均会对竞争优势产生倒 U 形影响。

②价值创造对竞争优势的影响

独特的价值创造战略能够带来竞争优势（Carpenter and Sanders，2007），价值主张、价值传递、价值创造是导致企业表现差异的重要原因（周晓东和项保华）。随着生产力水平的不断提升，越来越多的企业将顾客和其他利益相关者纳入价值创造的过程中，并由此获得竞争优势。Pine 等（1995）指出需要将顾客融入满足需求的过程中才能长久留住顾客，强调顾客参与所带来的独特体验的作用。重视顾客参与价值创造不仅能明显提高企业的柔性，而且能够有效提升企业的响应速度，通过定制化服务使顾客获得独特的体验，提升顾客的忠诚度，进而获得区别于传统竞争优势的新型竞争优势（张祥和陈荣秋，2009）。当代企业价值创造的角色已经发生了转变，企业与顾客进行价值共创成为获取竞争优势的重要途径（孔鹏举和周水银，2013）。随着研究的不断深入，更多角色的参与者被纳入价值共创的过程中，这些参与者在价值创造活动中分享知识、想法和创造力，彼此间形成资源和能力的互补，通过这种方式进行的价值创造是难以模仿和复制的，因而能够带来竞争优势（Fisher and Smith，2011）。

③创新对竞争优势的影响

创新是企业的关键性活动，是长久以来管理学高度关注的重要研究内容。Drucker（1985）指出企业能够通过创新将社会需求转变为赢利机会，因此创新与企业财富的累积和创造财富的独特能力有关。在现有研究中，学界就不同领域、不同类型的创新对竞争优势的影响展开了广泛而深入的讨论。双元创新（探索性创新和利用性创新）是学者关注的一个重要领域，探索性创新能够促进新知识、新技术的获取，有利于开发新过程、新市场，利用性创新能够对现有知识、技术进行重构和整合，有利于产品和服务质量的提升，二者都能够对企业产生积极影响（Benner and Tushman，2003；Colombelli，2012；Guan and Liu，2016）。以其他行业中的成熟经验与技术为学习对象进行的跨行业创新能够缩短研发周期，减少企业的失败风险，带来绩效方面的提升，有利于企业在短期内获得优于竞争对手的表现（Gassmann et al.，2010）。我国学者张伟等（2018）对企业经营过程中创新活动与企业竞争优势关系的研究结果显示，企业经营创新包含业态组合创新和业态整合创新两类，且二者均对竞争优势的形成产生积极的正向影响。随着服务经济的发展，服务创新开始被学者关注，这也是本书重点关注的内容。服务创新源于资源、模式或其中一些组合的更改，这个过程是动态的、难以复制的，企业能够从中获得竞争优势，与动态能力相结合的动态服务创新不仅能够带来绩效方面的提升，而且能够增强企业的灵活性和抗风险性，进而使企业获得优于竞争对手的表现（Kindström et al.，2013；Edvardsson and Tronvoll，2013）。此外，服务创新对制造企业也具有重要意义，服务创新能够推动制造企业的转型升级，加快制造企业的服务化进程，从而为制造企业带来竞争优势（马海燕等，2018）。

2.2.5　研究评述

管理学研究长期对竞争优势保持高度关注，对竞争优势概念的界定大致包含绩效、资源能力及价值 3 种视角，对竞争优势的测量可以分为客观指标测量和主观感知测量两种类型。本书探索的问题聚焦于操作性资源能力对竞争优势的作用机制，以资源为基础的竞争优势理论为本书研究模型的构建提供了有力依据。现有研究已经从资源能力、价值创造、创新等角度对竞争优势的前因变量进行了广泛讨论，为竞争优势形成机制的进一步研究奠定了基础。但是，现有关于竞争优势的研究仍存在可以改进之处。第一，竞争优势一直是企业发展关注的重要问题，但是该问题在服务生态系统的研究中被弱化甚至忽视了。虽然服务生态系统具有 A2A 导向，但是由角色、地位带来的收益分配差异依然存在，在服务生态系统中获得竞争优势对企业来说仍具有重要意义，甚至企业能够通过获得绝对性竞争优势而主导某一生态系统，将其作为发展自身的一种商业模式，而现有研究对这方面的讨论尚未深入。第二，尽管在现有研究中存在大量对竞争优势前因变量的探讨，但是这些探讨鲜少将企业置于服务生态系统的情境中。服务生态系统的特性对身处其中的企业活动造成影响，可能会使竞争优势前因变量的作用效果和作用方向产生偏差，但现有研究少有对此的关注。第三，尽管大多数学者认同资源能力是竞争优势重要的前因变量，但是对操作性资源能力如何影响竞争优势的探讨仍然欠缺，从企业操作性资源能力出发探索竞争优势的形成机制和实现路径的实证研究更为缺乏。基于此，本书从服务生态系统的视角出发，对企业竞争优势的形成机制进行研究，力图弥补现有研究的不足。

2.3　操作性资源能力相关研究

2.3.1　操作性资源与操作性资源能力的内涵

人类对资源的关注由来已久，Smith（1776）将资源分为生产性资源和非生产性资源，认为财富是由生产性资源创造的，而非生产性资源只能提升产品的附加价值，居于次要地位。Malthus（1789）将资源定义为人类赖以生存的自然资源，是静态的，并做出了随着人口几何倍数的增长资源会迅速耗尽的判断。

随着对资源研究的深入，学界对资源有了新的认识。资源基础观理论将资源分为有形资源和无形资源两种，认为企业的竞争优势来源于有价值的、稀缺的、不可模仿的、难以替代的资源，这样的资源通常是无形的（Barney，1991）。Constantin 和 Lusch 于 1994 年提出了一种新的资源划分方式，将资源分为对象性资源（operand resources）与操作性资源（operant resources），对象性资源通过被使用和被操作而发挥作用，操作性资源是与对象性资源相对应的，能够对其他资源发挥作用、产生效果的资源。在人类文明的大部分时期，人类活动主要涉及对土地、动物、植物、矿物和其他自然资源的运用。这些资源是有限的，具有稀缺性，因而拥有自然资源的民族、宗族、部落或其他群体被认为是富有的。以有形的、静态的自然资源为代表的对象性资源占据主导地位的逻辑就是在经济社会生活中长期占据主导地位的产品主导逻辑。在该逻辑中，个人或组织所拥有的如知识、技术等无形的、动态的操作性资源的价值是通过以较低的成本将对象性资源转化为产出（产品）来体现的（Vargo and Lusch，2004）。

随着实践的发展，服务主导逻辑开始形成。在服务主导逻辑中，操作性资源被认为是更重要的，它们是效果的生产者。操作性资源是竞争优势的基本来源被写入服务主导逻辑的基本命题之中（Vargo and Lusch，2008）。组织内外部操作性资源与组织绩效之间存在着正相关关系，无形的、动态的、以客户为导向的操作性资源在获得市场优势、维护客户关系等方面发挥了重要作用（Beitelspacher et al.，2012）。对操作性资源和对象性资源的认知变化导致了指导经济社会活动的主导逻辑的重构（见表 2.7）。

表 2.7　基于资源的主导逻辑划分

主导逻辑类型	交换的基本单位	产品的角色	客户的角色	价值的决定和意义	企业与客户的互动	经济增长的动力
基于对象性资源的产品主导逻辑	产品是交换的目的，并作为对象性资源出现	产品是对象性资源和最终产出，营销人员获取并改变其形式、地点、时间和所有权	客户是产品的接收者，营销人员对客户进行细分、渗透、分销和促销，客户被视为对象性资源	价值由生产者决定，它嵌入到对象性资源（产品）中，并根据交换价值进行定义	客户是对象性资源，被动地参与资源交易	财富来源于剩余的有形资源和产品，包括拥有、控制和生产对象性资源
基于操作性资源的服务主导逻辑	交换带来专业化的能力（技能、知识）和服务，技能和知识是操作性资源	产品是操作性资源（嵌入式知识）的传递者，被视为中介和价值创造的方式	客户是服务的共同生产者，营销是一个与客户进行互动的过程，客户作为操作性资源存在，偶尔起对象性资源的作用	价值是客户根据使用价值来感知和决定的，价值来源于对操作性资源的应用及对象性资源的传递，企业只能提出价值主张	客户是操作性资源，并积极地参与相关的交换和共同生产	财富是通过应用和交流专业知识和技能而获得的，代表着将来使用操作性资源的权利

资料来源：根据 Vargo 和 Lusch（2004）的研究整理。

与丰富的操作性资源的研究形成对比，对操作性资源能力的研究尚在起步阶段，研究成果匮乏，对操作性资源能力缺乏清晰、统一的界定。Ngo 和 O'Cass（2009）从资源能力的角度出发，结合服务主导逻辑理论，将操作性资源能力界定为应用集体知识、技能和资源来执行功能性活动的综合过程。他们强调能力的操作性特点，使其能够作用于操作性资源和对象性资源从而产生效果，企业需要的是以操作性资源为基础的能力，这种能力不等同于操作性资源。从内容上看，操作性资源能力应包含对资源的占有、对资源的应用和使资源充分发挥作用 3 个方面。动态能力和服务主导逻辑结合是未来研究的重要方向，Nenonen 等（2018）从动态能力理论出发对操作性资源能力进行了研究，认为操作性资源能力是作用于对象性资源和操作性资源的能力，使参与者能够系统地影响服务生态系统中的资源整合和制度，他们强调对价值和资源必须在特定环境中予以考量。

综上所述，本书综合了 Ngo 和 O'Cass（2009）以及 Nenonen 等（2018）对操作性资源能力的定义，将操作性资源能力界定为企业应用整合的知识、技能等操作性资源进行功能性活动的综合能力。

2.3.2 操作性资源能力的测量

服务主导逻辑和服务生态系统理论强调操作性资源能力是竞争优势和战略利益的基本来源（Vargo and Lusch，2008，2016），操作性资源能力对在服务生态系统中活动的企业来说至关重要。对操作性资源能力的研究是随着服务主导逻辑和服务生态系统理论的发展而开始受到关注的，目前仍处于起步阶段，有关操作性资源能力测量的研究相对缺乏，没有形成统一的标准。

Eisenhardt 和 Martin（2000）将动态能力、资源整合与系统环境的改变联系起来，与后来发展出的操作性资源能力的概念具有相似性，对这种基于资源的动态能力的测量包含资源的整合、配置、获取和释放 4 个维度。Ngo 和 O'Cass（2009）通过实证研究解释了操作性资源能力是如何创造价值的，并通过总结前人文献和实地访谈相结合的方式解决了操作性资源能力的测量问题。他们开发的量表将操作性资源能力划分为创新能力、市场能力和生产能力 3 个维度，对每个维度从过程、应用和效果 3 个方面进行测量。Beitelspacher 等（2012）在操作性资源能力对市场绩效影响作用的研究中将操作性资源能力分为内部操作性资源能力和外部操作性资源能力两个维度。对内部操作性资源能力使用了服务文化与客户导向进行测量，对外部操作性资源能力使用了联合通信和有效的治理机制进行测量。

Nenonen 等（2018）从动态能力与服务主导逻辑相结合的视角对操作性资源能力进行了研究，认为服务生态系统中企业的操作性资源能力包含了愿景和时机两个高阶能力，愿景指的是预测服务生态系统未来发展的能力，时机指的是迅速适应的能力，包括参与者能够理解服务生态系统的变化速度和响应的时间。愿景和时机均包含 4 个维度：资源识别能力、价值主张能力、参与合作能力、影响制度能力。

2.3.3　操作性资源能力的研究现状

操作性资源能力是随着服务主导逻辑和服务生态系统理论的发展而被发觉和关注的新变量，对操作性资源能力的研究是在服务生态系统视角下进行的。

（1）操作性资源能力对竞争优势的影响

目前，学界对操作性资源能力与竞争优势之间关系的研究较少，且以理论探讨为主。Vargo 和 Lusch（2008）在对服务主导逻辑基本命题进行修正的时候，将操作性资源是竞争优势根本来源的判断写入命题，并强调了对操作性资源进行综合运用的重要性，肯定了操作性资源能力对竞争优势的积极作用。操作性资源是在服务生态系统中占据主导地位的资源，是效果的产生者，对操作性资源的识别、利用和重置是企业在生态系统中活动的实质内容，也是各企业差异化表现的原因（Beitelspacher et al.，2012；Peters，2016）。Nenonen 等（2018）对服务生态系统的实证研究结果显示，无论是操作性资源能力的高阶表现形式愿景和时机，还是具体的 4 类操作性资源能力（资源识别能力、价值主张能力、参与合作能力、影响制度能力），均能够积极影响服务生态系统的总福利，为与服务生态系统共生的企业带来益处。这实际上为企业短期绩效的获得与长期发展提供了有力保障，有利于企业竞争优势和可持续竞争优势的形成与保持。

（2）操作性资源能力对价值共创的影响

寻求为客户创造卓越价值的公司应培养操作性资源能力，异质性操作性资源能力是企业价值主张差异性的重要原因，基于创新和市场的操作性资源能力能够为顾客带来价值，提升价值体验，这是基于对象性资源的能力无法带来的（Ngo and O'Cass，2009）。制度作为一种操作性资源对价值共创起重要作用，操作性资源不仅是持续价值共创的基础，也是服务创新的基础，操作性资源能力在一定程度上决定了企业价值共创的能力（Maglio et al.，2010）。虽然对对象性资源的应用能力常常有助于价值创造，但如果不具备操作性资源能力就不可能实现价值共创，而价值共创是服务生态系统中价值创造的一般形式（Echeverri and Skålén，2011）。参与者互动是价值共创的微观基础，而操作性资源能力是参与者互动质量的重要影响因素（Storbacka et al.，2016）。较高的操作性资源能力能够帮助企业在互动中更便捷、有效地获取关键资源（Lusch and Nambisan，2015），与其他参与者保持良好关系，减少不必要的摩擦，营造更适合价值共创的环境。我国学者杨路明等（2020）对服务主导逻辑下的价值共创进行了研究，指出了平台能力的重要作用，认为平台企业应有效连接顾客、渠道商、供应商等多方参与者，实现平台企业内外资源和能力的整合，这是实现价值共创的关键。这种建立和维护参与者关系、识别和利用企业内外资源的能力实际上也是操作性资源能力的体现。

（3）操作性资源能力对服务创新的影响

Ordanini 和 Parasuraman（2011）的研究指出，从开放性和互动性出发的服务生态系统中的服务创新概念模型应包含操作性资源能力，这有利于创新合作的顺利开展。服务交换不仅允许参与者对资源进行访问，而且能够在这个过程中创建出新的、可交换的资源，这个过程体现了资源具有易变性，这是服务创新得以产生的重要原因（Wieland et al.，2012）。而操作性资源能力能够帮助企业掌控易变性，控制服务创新的发展方向（形式、程度、数量等），实现企业想要的创新结果。此外，在服务生态系统中资源液化和资源密度是服务创新的关键问题，与对象性资源相比，信息技术作为操作性资源更为合理，基于信息技术配置的操作性资源能力在数字化的服务创新方面具有独特作用（Lusch and Nambisan，2015）。服务创新主要涉及对操作性资源的整合，能够通过对操作性资源的整合创造出新的资源，重塑服务生态系统形态，这种对操作性资源的整合依赖于操作性资源能力（Vargo et al.，2015）。Lütjen 等（2019）对 28 家生态系统企业中 133 名管理者的研究结果显示，服务更新强度与企业的操作性资源能力有关，对操作性资源的感知、获取和重置影响企业的服务创新强度。

2.3.4　研究评述

对对象性资源和操作性资源的划分实际上体现了从产品主导逻辑向服务主导逻辑的转变。有形的、静态的、以自然资源为代表的对象性资源从主导地位变至次要地位，无形的、动态的、能够产生效果的操作性资源的重要性逐渐被学界认同。操作性资源能力是对操作性资源进行功能性综合应用的能力，影响着服务生态系统中参与者活动的效率和效果，对价值共创和服务创新的实现以及企业竞争优势的形成均会产生影响。现有研究对操作性资源与对象性资源的划分、操作性资源能力的内涵与测量、操作性资源能力产生的结果等问题均有涉及，但对操作性资源能力的研究尚未成熟，有许多方面亟须深入探讨。第一，现有对操作性资源和操作性资源能力的研究以理论探讨为主，且聚焦于对操作性资源的分类和识别，对操作性资源应用及操作性资源能力的研究，特别是实证研究较为缺乏，没有形成清晰、统一的界定和维度划分。第二，学者对关系能力、资源整合能力、知识搜索能力等与操作性资源有关的能力的研究已有一定基础，但是将这些能力抽象整合为操作性资源能力进行探讨的研究较为缺乏。操作性资源能力是随着服务生态系统理论的发展而被发觉和关注的，能够对生态系统中的企业活动产生影响，从操作性资源能力出发探索服务生态系统中企业的活动是必要且急迫的。第三，操作性资源能力影响竞争优势的结果和作用路径尚未明晰。现有研究大多数只笼统地说明了操作性资源能力的提升能够为企业带来益处，但是将益处具象化为竞争优势并予以验证的实证研究仍然欠缺。同时，虽然操作性资源和操作性资源能力是竞争优势来源的判断被众多学者认同，但是其作用路径如何尚未明晰。基于此，本书从服务生态系统的视角出发，将操作性资源能力作为自变量，深入分析操作性资源能力对竞争优势的作用机制和作用路径，并进行实证检验，力求丰富操作性资源能力的相关理论研究。

2.4　价值共创相关研究

2.4.1　价值的内涵

价值和价值创造是经济社会活动的核心内容，人们一直保持着对价值的关注。然而，对价值本质的讨论始终众说纷纭，对价值本质的不同见解来自对价值创造的不同理解。

在传统的经济学和市场营销学中，人们对价值创造的理解以产品主导逻辑为基础，价值是嵌入到产出的产品或服务中的，由生产者（企业）所创造的并在市场中进行交易。顾客等其他主体不参加价值创造过程，此时的价值通常以交换中的货币价值来体现，也被称为交换价值。从这个角度来看，生产者和消费者的角色是截然不同的，以企业为代表的生产者是价值创造者，以顾客为代表的消费者是价值毁灭者（Vargo and Lusch，2008）。价值创造的过程是由以企业为代表的生产者完全主导的，消费者基本无法在价值创造的过程中提出自己的意愿（Miller，2008）。随着生产力水平的提高，市场逐渐由以生产者为主导的卖方市场向以消费者为主导的买方市场过渡，企业和研究者开始将目光从生产者视角的价值向顾客视角的价值转变，脱离了原有的价值创造者和价值毁灭者的固有范式，以服务主导逻辑为基础的价值观开始出现。在服务主导逻辑中，生产者和消费者的固有界限消失，所有主体成为无差别的参与者，所有参与者都是资源整合者和价值共创者，此时的价值不再表现交换中的价值，而是代表了使用价值、现实价值或体验价值（见表2.8）。

从互动的角度出发可以将两类主导逻辑下的价值形成过程阐释为非互动形成的价值和互动形成的价值（Echeverri and Skålén，2011）：非互动形成的价值是由供给者提供、由消费者消耗的价值，通常被概念化为交换价值（Alderson，1957；Bagozzi，1975）；而互动形成的价值则规定了价值是由多个参与者通过互动而共同创造的，这种方式形成的价值通常被阐释为使用价值、现实价值或体验价值（Prahalad，2004；Vargo and Lusch，2004；Prahalad and Ramaswamy，2010）。

表 2.8　产品主导逻辑和服务主导逻辑下的价值

	价值的定义	价值的创造者	价值创造过程	价值创造的目标	价值衡量尺度	资源的使用	企业的作用	产品的作用	客户的作用
产品主导逻辑	交换价值	企业	企业将价值赋予到产品服务中，通过增加或增强属性来增加价值	为企业增加财富	金额的名义价值，交换中的价格	主要使用对象性资源	生产和传递价值	产出单位，嵌入价值的对象性资源	消耗或毁灭企业创造的价值
服务主导逻辑	使用价值、现实价值或体验价值	企业、网络合作伙伴和客户	企业通过市场提供价值，客户通过使用继续创造价值	通过为他人服务（应用知识和技能）来提高适应性、生存能力和系统福利	受惠方系统的适应性和生存能力	主要使用操作性资源	提出并共创价值，提供服务	操作性资源的载体，使其能够获得企业能力	通过整合企业提供的资源与其他私人的和公共的资源，共同创造价值

资料来源：根据 Vargo 和 Lusch（2008）的研究整理。

Vargo 等（2008）通过一个汽车的实例展示了在产品主导逻辑下和服务主导逻辑下对价值理解的差异。在产品主导逻辑下，汽车制造企业通过制造和交付汽车为顾客创造价值。也就是说，企业将发动机、轮胎等汽车零部件转化成了顾客需求的汽车，价值被嵌入到汽车之中。在这种情况下，价值是由企业以产品的形式创造出来的，这种有价值的产品在市场上以货币（或者可能是其他产品）的形式进行交换，价值是通过这个交易来衡量的，即交换价值。从服务主导逻辑的视角进行考量，汽车只是顾客使用（在交通、自我认同等方面）并将其与其他资源整合时产生的一个价值创造的输入，如果没有人知道如何驾驶、如何获得燃料和如何保养、如何使其在特定环境中发挥作用等知识和技能，汽车就没有任何价值。只有当顾客根据自己的现实状况使用汽车时，汽车才具有了价值。在这种视角下，顾客和企业共同创造价值：企业将知识和技能应用于产品的生产和品牌化，顾客将知识和技能应用于自己的生活中。与此同时，顾客也在整合自己的资源来提供服务，企业可以将顾客提供的资源与服务应用于自己的价值创造活动中（如传统意义上企业从顾客处获得资金投入再生产），这种互惠互利的关系共同创造了价值。这里所说的价值是使用价值、现实价值、体验价值，是由多方互动产生的。

2.4.2 价值共创的内涵

随着对价值创造视角的转换，价值共创成为越来越多学者关注的问题。目前关于价值共创理论的研究视角主要分成两类：第一类是基于顾客主导逻辑的价值共创理论；第二类是基于服务主导逻辑的价值共创理论。

（1）顾客主导逻辑下的价值共创

Prahalad 和 Ramaswamy（2010）指出，尽管现在消费者的选择越来越多，企业提供了更多种类的产品与服务，但是消费者获得的满足感没有提升，甚至有所下降，这是由个人消费体验被忽视而引起的，并由此提出了基于体验价值的顾客主导逻辑。价值的核心内容向体验转变，意味着价值创造方式的转变，价值创造应由顾客、顾客群和企业（价值网络成员）之间的互动来完成。尽管基于消费者体验价值的顾客主导逻辑提出价值共创包含了顾客与企业的互动、顾客之间的互动以及企业与价值网络中其他成员的互动三种形式，但是究其实质，顾客主导逻辑所说的仍是顾客和企业合作进行的价值共创，强调为顾客提供独特的、差异化的体验，从根本上来说是一种二元式的价值共创观（武文珍和陈启杰，2012）。

（2）服务主导逻辑下的价值共创

第二类价值共创理论的研究视角是基于服务主导逻辑，也是本书所选取的价值共创视角。价值共创是服务主导逻辑和服务生态系统理论的一个核心概念，服务主导逻辑的基本命题指出所有社会和经济活动的参与者都是资源整合者和价值共创者，并在服务交换的嵌入式系统（服务生态系统）中连接在一起（Chandler and Vargo，2011），与基于消费者体验价值的顾客主导逻辑的二元价值共创具有一定差异。服务主导逻辑视角下的价值共创被定义为通过社会经济参与者之间的协作和交互进行资源整合而实现利益（McColl-Kennedy et al.，2012）。资源本身不具有价值，价值是通过参与者之间的交互以不同的使用方式和组合来实现的。从这个意义上说，参与者之间的互动合作是必不可少的，互动行为能够增加资源密度，改变可以使用的资源集合，从而增加价值的总含量（Moeller et al.，2013）。因为产生价值的参与者互动是具有差异性的，所以价值共创也是差异化的。Akaka 和 Vargo（2015）指出价值共创的差异来自两个方面：一方面是来自价值共创参与者所具有的不同特性（经验、能力等）；另一方面是来自价值共创发生的不同情境（物理环境、制度、文化等）。价值共创是一个活跃的、有创意的、社会互动的过程，基于服务生态系统中连接在一起的参与者的需要或愿望，这些参与者整合他们的资源来支持各种价值共创活动，如知识共享、产品开发、解决方案实施，并实现双（多）赢的结果（Pathak et al.，2020）。Loïc 和 Cáceres（2010）从另一个角度对价值共创进行了阐释。他们认为虽然价值共创是服务主导逻辑的一个基本原则，但是在现实中参与者之间的交互不仅会产生价值共创，还可能产生负向结果，即价值共毁。价值共创是指参与者共同创造价值的过程，而价值共毁是指参与者共同破坏或减少价值的过程。

综上所述，关于价值共创的界定主要分为顾客主导逻辑和服务主导逻辑两个视角。本书关注的是服务生态系统中的企业，依据的是服务主导逻辑下的价值共创理论，将价值共创界定为服务生态系统中的参与者通过资源整合、服务交换等互动而实现利益的过程。

2.4.3　价值共创的测量

（1）非服务主导逻辑下价值共创的测量

非服务主导逻辑下的价值共创研究主要以顾客体验价值共创为理论来源，价值共创的主体主要是企业和顾客，以二元式价值共创为主。Nambisan 和 Baron（2009）在对虚拟环境下价值共创的研究中使用了产品服务内容、成员认同以及人员互动 3 个维度来对价值共创进行测量。Yi 和 Gong（2013）对顾客价值共创行为进行了研究，并开发了顾客价值共创行为的量表，将顾客价值共创这一变量分为顾客参与行为和顾客公民行为两个维度，顾客参与行为又包含信息搜索、信息共享、义务行为、个人互动 4 个子维度，顾客公民行为包含了反馈、支持、帮助、容忍 4 个子维度，共计 29 个题项。Nysveen 等（2013）认为价值共创是基于共同的体验，在研究中使用感官体验、情感体验、行为体验、智力体验、关系体验 5 个维度对价值共创进行了测量。

我国学者严建援和何群英（2017）在对 B2B 背景下价值共创的研究中，使用信息共享、责任行为、人际互动 3 个维度对价值共创进行了测量；胡有林和韩庆兰（2018）使用联合优势、用户企业满意度两个维度对价值共创进行了测量，其中用户企业满意度包括经济满意和社会满意两个方面。孙永波等（2018）在研究价值共创对品牌权益的影响时，使用了知识共享、关系和互动 3 个维度对价值共创进行测量，每个维度包括 4 个题项。焦娟妮和范钧（2019）在对顾客-企业社会价值共创的研究中，从顾客自身、CSR 项目、顾企互动和共创环境 4 个维度对价值共创进行测量。

（2）服务主导逻辑下价值共创的测量

服务生态系统中的价值共创研究是在服务主导逻辑的指导下进行的，脱离了顾客-企业二元价值共创的范畴，价值是由服务生态系统中的多角色参与者通过互动产生的。

Karpen 等（2012）探讨了服务主导逻辑下价值共创的实现问题，认为通过个性化、关系、伦理、授权、发展和协调 6 个方面的交互能力可以实现价值共创，因此可以通过这 6 种战略能力来测量价值共创。Ranjan 和 Read（2016）对前人的价值共创研究成果进行总结，得出了价值共创的两个维度：合作生产和使用价值。其中，合作生产包括知识、公平、互动等内容，使用价值包括体验、个性化和关系等内容。Beirão 等（2017）对公民卫生保健行业从业人员进行了 48 次访谈，提取了服务生态系统中价值共创的测量维度：资源获取、资源共享、资源重组、资源监控和治理制度的形成。Waseem 等（2018）从服务生态系统中参与者胜任能力的角度对价值共创的测量进行了考察，通过实证研究，他们得出了测量价值共创的 3 个维度：组织公民行为、参与者对工作的理解、参与行为。组织公民行为包括直接公民行为和间接公民行为；参与者对工作的理解包括专业知识和行为导向方法；参与行为包括互动质量和关系。

由于服务主导逻辑的出现，使用原本的服务生产率测量公式无法对价值共创进行测量，于是我国学者郭国庆和姚亚男（2013）从生产率出发，提出了价值共创的两步测量法：首先是测量共同生产率收益（JPG），然后通过顾客价值和供应商价值来进一步测量价值共创。这种测量方法将生产率这一可测指标作为价值这一潜变量的测量标准，并且强调了顾客、供应商的作用，通过各方生产率的相互作用机制推导出了价值共创的计算公式。虽然这种测量方法强调了服务主导逻辑，将顾客对生产率的影响纳入其中，但是实质上没有脱离生产者-消费者的产品主导逻辑或顾客-企业二元价值共创视角。张婧和何勇（2014）基于服务主导逻辑对价值共创进行研究，使用共同制定计划、共同执行计划、共同解决问题 3 个维度对价值共创进行测量，共包含 10 个题项。武柏宇和彭本红（2018）在对服务主导逻辑下价值共创进行测量的时候，选取了期望一致性、经济价值的满足、资源流动配合程度及良好的互动体验 4 个题项。

2.4.4　价值共创的研究现状

（1）服务生态系统视角下的价值共创研究

从服务生态系统的角度来看，价值共创超越了企业和顾客的二元关系，所有参与者（企业、顾客、供应商、政府、其他利益相关者等）都在互动中为自己和他人创造价值（Echeverri and Skålén，2011；Edvardsson et al.，2014；Vargo and Lusch，2016）。在服务生态系统中，价值可以通过系统生存能力的变化来概念化，复杂性和开放性是动态系统的重要属性，这是因为：①服务生态系统是开放的，资源整合和价值共创的每一个实例都改变了系统本身的性质，从而为下一次价值共创提供了一个新的环境；②服务生态系统具有复杂性，即每个服务生态系统既是服务的提供者又是服务的消费者，并与其他服务生态系统相互重叠、相互依赖；③通过关系协调（系统元素之间的兼容性）和共鸣（服务生态系统中参与者之间的和谐互动），服务生态系统寻求更强的生存能力（存活能力和福祉）（Wieland et al.，2012；Hobbs，2015）。同时，非还原性、不可简化性是复杂的服务生态系统的关键特征，因而，对价值共创的考察需要具有整体性。在某些情况下，推导价值创造过程及潜在的价值共创含义是适当的（对于同质性资源整合），而在某些情况下则是不适当的（对于异质性资源整合），价值共创不仅取决于异质性资源整合的结果，还取决于参与者对价值的认知（Peters，2016）。

（2）价值共创的前因变量

服务生态系统的参与者不仅是指自然人，还包括机器、基础、人类与技术的集合体等（Storbacka et al.，2016）。价值共创很难从经验上观察到，但参与者的参与和相关的资源整合是可以观察到的，如果没有参与者的参与，就无法实现资源整合，也就无法进行价值共创。Storbacka 等（2016）提出了一个框架，将参与者的参与概念化为服务生态系统中价值共创的微观基础，并指出参与者的参与是价值共创的重要前提（见图 2.5）。Ketonen-Oksi（2018）同样注意到了参与者的参与对价值共创的重要作用，他通过访谈的方法证实了参与者通过聚集在一起分享价值主张并在交流之后采取行动的方式开展价值共创，参与者的参与是实现价值共创的基础。

Ren 等（2015）研究了供应链生态系统下企业的价值共创问题。通过对 110 个供应商和客户关系样本的分析，考察了价值共创是如何开展的，识别了基于双边特质的投资以及资源相互依赖两个促进价值共创实现的前

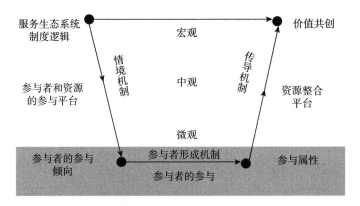

图 2.5　参与者参与价值共创

资料来源：根据 Storbacka 等（2016）的研究整理。

因变量，并验证了价值共创对伙伴关系质量的积极影响。Beirão 等（2017）从服务生态系统的多个层面（微观、中观、宏观）结构出发，探索了服务生态系统中价值共创的动态性及影响价值共创的因素。研究结果表明，影响价值共创的因素主要包括资源获取、资源共享、资源重组、资源监控及治理制度的形成，这些因素使参与者得以在多重互动的动态系统中进行资源整合，形成价值共创的成果，这个过程关系到参与者利益和整个服务生态系统的存亡。

我国学者肖萌和马钦海（2017）从资源的角度出发，探讨了顾客资源及资源整合能力对价值共创的积极作用。李金生等（2020）基于知识生态系统，通过对 576 个样本的实证研究得出不同层面、不同类型的知识关系对价值共创具有不同影响：知识竞争关系负向影响技术层面的价值共创，正向影响市场层面的价值共创；知识共生关系对技术层面和市场层面的价值共创均有积极影响。

（3）价值共创的结果变量

顾客是竞争优势的重要来源，企业与顾客进行价值共创不仅能够扭转顾客在价值创造中的被动地位，使顾客拥有独特的价值体验，而且能够优化企业设计、生产、营销等环节，为企业带来独特的竞争优势（Prahalad and Ramaswamy，2004）。资源整合是价值共创的重要步骤，资源本身是不具有价值的，当资源以不同的方式被组合和应用时价值才会在互动中产生，因此价值是由参与者共创的，价值共创的结果能够给各方参与者带来收益（McColl-Kennedy et al.，2012）。Ramaswamy 和 Ozcan（2014）认为网络成员或生态系统的参与者互动是价值共创实现的前提，并提出了价值共创应包含对话、获取、风险评估、透明度 4 个方面的内容，高质量的价值共创对企业兼顾短期绩效和长期发展有促进作用。我国学者孔鹏举和周水银（2013）的研究显示，当代企业价值创造的角色已经发生了转变，企业能够通过与其他利益相关者进行价值共创取得竞争优势。朱勤等（2019）对平台生态系统的研究结果显示，价值共创包括共同制定计划、共同解决问题和灵活做出调整，三者均能带来绩效方面的提升。

2.4.5　研究评述

有关价值内涵的争议一直存在，从重视交换价值到重视使用价值、体验价值，价值创造模式经历了从企业独自创造价值到与其他参与者进行价值共创的转变。服务生态系统是一个共生、共创、共赢的系统，价值共创活动是服务生态系统生态共生性的一种重要体现。近年来，价值共创成为学界关注的一个新热点，现有研究对价值的内涵、价值共创的定义、价值共创的测量、价值共创的前因变量和结果变量均有相对深入的讨论，推动了价值共创理论的发展，也为后续研究提供了理论依据。目前，关于价值共创的研究尚有可以完善之处。第一，价值共创主要分为非服务主导逻辑下的价值共创和服务主导逻辑下的价值共创两类，现有价值共创的研究多从非服务主导逻辑切入。但非服务主导逻辑下的价值共创实际上是顾客 - 企业二元式的价值共创，忽略了其他角色参与者在价值创造中的贡献。相较而言，服务主导逻辑下的价值共创将社会经济活动的参与者都作为价值共创的参与者纳入价值共创的过程中，是更广义的价值共创。但从该逻辑切入进行价值共创研究的文献相对较少，有待丰富。第二，价值共创是服务生态系统中价值创造的一般形式，现有研究对服务生态系统中价值共创的重要意义有所讨论，但是从服务生态系统出发探索价值共创的前因和结果变量的实证研究较为缺乏，可以成为下一步研究的一个方向。第三，现有研究讨论资源、能力、参与者的参与等因素对价值共创的影响，同时讨论价值共创对绩效、竞争优势的积极作用，但探索价值共创中介作用的实证研究相对缺乏。基于此，本书从服务生态系统出发，将服务主导逻辑作为价值共创的理论基础，探索价值共创在操作性资源能力与竞争优势之间的中介作用，构建研究的整合模型，并通过案例分析和统计分析的方法对研究模型予以检验，力图丰富相关理论研究。

2.5　服务创新相关研究

2.5.1　服务创新的内涵

服务经济和创新驱动是近年来理论研究和实践领域的热点，二者的交集服务创新也越发受到重视。服务创新是否具有独特性，是否应与产品创新区别来看一直是服务创新研究争论的一个焦点。最初学者的研究直接将服务业的创新等同于服务创新，将制造业的创新等同于产品创新（Gallouj and Savona，2009）。但是随着理论和实践的发展，制造业中的服务创新开始引起关注，制造企业希望通过将新服务与原有产品进行捆绑形成新的服务产品包，并将服务产品包作为更好地满足消费者需求的新的解决方案（Ulaga and Reinartz，2011；Kindström et al.，2013），有关服务创新的理论和实践开始打破传统意义上产品和服务泾渭分明的界限。

对服务创新内涵的界定，学界尚未达成一致。Barras（1986）认为服务创新是建立在技术的突破上的，认为技术在服务创新中发挥重要作用，并用逆向产品生命周期来进行描述，包括 3 个阶段：第一阶段，新技术的应用，旨在提高现有服务的供给效率；第二阶段，将技术应用于提高服务质量；第三阶段，从服务的质量改进转向生成全新的服务产品。还有学者借鉴了熊彼特对创新的定义（新组合的实施），将企业视为创新组合的实现基础，提出了服务创新观（Gebauer et al.，2008；Gallouj and Savona，2009），强调重组创新是服务创新的核心且经常在新企业中出现。Toivonen和 Tuominen（2009）将服务创新界定为一种全新的服务或是对现有服务的一种更新，认为服务创新的实践能够为组织带来收益，这种收益通常来自更新服务为顾客创造的附加价值。Lowe（2010）认为服务创新是将一些新的东西引入与消费者有关的个体或集体过程中，内容涉及生活方式、组织、时间和地点等的变化。Ostrom 等（2010）将服务创新定义为通过新的或改进的服务供给、服务流程和服务业务模块，认为服务创新能够为客户、员工、企业所有者、联盟伙伴和社区创造价值。

总体来看，学界对服务创新概念的研究基本上可以分为吸收同化、区分和综合 3 个视角（Witell et al.，2016）。吸收同化视角下的研究将服务性活动类比为制造性活动。也就是说，基于该视角的研究认为最初为制造业开发的创新模型和理论同样适用于服务业。这种视角控制了服务业和制造业的差异，认为产品和服务在创新上是等同的，忽视了服务的特殊属性。与吸收同化视角相反，基于区分视角对服务创新的界定强调服务的特殊属性，需要针对服务创新专门开发新的模型和理论。基于综合视角的研究则认为服务创新是一种综合的创新，既要考虑技术层面即面向产品的创新，也应考虑非技术层面即面向服务的创新。服务创新的综合视角旨在将以制造业为导向的研究与以服务为导向的研究结合起来，形成一个有机的统一框架（Gallouj and Savona，2009）。从吸收同化、区分和综合 3 个视角对服务创新概念进行的界定如表 2.9 所示。

表 2.9　服务创新的界定

视角	描述	核心概念	关键特征	过程或结果	创新或发明	为谁创造	交换价值或使用价值
吸收同化	关于产品创新的知识可以应用于所有类型的创新	创新	生产、过程、组织	结果	创新	世界	交换价值
区分	有关服务的创新是独特的，需要与其他行业区别对待	服务创新	变更、顾客、供给、企业	结果	发明	企业	使用价值
综合	服务作为一个视角，可以用来解释所有类型的创新	服务创新	变更、顾客、生产、过程、存在、更多价值	过程和结果	发明	企业	使用价值

资料来源：根据 Witell 等（2016）的研究整理。

从服务主导逻辑出发探索服务创新成为服务创新综合视角研究的重要组成部分。在服务创新理论不断发展的过程中，基于吸收同化和区分的视角研究服务创新的局限性开始显现，协作和能力在服务创新中的重要作用被不断提及（Ordanini and Parasuraman，2011）。服务主导逻辑为服务创新提供了一个新颖且有价值的理论体系，从服务主导逻辑出发研究服务创新要求研究者对传统创新文献进行重新思考和评价（Michel et al.，2008；Wu and Nguyen，2019）。服务主导逻辑下的服务创新被概念化为一个新的且有用的过程，主体通过行为、过程和表现来应用专业能力（操作性资源能力），为自身或另一个主体实现利益（Vargo and Lusch，2004）。Su 等（2013）在此基础上将服务创新定义为结构上的变化，这些变化源于资源的新配置或新的模式，使参与者在特定环境中进行有价值的新实践。服务生态系统中的服务创新是一个合作的过程，包括参与资源整合系统的各种参与者网络，是创新的基本方式（Lusch and Nambisan，2015）。

综上所述，学界对服务创新的研究是一个逐渐深入的过程，对服务创新的界定也随之不断更新。本书的研究对象是服务生态系统中的企业，服务主导逻辑下的服务创新更适用于本书的应用情境。因此，本书将服务创新界定为一个新的和有用的合作过程，为企业自身或其他参与者实现利益。

2.5.2　服务创新的理论发展

尽管对服务创新的研究始于 20 世纪 80 年代，但是无论学界还是实践领域对服务创新的重视程度远远不及产品创新，致使服务创新的研究进度缓慢，直至 20 世纪末 21 世纪初，对服务创新的研究才开始逐渐丰富。

服务创新研究大致可以分为 3 个阶段（Carlborg et al.，2014）。首先是形成阶段（1986~2000 年）。在长期关注产品和生产过程的创新之余，研究者注意到服务的特殊性，如生产和消费的不可分离性、无形性、低可贸易性、异质性等（De Brentani，1995；Atuahene-Gima，2010），出现了对服务创新理论的潜在需求。该阶段服务创新的研究主要关注服务供给的变化和导致服务成果差异的因素。其次是成熟阶段（2001~2005 年）。进入成熟阶段的标志是顾客参与相关研究的出现，顾客参与成为该阶段服务创新研究的一个重点。另一个重点则是服务创新是如何组织和开展的，典型问题包括组织应如何配置资源以成功地开展服务创新活动、哪些因素可能有助于提高企业服务创新绩效等（Van den Ende，2003；Stevens and Dimitriadis，2004；Drejer，2004）。最后是多元化阶段（2006 年至今）。Karniouchina 等（2010）发表了一篇对服务创新的评论性文章，呼吁对服务创新的研究应该涉及多学科、多领域，服务创新开始向多维度、抽象性、包容性（也可以包括产品）的方向发展。在这个阶段，服务创新作为实现竞争优势的手段受到服务企业和制造企业的共同关注（Kindström and Kowalkowski，2009；Ostrom et al.，2010；Sántamaría et al.，2012）。

Snyder 等（2016）对相关文献进行梳理，将服务创新的研究分为变化程度、变化类型、新颖性以及供应方式 4 个类别。在变化程度上，研究主要关注的是渐进式创新和根本性创新，渐进式服务创新和根本性服务创新的区别取决于新服务特征与以前服务特征的不同；在变化类型上，研究集中于区分产品创新和过程创新，前者涉及新产品的引入或显著改进的产品，而后者涉及新的或显著改进的生产过程（Amara et al.，2009）；在新颖性上，研究主要考察的是企业或市场对服务新颖性的感知，Toivonen 和Tuominen（2009）认为新颖性是一个相对的概念，对企业来说新颖性意味着采用或复制其他企业的服务成为创新者；在供应方式上，研究主要考察的是组织如何创新重组以提供新服务，研究从科技和组织两个维度进行讨论。

在服务创新模型方面，Den Hertog（2000）提出的服务创新四维模型影响最为深远（见图 2.6）。该模型以技术为核心，强调新服务概念、新客户界面、新服务交付系统等非技术因素在创新中的重要意义，通过确定 5 种基本的服务创新模式，确定了服务企业在创新过程中的角色，并说明了服务创新四维模型如何用于分析知识密集型服务业务在创新中的作用。

2.5.3 服务创新的测量

Avlonitis 等（2001）认为服务创新的结果受到服务创新开发过程的影响，而开发过程又受到服务创新的新特性影响，这是一个交互影响的过程，因此服务创新可以通过新服务的开发活动、流程形式、跨职能参与 3

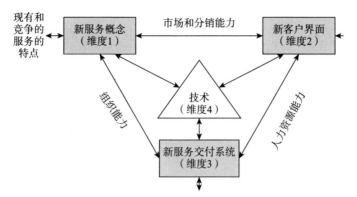

图 2.6　服务创新四维模型

资料来源：根据 Den Hertog（2000）的研究整理。

个维度进行测量。Hu 等（2009）对酒店行业的服务创新进行了研究，认为员工是联系酒店和顾客等其他参与者的枢纽，通过新服务的开发和员工创新意愿对服务创新进行测量。Storey 和 Hull（2010）通过对 70 家大型服务企业的实证数据检验了服务创新的权变模型，以新服务的开发为服务创新体系的核心，认为服务创新可以通过跨部门组织协调、指导创新的正式流程和技术工具的使用 3 个方面内容进行测量。Den Hertog 等（2010）在研究中将动态能力理论与服务创新相结合，提出使用服务新概念、新的顾企交互、新业务伙伴、新的收益分配、非技术的新交付系统、技术的新交付系统对服务创新进行测量。Ganesan 和 Sridhar（2016）在研究服务创新、企业声誉、顾客满意度和关系改善之间的关系时，对服务创新使用了服务供应商为顾客创建的全新服务等 5 个题项来进行测量。Akgün 等（2016）在对 251 家服务企业的服务创新研究中，使用了组织是向市场提供新服务的先驱等 5 个题项对组织服务创新进行了测量。Chandler 等（2019）探讨了服务生态系统中的服务创新，通过对物联网领域的服务生态系统企业长达 4 年的跟踪性案例研究得出了服务创新的 4 个维度，即递归性、暂时性、补偿性、持续性。

国内对服务创新的研究起步较晚，服务创新的测量工具大多是借鉴国外学者的研究成果。魏江等（2008）在对国外服务创新的研究进行梳理分析之后，认为服务创新应包含产品创新、过程创新、组织创新和市场创新4个维度。姜铸和李宁（2015）在对制造企业服务化的服务创新研究中，借鉴了服务创新四维模型，通过服务概念创新、顾客界面创新、组织流程创新、技术选择创新对制造企业的服务创新进行测量。简兆权和柳仪（2015）在研究嵌入性网络中的服务创新时，将服务主导逻辑与平衡计分卡相结合，对服务创新绩效的测量使用了包含财务绩效、顾客绩效、内部绩效在内的6个题项。赵晓煜等（2020）在对服务创新能力和服务创新绩效进行研究时，使用服务新概念和服务新创意、服务创新体系和流程等6个题项对服务创新能力进行测量，使用顾客满意度、为顾客创造价值等4个题对服务创新绩效进行测量。

2.5.4　服务创新的研究现状

（1）服务生态系统视角下的服务创新研究

服务主导逻辑和服务生态系统理论为服务创新的研究拓展了空间，更注重参与者的多元性、资源的系统整合性。Skålén等（2015）从服务主导逻辑出发，对8家服务生态系统中的企业进行了研究，提出了4种类型的服务创新（适应型创新、资源型创新、实践型创新和组合型创新）及3种类型的服务创新过程（实践型创新过程、资源型创新过程和组合型创新过程）。Lusch和Nambisan（2015）提出了服务创新的扩大化概念，认为创新涉及整个参与者网络，包括受益者（如客户）。该研究指出服务创新合作发生在A2A网络中，以为自己或他人获取利益为目的而应用资源。该研究提出了服务创新的三方整合框架，包括服务生态系统（在A2A网络中提供了一个服务交换和价值共创的组织逻辑）、服务平台（通过提高资源流动性和密度，提高服务交换的效率和质量，是服务创新的场所）和价值共创（价值是由服务提供者和服务受益者通过资源整合共同创造的）3个方面的内容。

（2）服务创新的前因变量

服务创新的开展超越了以企业为中心的生产活动和协作网络，推动价值创造的社会实践和过程在服务创新中发挥重要作用，服务创新是新知识和有用知识组合演化的过程（Vargo et al.，2015）。同时，将制度理论引入服务创新研究中是必要的，服务生态系统中制度的维持、变迁和破坏是创新的核心过程，技术被概念化为潜在的有用知识或价值主张，既是价值创造和创新的结果，也是价值创造和创新的媒介（辛本禄和刘燕琪，2021）。因此，服务创新是被价值主张的组合演化以及新的解决方案和制度化所驱动的。Aal 等（2016）通过对意大利饮食文化企业 Eataly 的案例研究，将价值共鸣、品牌集成、服务体系整合、体验空间作为服务创新的推动力纳入服务生态系统中，提出了服务生态系统中的整合创新框架，并指出规则、规范和认知在指导服务生态系统中的资源整合和服务创新等方面具有重要作用。Chandler 等（2019）通过对 4 家企业的实证研究发现，服务生态系统中的制度协调是服务创新最容易被忽视的一个环节，创新的想法来自 4 种制度压力的协调方式（紧张、分歧、预期价值和服务），服务创新由传递性、暂时性、互补性及连续性 4 种方式塑造。我国学者简兆权和柳仪（2015）基于企业网络理论，探析了关系嵌入性和网络能力对服务创新绩效的影响，研究结果显示关系嵌入性正向影响服务创新绩效，网络能力在二者关系中发挥中介作用。王雷等（2018）基于服务主导逻辑，研究了价值主张对服务创新的作用机制，通过对 236 份调查问卷的统计分析验证了价值主张及其 4 个维度对服务创新具有积极影响，且参与者的参与在价值主张与服务创新之间起完全中介作用。

（3）服务创新的结果变量

服务创新有利于解决企业与其他参与者之间的委托代理问题，服务创新带来的企业政策变化、社会心理激励和社会化控制等可以增强参与者之间的协作，使参与者之间的利益目标趋于一致，防止机会主义行为的产生（Longo and Giaccone，2017）。服务创新能够帮助企业对现有的技术、过程、产品和商业模式进行改进，有利于企业提升现有市场的顾客满意度，帮助企业挖掘潜在市场（Song and Benedetto，2008）。服务创新源于资源、模式或其中一些组合的更改，这个过程是动态的、难以复制的，企业能够从中获得竞争优势（Edvardsson and Tronvoll，2013）。我国学者崔海云和施建军（2013）对休闲农业企业服务创新的研究表明，企业应对顾客体验予以重视，针对顾客体验进行的服务创新能够有效提升企业绩效方面的表现。

杨洋等（2015）对制造企业的研究结果显示，服务创新是制造企业获得可持续竞争优势的有效途径，服务创新能够有效促进企业的服务价值，显著提升企业绩效，这个过程受到员工满意度的调节。

2.5.5 研究评述

学界对服务创新的研究包含了吸收同化、区分和综合3个视角，随着研究的不断深入，综合视角开始被更多学者认同。服务主导逻辑为综合视角下的服务创新研究提供了养料，使传统意义上技术创新和市场创新割裂的局面得到有效改善。学界对服务创新内涵、测量、前因变量、结果变量以及对服务生态系统中服务创新的讨论已经有一定基础，为本书对服务创新展开进一步探索提供了依据。但是现有对服务创新的研究仍有不足之处。第一，尽管现有对服务创新的研究存在3个视角，但是大多数研究仍然将服务创新等同于服务业中的创新或对服务的创新改进，没有发挥服务创新统领技术创新和市场创新的优势，以服务主导逻辑为理论基础的服务创新研究有待进一步丰富。第二，现有研究对服务创新前因变量的探索较为深入，但是对服务创新产生的影响却少有论述。少数有关服务创新影响结果的研究都聚焦于服务创新带来的绩效方面的提升，有关服务创新对企业更综合的作用（如提升企业竞争优势）的研究较为缺乏。第三，对操作性资源能力、服务创新与竞争优势关系的研究有待深入。尽管已有学者将服务创新作为中介变量进行研究，但是鲜少将服务创新置于服务生态系统的情境中，研究服务创新在操作性资源能力与竞争优势关系中的作用。基于此，本书在前人对服务创新研究的基础上，梳理了服务创新的理论发展，结合具体的研究情境，以服务生态系统中的企业为研究对象，以实证的方法探索了"操作性资源能力—服务创新—竞争优势"的路径。

2.6 共享制度相关研究

2.6.1 共享制度的发展与内涵

共享制度是随着制度理论的发展演化而出现的概念。本书所说制度的英文是"institutions"，在某些情境下该词与"organizations"（组织、机构）一词意思相近，但二者又存在显著差异，"institutions"表示的是"游戏的规则"，"organizations"表示的是"游戏的参与者"（组织团队）（North，1990）。人们对制度的关注由来已久，19世纪末到20世纪初，对制度的研究达到了一个高潮，但是不同学科对制度的理解有所不同（斯科特，2010），这些早期对制度的探索至今仍有许多值得借鉴之处，成为共享制度研究的思想来源。

（1）社会学中的制度研究

制度一直是社会学关注的焦点，社会学家对制度的探索具有持续性。20世纪最具影响力的社会学家 Spencer（1910）将社会视为一个不断进化的有机系统，而各种制度就是这个有机系统的各种器官，他通过对不同情境下的制度进行比较得出了制度的普适性原则。Sumner（1940）继承并拓展了 Spencer 的观点，认为制度是由思想、概念、学说与利益等观念和结构构成的，它们通过人们长期的、自然的、本能的努力而慢慢演化生成，即虽然制度是人为制定的，但是具有自发的演化路径。Cooley（1922）认为个人与制度、社会结构直接存在相互依赖的关系，虽然制度看似独立于个人行为，但实际上制度产生于人际互动，并通过人际互动而维持或变化，因此个体对于制度既是原因又是结果。这种认知与服务生态系统中参与者与制度的交互影响具有相似性，成为服务生态系统共享制度的重要理论来源。

（2）经济学中的制度研究

经济学对制度的研究缺乏连贯性和一致性，但是大体可以分为旧制度经济学和新制度经济学两个阶段。在旧制度经济学中，以凡勃仑、康芒斯、米切尔为代表的经济学家质疑以门格尔为代表的新古典经济学的经典"经济人"假设，虽然这些旧制度经济学家的观点各有不同，但是他们都批判脱离现实、以模型为重的假设，强调变迁的重要性（Scott，1987）。遗憾的是，旧制度经济学没有形成完整的理论体系，所以在经济学中的影响远不及新古典主义经济学。与旧制度经济学回答资源分配和效用这样的旧问题不同，新制度经济学致力于回答新问题：为什么经济制度以这种方式出现而不是其他方式。Williamson（2000）提出了交易成本经济学，他认为成本的产生是因为经济活动植根于一种制度环境中，或植根于为生产、交换和分配奠定基础的非正常的政治、社会和法律基本规则中。一般而言，经济学文献中关于制度的早期研究与社会学的早期研究相对应，大多集中于制度的约束属性。随着研究的不断深入，这种情况发生了改变。与新古典经济学的理性人假设不同，Simon（1978）认为人不是完全理性的，不要从狭义的利益最大化角度来理解理性，问题的核心不在于人是否理性，而在于在能力有限的情况下如何有效合理地利用自己的能力，这就需要制度的辅助。这些制度可以有效地减少思考所消耗的精力，可以说正是制度允许了有限理性的存在。这些观点为服务生态系统中共享制度的作用发挥提供了洞见。

（3）政治学中的制度研究

与经济学一样，政治学中的制度理论也有新旧之分。政治学中的旧制度主义通常是结构主义，关注宏观层面的形式结构，其基本假设是结构驱动个人行为，关注的是政治结构是否良好（Peters，2012）。新制度政治学代表了两种趋势的共同影响：一个是行为主义化运动，即把注意力从政治结构转移到政治行为；另一个则是理性选择，它将经济学假设应用于政治行为。两种趋势都强调了微观层面的效用最大化，关注政治体制中的社会投入。

（4）服务生态系统下的制度研究

制度理论从社会学、经济学和政治学中汲取了营养，这些学科对制度有许多共同的核心理解，为之后从服务主导逻辑和服务生态系统的视角审视制度提供了养料（Vargo and Lusch，2017）。制度是多层面的、持久的社会结构，既有象征元素，也有物质元素，它们包括法律、规范、价值观和道德规范，这些规范定义了行为主体之间的适当行为、文化信仰及认知模型、框架和模式，在不同情况下指导社会行为的基本假设（Scott，2014；Thornton et al.，2012）。因此，制度以游戏规则的形成存在，并在个体之间建立相互信任（North，1990）。

制度和制度安排被视为服务生态系统的构成要素。服务生态系统中的参与者是通过共同的制度逻辑联系在一起的，共享制度是参与者为了长期有效地协调他们之间的行为而创造出来的治理机制（Chandler and Lusch，2015）。共享制度是指规则、规范、含义、符号、实践和类似的协作辅助，通过制度安排影响参与者的行为（Vargo et al.，2015）。服务生态系统是通过参与者的共享制度来协调价值共创的，强调制度是理解人类系统和社会活动尤其是价值创造活动的关键，制度对理解服务生态系统的结构和功能起关键性作用。服务生态系统的共享制度被定义为人为设计的规则、规范及信仰，用以限制、规范参与者行为，使社会生活变得可预测且有意义，制度安排则是更高阶的制度（Vargo and Lusch，2016）。

综上所述，"制度"一词由来已久，不同学科对制度的不同理解为服务生态系统中的制度研究提供了养料。服务生态系统的共享制度具有指导和限制参与者行为的作用，本书以 Vargo 和 Lusch（2016）的阐释为基础，综合各学科对制度的研究成果，将服务生态系统的共享制度界定为在服务生态系统中人为设定的规则、规范、信仰和价值观，用以指导和约束参与者行为，使服务生态系统中的活动在一定程度上具有可预测性和意义。

2.6.2　共享制度的测量

服务生态系统的共享制度研究尚处于初始阶段，现有研究集中于理论探索，实证研究较为缺乏，涉及共享制度测量的研究较少。Meynhardt 等（2016）在研究中指出，服务生态系统作为一个系统不能孤立存在，因此服务生态系统具有系统演化的动态性以及价值创造活动的复杂性，从系统的角度来看，这些价值创造活动需要统一的共享制度指导，共享制度包含9 个维度：临界距离、稳定性、放大性、内部确定性、非线性反馈、相变、对称性破坏、有限可预测性和历史依赖性。Koskela-Huotari 等（2016）在对服务生态系统的创新研究中指出，共享制度通过维持、变迁和打破来影响服务生态系统的运转，并使用改变商业逻辑、改变创新过程、改变核心竞争力及改变市场结构 4 个维度对共享制度进行测量。Pop 等（2018）从微观、中观和宏观 3 个层面对服务生态系统进行了分析，得出了参与者不仅会对制度变革做出反应，同时也会主动诱导制度变革，他们确定了服务生态系统中共享制度的 9 个维度：文化、结构、流程、指标、语言、实践、知识产权、立法及一般信仰。

斯科特（2010）在综合各学科制度研究成果的基础上对制度理论的探索具有深远影响，服务生态系统的共享制度发展从中汲取了大量养分，在共享制度的测量上同样如此。Kleinaltenkamp 等（2018）在初始制度对服务生态系统影响的研究中借鉴了斯科特的成果，经过修改将制度划分为强制性、规范性及认知性 3 个维度，每个维度又通过符号系统、关系系统、惯例、对象 4 个方面进行衡量。Sajtos 等（2018）在研究跨服务生态系统边界者对共享制度影响的研究中，同样借鉴了斯科特的成果，对共享制度从规则、规范及认知 3 个维度进行测量，共包含 16 个题项。

2.6.3 共享制度的研究现状

共享制度是服务生态系统的治理机制，对共享制度的研究与讨论均是在服务生态系统视角下进行的。

（1）共享制度与服务生态系统

共享制度是服务生态系统的治理机制，有关服务生态系统中共享制度的研究受到学者的关注。市场是服务生态系统在实践中常见的表现形式，不同市场的划分源于不同的制度化解决方案（Vargo and Lusch，2008）。Aal 等（2016）的研究表明，价值观的共鸣是服务生态系统形成的基础，服务生态系统的参与者是基于对相同价值观的认可而聚集在一起的，而价值观正是服务生态系统共享制度的重要组成部分。共享制度也是服务生态系统中参与者冲突产生的原因之一。一方面，服务生态系统是相互重叠和嵌套的，参与者所参与的服务生态系统不具有唯一性，也就是说，他们可能是多个服务生态系统的参与者，而这些服务生态系统的共享制度可能有所不同，这导致了参与者冲突（Vargo and Lusch，2011）。另一方面，服务生态系统具多层次性，微观、中观以及宏观层面的共享制度相互影响（Thornton et al.，2012）。这意味着微观层面的制度安排（如企业文化），同时反映了中观层面的制度背景（如行业规范）和宏观层面的制度背景（如民族文化）。当参与者利用不同的角色、关系和制度来交换和整合资源时，微观、中观和宏观层面的环境将不断变化且交互影响，共享制度可能由此发生变化，致使参与者冲突产生。我国学者辛本禄和刘燕琪（2021）在对服务生态系统视角下的制度理论进行梳理后发现，共享制度的重要作用贯穿服务生态系统发展始终：在服务生态系统初始阶段起到汇聚参与者的作用；在服务生态系统发展阶段，通过共享制度的运行机制为服务生态系统的价值共创和福利的累积提供指导；在服务生态系统变革阶段，帮助服务生态系统抵御来自外部的冲击，促使参与者重新达成一致进行价值共创；在服务生态系统自我更新或衰落阶段，帮助服务生态系统全面重置或跟服务生态系统一同走向衰落。

（2）共享制度与操作性资源能力

共享制度在参与者对操作性资源的识别、访问、挖掘、应用等一系列过程中均产生重要作用，对操作性资源的识别和应用是发生在特定时间和地点等情境下的，共享制度是服务生态系统情境的重要组成部分（Akaka et al.，2013）。同时，共享制度有助于服务生态系统的参与者重新定义自身角色，重构服务生态系统中的资源，提升参与者在生态系统中的活动能力（Edvardsson et al.，2014）。Siltaloppi 等（2016）对服务生态系统共享制度的复杂性进行了深入研究，研究结果表明，共享制度的复杂性、多样性影响了服务生态系统中参与者面对冲突时运用操作性资源能力的有效性。服务生态系统具有重叠、嵌套的结构，这导致共享制度在不同层面可能是交叉、重叠的，加剧了共享制度的复杂性，进而使参与者对什么是价值产生不同观点，加剧了参与者之间的利益冲突，使参与者在操作性资源能力的运用上出现不兼容的现象。此外，共享制度具有规模效应，如果参与者在运用操作性资源能力时能够遵守相同共享制度的指导，那么就能够产生制度的规模效应，参与者之间的潜在协调利益和效率均会显著提升（Nenonen et al.，2018）。

（3）共享制度与价值共创

服务生态系统是一种自发感知的、具有独立响应空间和时间结构的行为体，参与者之间通过成功的交互行为实现共同生产、共同提供服务、共同创造价值（Vargo and Lusch，2010）。为了成功地进行交互，参与者之间需要一种通用的"语言"，他们依靠这种"语言"来规范交互和交换，这种"语言"就是共享制度。作为服务生态系统中价值创造的一般模式，价值共创是由参与者产生的共享制度来协调的（Vargo and Lusch，2016），这一点被写入了服务主导逻辑的基本命题和公理之中。微观层面的二元互动（如企业和客户之间的交互）构成了参与者资源整合和服务交换的基础，这也是价值共创产生的前提，共享制度指导着服务生态系统中发生的每一次二元互动，因此共享制度对服务生态系统参与者的协调作用贯穿始终（Chandler and Vargo，2011）。Echeverri 和 Skålén（2011）在研究中确定了价值共创或共毁的 5 种实践——通知、问候、交付、收费和帮助，而行为最终导致价值共创还是价值共毁受到参与者之间共享制度一致性程度的影响。我国学者令狐克睿等（2018）在搭建服务生态系统的理论框架模型时，将共享制度作为促进因素纳入其中，认为共享制度在促进服务生态系统参与者价值共创上扮演了核心角色。

（4）共享制度与服务创新

创新不仅来源于技术进步，还受到制度的影响（Orlikowski and Wanda，1992）。制度是创新系统不可或缺的三大模块之一（其他两个是个人网络和社会实践），只有创新的制度视角才能提供一种动态的社会化概念来理解结构化的人类行为，并为认知和战略行动保留足够的空间（Geels，2004；Peters et al.，2013）。早期研究将技术创新和市场创新作为两种不同的创新，但是近来的研究表明，技术创新与市场创新的本质可能是相似的，这种观点模糊了创新过程的界限，认为面向社会的实践和制度是创新的核心来源。Vargo 和 Akaka（2012）指出，市场创新在某种程度上是由一项技术或一项价值主张的制度化所推动的，这种技术或价值主张通过制度化成为由规则、规范、价值、意义和实践组成的特定社会技术制度结构的一部分。服务生态系统中创新的实质就是新的价值共创的制度安排（Vargo and Lusch，2014），这种视角改变了将技术创新与市场创新割裂之后分别研究的范式。共享制度为资源整合提供了合理的框架，当部分参与者所秉持的制度发生冲突时，服务生态系统可以为参与者提供另一种制度框架，并使新资源整合形式的出现成为可能，这使服务生态系统中的服务创新得以出现（Koskela-Huotari et al.，2016）。

2.6.4　研究评述

制度问题长期以来备受各社会科学学科的关注，社会学、经济学和政治学对制度问题的讨论为服务生态系统的共享制度研究提供了养料。从某种意义上来说，共享制度为服务生态系统中的参与者提供了活动的制度环境，并与参与者交互影响，成为一个不可分割的有机整体，这与生态系统中有机体和无机环境之间交互影响、不可分割的关系具有相似性。现有研究对共享制度的内涵、测量，以及共享制度对服务生态系统的作用，共享制度对操作性资源能力、价值共创、服务创新的影响等问题均有一定的涉及，但是研究尚未深入，仍有可以丰富之处。第一，尽管共享制度是服务生态系统的治理机制会对参与者活动进行约束和指导的观点受到众多学者认同，但是对服务生态系统共享制度的实证研究较少，探索共享制度对企业活动具体作用的研究十分欠缺。第二，尽管共享制度在服务生态系统的形态塑造上具有独特作用，能够对参与者互动的情境产生影响，但是将共享制度作为权变因素进行探索的研究较为缺乏，共享制度是如何影响参与者能力的发挥，以及如何导致价值创造和创新活动结果产生差异的尚需进一步讨论。第三，缺乏深入探索共享制度具体维度对服务生态系统中企业活动影响的研究。一方面，共享制度是由多个子维度构成，不同子维度对企业操作性资源能力的影响可能存在差异。另一方面，共享制度的各维度可能对不同性质的企业活动产生不同影响，对价值创造活动和创新活动的作用可能存在差异，需要进一步具体研究。基于此，本书从服务生态系统的视角出发，对共享制度的权变作用进行探索，进一步完善了操作性资源能力对竞争优势作用机制的整合模型。

第3章 案例研究与机制分析

服务生态系统理论是服务主导逻辑和生态系统理论结合发展的产物，随着数字经济的发展，现实中有关服务生态系统的实践不断丰富，苹果生态系统、共享经济生态系统、旅游小镇生态系统等典型服务生态系统被大众日益熟知。通过第2章的文献梳理可以发现，操作性资源及操作性资源能力是竞争优势来源的观点被众多学者认同（Vargo and Lusch，2008；Ngo and O'Cass，2009；Nenonen et al.，2018），但服务生态系统中企业的操作性资源能力对竞争优势的作用机制尚未明晰，操作性资源能力对竞争优势的影响路径还需进一步探讨。尽管服务生态系统是一个A2A导向的系统，企业、顾客、供应商、协会等各种角色参与者都是资源整合者，均参与到价值共创的过程中（Vargo and Lusch，2017），但各参与者在生态系统中的地位存在差异。企业获得竞争优势是一个复杂的过程，操作性资源能力较强的企业能够更好地识别关键资源、获得有效信息、与其他参与者保持良好的关系，对企业与服务生态系统其他参与者在互动中实现的价值共创和服务创新产生积极影响（Gummesson and Mele，2010；Vargo and Akaka，2012；Lusch and Nambisan，2015），进而获得优于竞争对手的表现。第3章将在文献综述和理论梳理的基础上，针对服务生态系统中的典型企业进行案例研究，利用理论分析与定性研究相结合的方法为操作性资源能力对竞争优势作用模型的构建奠定基础。

3.1 案例设计

本书聚焦于服务生态系统中的企业是如何通过操作性资源能力获得竞

争优势的, 是对特定情境中的具体问题进行研究, 适合使用扎根理论的方法开展案例研究 (Strauss, 1987)。国内学者已经开始对服务生态系统中的企业予以关注, 但是从操作性资源能力出发的研究相对缺乏。第 3 章试图通过严谨、系统的案例分析, 运用扎根理论, 探索服务生态系统中企业操作性资源能力对竞争优势产生影响的框架模型。参考欧阳桃花 (2004) 的案例分析方法和 Yin (2014) 的研究建议, 本章利用扎根理论进行案例分析的过程遵循如下 3 个步骤: 一是以第 2 章的文献综述和理论分析为基础, 搭建预设框架模型; 二是根据预设的模型框架选取案例企业, 通过资料查阅、半结构化访谈等多元化数据收集方法进行一手资料和二手资料收集; 三是对收集的大量文字资料进行整理和编码, 提炼出主题, 为本书的预设理论框架提供支撑和论证依据, 并提出相关命题。

3.1.1　研究问题

有关服务生态系统的研究受到学界越来越多的关注。尽管服务生态系统是一个 A2A 导向的生态系统, 所有参与者都是资源整合者, 但是各参与者在服务生态系统中的地位和角色仍存在差异, 各参与者之间保持着既竞争又合作的关系, 竞争优势对服务生态系统中的企业仍至关重要。同时, 服务生态系统继承了服务主导逻辑的理论内核, 认为价值来源于对操作性资源的应用及对象性资源的传递 (Vargo and Lusch, 2004), 操作性资源能力正是企业应用整合的知识、技能等操作性资源对对象性资源产生影响并进行功能性活动的综合能力 (Nenonen et al., 2018), 操作性资源能力是企业获得竞争优势的重要影响因素。目前, 有关企业竞争优势的研究较为丰富, 但以服务生态系统为视角, 从操作性资源能力出发对其进行探讨的研究相对欠缺。

近年来, 已有学者关注到操作性资源能力在企业竞争优势的形成中所起的作用, 将操作性资源能力视为竞争优势的来源 (Vargo and Lusch, 2008), 强调操作性资源能力能够使企业在服务生态系统中更容易地开展资源整合、服务交换活动, 与其他参与者产生互动, 促进竞争优势形成, 对服务生态系统的形态重塑产生影响 (Akaka and Vargo, 2013)。但是,现有研究对操作性资源能力产生竞争优势的机制仍缺乏深入理解。竞争优势的形成是一个复杂的过程，从操作性资源能力的使用到竞争优势的获得，情境条件的差异、特定的因素都可能从不同角度、不同层面产生影响。明晰操作性资源能力的具体内涵和表现形式，清楚竞争优势的形成条件，有利于探析操作性资源能力对竞争优势发挥作用的具体机制。操作性资源能力是囊括资源识别能力、价值主张能力、参与合作能力、影响制度能力在内的复合型能力，能够对企业的价值创造和创新活动产生作用（Spohrer and Maglio，2008）。Carpenter 和 Sanders（2007）认为竞争优势来源于企业能够以竞争对手所不能的独特方式进行有效的价值创造；肖艳红等（2018）指出持续创新是企业能够长久保持竞争优势的重要途径。因此，具有优于对手的价值创造和创新表现是获得竞争优势的重要前提。厘清了操作性资源能力的内涵和竞争优势的形成条件，下一步需要分析操作性资源能力对竞争优势的作用机制。尽管操作性资源能力是企业获得竞争优势的基础，但操作性资源能力的发挥和产生效果的过程却具有复杂性，操作性资源能力的表现、作用路径、反馈结果可能因发生作用的情境差异而有所不同。因此，操作性资源能力对竞争优势的作用效果取决于能否有效促进价值共创和服务创新，以及作为情境因素的共享制度能否促进操作性资源能力的有效发挥。

综上所述，本书以服务生态系统为背景，将操作性资源能力作为前因，将竞争优势作为结果，将价值共创和服务创新作为实现结果的重要过程，将共享制度作为操作性资源能力对竞争优势发挥作用的情境因素引入模型，从而得到本书的预设框架模型，如图 3.1 所示。

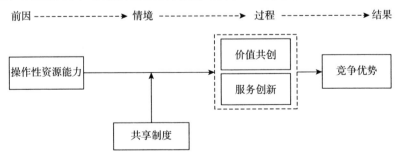

图 3.1　操作性资源能力对竞争优势发挥作用的预设框架

3.1.2 研究对象

在特定情境下研究某种问题或现象，需要多样化的资料收集渠道、方法和数据收集对象（个人或组织）以获得丰富的数据资源，为研究提供全面的、科学的、真实的数据依据。本书聚焦于服务生态系统中企业操作性资源能力对竞争优势的作用机制，具有一定的理论构建性质，选择从多主体、多侧面、多层次、多渠道进行资料收集并使用三级编码的方法进行研究，具有适配性和针对性。由此，本书进行了探索性多案例研究，选择了3家处于服务生态系统中的典型企业，通过行业资料、企业文档、半结构化访谈、专家座谈等方式进行资料获取，并对收集来的一手资料和二手资料进行三级编码，构建操作性资源能力对竞争优势发挥作用的研究框架。

本书的研究对象均为典型的服务生态系统中的企业。Yin（2014）指出研究对象具有典型性和独特性才更具有代表性，并认为保证数据获取的易得性、真实性和准确性才能使研究具有意义。由此，本书选择了C旅游生态系统中的W企业、共享单车生态系统中的H企业以及新能源汽车生态系统中的B企业作为案例企业，对服务生态系统中企业操作性资源能力对竞争优势的作用机制进行多案例探索性研究。理由有如下4点。第一，与研究情境相吻合。选取的W、H、B3家案例企业均处于服务生态系统的情境之中，其中W企业处于C旅游生态系统，H企业处于共享单车生态系统，B企业处于新能源汽车生态系统。第二，3家案例企业所处的服务生态系统具有一定的典型性。3个服务生态系统均具有一定规模，且拥有相对成熟的制度对参与者进行指导和约束。同时，3个服务生态系统分属不同领域，提升了案例研究结论的普适性。第三，选取的案例企业均具有较高的操作性资源能力。3家案例企业均对资源和机会具有相当高程度的敏锐性，能够清晰有效地向大众传递自己的价值主张，与生态系统中其他参与者频繁互动并能够较好地开展合作，凭借自身的操作性资源能力获得竞争优势符合本书的研究逻辑。第四，3家案例企业在各自生态系统中所处的地位存在差异，有助于深入探索企业竞争优势形成和提升的作用机制。W企业一直主导C旅游生态系统的发展，在该生态系统中拥有极大的影响力；H 企业是类似赶超者的角色，通过操作性资源能力的合理运用逐渐形成竞争优势，开始在共享单车生态系统中占据一席之地；B 企业在新能源生态系统中长期保有竞争优势，但其领先地位不如 W 企业那样明显，不能主导生态系统发展。

（1）W 企业

W 集团成立于 1988 年，经过 30 余年的发展，W 集团成为经营范围涉及商业地产、高级酒店、文化旅游、影视、体育、网络金融等多个领域的大型跨国企业集团，在 2019 年中国民营服务业企业 100 强中排第 13 位。2009 年，W 集团成立 W 企业，与泛海集团、一方集团、亿利集团、联想集团、用友集团共同在 C 旅游风景区投资 230 亿元，打造集滑雪、娱雪、山地度假、高端酒店群、度假小镇、温泉、水乐园于一体的综合性山地运动度假体验地。经过多年深耕，C 旅游风景区于 2015 年 10 月 9 日获批首批国家级旅游度假区，成为集体育娱乐、生态休闲、商务度假等多种功能于一体的、在国际国内具有一定影响力的旅游生态系统。W 企业在 C 旅游生态系统中的成功与其具有卓越的操作性资源能力以及重视价值共创和服务创新的经营理念密切相关。在 C 旅游生态系统形成和发展的过程中，W 企业重视与包括泛海集团等投资方、各级地方政府、威斯汀等品牌酒店、欧亚商都等经营主体、游客等在内的服务生态系统各角色参与者的关系，通过共同规划、共同投资、共同设计、解决方案实施、协同创新等方式与其他参与者不断互动合作，提升了 W 企业在生态系统中的影响力，占据了在该生态系统中的优势地位，并帮助 C 旅游生态系统不断壮大。

（2）H 企业

H 企业成立于 2016 年 9 月，致力于为用户提供便捷、高效、舒适的出行工具和服务，深耕共享单车生态系统，并逐渐发展为涵盖单车、助力车、电动车、换电服务、顺风车服务等在内的综合性专业移动出行平台。近年来，共享单车生态系统在中国发展迅速，但是快速发展的背后意味着竞争的加剧。在资本加持下，数百家共享单车企业在短时间内不断涌入这一新兴市场，企业在还不成熟的市场中混战，如 ofo 等行业巨头难逃破产的命运，共享单车生态系统竞争的残酷性可见一斑。在这样的大背景下，

H 企业通过对操作性资源能力的培养和有效应用在市场混战的浪潮中逆流而上，重视三、四线城市和农村市场，深度了解政府在绿色出行、智慧出行方面的诉求，利用大数据技术搭建智慧交通解决平台，将共享单车生态系统中的用户、政府、其他公共交通运行方等参与者接入平台中，实现了价值共创和服务创新，在竞争激烈的共享单车生态系统中占据了一席之地。截至 2020 年 10 月，H 企业的共享单车业务已进驻全国超 460 城，用户累计骑行 240 亿千米。

（3）B 企业

B 企业创立于 1995 年，经过 20 余年的努力，已经从一个 20 多人的企业发展成为一家在二次充电电池、汽车和新能源领域拥有核心技术，员工总数超过 17 万人的大型企业，在广东、北京、上海等地设置多处生产基地，并在北美、欧洲、日韩等境外地区设置分公司或办事处。2002 年，B 企业在香港主板发行上市。2010 年国务院发布了《关于加快培育和发展战略性新兴产业的决定》，将新能源汽车纳入重点发展的战略性新兴产业之中，许多传统汽车企业纷纷涉足新能源汽车领域，新能源汽车生态系统逐渐形成。B 企业作为在新能源汽车领域领先的民族汽车品牌，在电池技术和动力系统上具有一定优势，能够有效整合企业内外资源，与政府、客户、零件供应商等关键利益相关者保持良好关系，充分有效发挥企业的操作性资源能力。B 企业与新能源汽车生态系统具有协同创新、共同演化的特点，这使其获得了超越竞争对手的优异表现。

3.1.3　资料收集

在资料收集方面，为了更充分地开展工作，本书成立了一个 4 人的调研小组，小组成员就服务生态系统、竞争优势、操作性资源能力、价值共创、服务创新、共享制度进行大量文献阅读，在此基础上进行多次集中讨论和专家咨询，历经多次修正之后得出了初步的研究框架，并以此为依据设计了半结构化访谈提纲。此外，本案例研究的资料来源包括一手资料和二手资料两类，通过多层次、多角度、多数据源的三角测量法使各类数据资料能够相互印证、彼此支撑，提高研究的可靠性和有效性（Yin，2014）。

本次案例研究的一手资料收集主要使用的是访谈法，通过实地参观走访、电话访谈、线上交流等方法对 3 家案例企业的管理者、客户及其他利益相关者进行半结构化访谈，并遵守"24 小时原则"，在访谈结束后 24 小时之内对访谈的内容进行整理，如表 3.1 所示。本次案例研究二手资料的获取主要是通过对正式出版的纸质资料（报纸、杂志、著作等）和互联网中相关资料（官方网站、电子学术文献、相关论坛等）的搜索、整理、汇总来进行的。具体的案例分析资料来源情况如表 3.2 所示。

表 3.1 访谈情况

	访谈对象	形式	人数（人）	时长
案例企业管理者	W 企业管理者	半结构化访谈（访谈提纲见附录 1）	4	30~90 分钟
	H 企业管理者	半结构化访谈（访谈提纲见附录 1）	5	
	B 企业管理者	半结构化访谈（访谈提纲见附录 1）	5	
案例企业客户	W 企业客户	半结构化访谈（访谈提纲见附录 2）	4	10~20 分钟
	H 企业客户	半结构化访谈（访谈提纲见附录 2）	4	
	B 企业客户	半结构化访谈（访谈提纲见附录 2）	5	
案例企业其他利益相关者	C 旅游风景区管委会工作人员	半结构化访谈（访谈提纲见附录 3）	2	30~60 分钟
	与 W 企业合作的酒店管理人员	半结构化访谈（访谈提纲见附录 3）	1	
	与 H 企业合作的政府工作人员	半结构化访谈（访谈提纲见附录 3）	1	
	M 共享单车工作人员	半结构化访谈（访谈提纲见附录 3）	1	
	B 企业供应商	半结构化访谈（访谈提纲见附录 3）	1	
	新能源汽车论坛管理者	半结构化访谈（访谈提纲见附录 3）	1	

表 3.2 案例分析资料来源

资料类型	资料来源
一手资料	对案例企业进行参观走访后与管理者进行面对面的访谈；在实地考察中与客户及其他利益相关者进行面对面访谈；使用电话访谈的方式对案例企业的合作者进行访谈；使用线上访谈（文字、视频、语音等）的方式对案例企业管理者、客户进行访谈。资料整理转录后近 10 万字

续表

资料类型	资料来源
二手资料	案例企业的媒体报道、企业高管的访谈视频、文章、会议讲话等信息；案例企业的官方网站、企业微信公众号、微博蓝 V 账号、知乎专栏等官方资料；相关行业、学术论坛中提及案例企业的有关资料；中国知网、国研经管案例库等数据库中的案例企业相关研究文献；行业论坛、微博超话、百度贴吧中有关案例企业的发帖、回帖及相关讨论信息。资料整理后 20 余万字

3.2　资料编码

经过对一手资料和二手资料的收集，本书得到了有关案例企业 W、H、B 竞争优势、操作性资源能力、价值共创、服务创新、共享制度等方面的翔实资料，为下一步的案例分析奠定了良好的基础。在资料收集完成后，本书对资料进行了来源编码，研究人员将一手资料和二手资料进行整合，将有关 W 企业的资料编码为 W，将有关 H 企业的资料编码为H，将有关 B 企业的资料编码为 B。然后，本书使用了三级编码的方法，即"开放式编码—主轴式编码—选择式编码"对进行了来源编码的原始资料进行进一步处理，编码情况如表 3.3 所示，每个主范畴选择了典型语句进行举例。

表 3.3　操作性资源能力对竞争优势发挥作用的资料编码

	构念	主范畴	副范畴及典型用语举例	小计
前因	操作性资源能力	资源识别	发现：（H 企业的管理者表示）了解用户，知道哪些事情他们自己能做……对新技术和新产品的开发来说十分重要；（B 企业的管理者表示）抓住政府基于新能源汽车行业的优惠政策是 B 企业能够在该领域迅速发展的重要促进因素专业：H 企业发现用户的信用评级（芝麻信用）能够成为免押金用车的重要资源保障，支付宝在这方面更专业；（W 企业的管理者表示）与专业的人合作更重要……W 企业在 C 度假区的高档酒店的布局中与喜来登、威斯汀等专业度假酒店合作……少走了许多弯路	23

构念		主范畴	副范畴及典型用语举例	小计
前因	操作性资源能力	价值主张	理念：H 企业不断向消费者、政府等其他参与者阐述其绿色、智能的出行理念，强调科技推动出行进化；B 企业不断重申"创新技术，创造美好生活"的理念，认为新能源汽车是中国汽车行业发展的必然选择 宣传：W 企业紧跟 MCN 浪潮，多次通过电商直播的方式对企业产品和服务进行宣传和促销；H 企业发布城市骑行报告，提升品牌影响力	18
		参与合作	互动：H 企业与上海申通地铁推出 Park+Ride（停车换乘）一体化智慧接驳模式，形成一站式公共交通解决方案；W 企业建立了"发现平台"，吸收来自各方的声音；B 企业联合顾客、经销商、机构和媒体共同支持低医疗服务水平地区、特殊疾病群体等的援助计划，在体现企业责任的同时加强了与其他参与者的联系 互惠：H 企业与东营政府共建智慧交通平台，二者均从数据平台中受益；B 企业将汽车销售给租赁公司，并为汽车使用者提供担保，使无法一次性购置汽车的使用者能够以租赁的形式获得汽车的使用权	21
		影响制度	咨询：C 景区管委会经常向 W 企业进行规划方面的意见咨询；B 企业经常参与新能源汽车领域的政策咨询会 影响：H 企业对交通潮汐和热点区域骑行情况的动态监控成为交管部门管理城市交通的重要参考；B 企业的公司总裁经常提出新能源汽车领域的提案，受到广泛关注	14
过程	价值共创	合作生产	信息共享：（W 企业的管理者表示）与 C 地方政府建立了良好的合作关系……政府领导会把去其他地区学习的先进经验与他们传达；（H 企业的管理者表示）在区域性智慧出行平台的建设中，政府、公交集团、地铁公司……给他们提供了许多宝贵的信息 主动参与：（B 企业的供应商表示）B 企业的垂直整合经营模式……为 B 企业提供更多的资源，意味着他们也将获得更多收益，他们很愿意参与到这个过程中；（C 景区管委会的工作人员表示）W 企业在 C 景区的发展使 C 景区出现了翻天覆地的变化……他们愿意给予 W 企业更多支持与优惠政策，使 W 企业与 C 景区共同发展	22
		使用价值	成就感：（H 企业的客户表示）使用 H 单车进行绿色出行既方便又为环保做出了贡献；（B 企业的供应商表示）与 B 企业分享想法总能够得到足够重视，看到自己的建议被采纳让其觉得交流是有价值的 愉悦：（W 企业的客户表示）W 企业提供的度假助理服务太贴心了，亲情式的服务使整个度假过程充满了愉悦……第一	19

续表

	构念	主范畴	副范畴及典型用语举例	小计
过程	价值共创	使用价值	次有了给小费的冲动；（H 企业的客户表示）2020 年骑 H 单车 80 天，行驶 485 千米，绿色出行使身心愉快 实用：H 企业重视用户体验，不断提升骑行的舒适性和体验感，加强共享单车与其他公共交通工具的衔接；（B 企业的客户表示）B 企业设置的企业金融公司提供的车贷缓解了购车压力	19
		服务创新	新服务：H 企业通过与芝麻信用体系的合作，推出了全新的免押金模式；（B 企业的客户表示）B 企业推出的全生命周期关怀帮了大忙……售后商城的线上购买线下服务的模式省时省力 新技术：H 企业通过"北斗+GPS+蓝牙+基站"的多方合作模式，实现 0.99 秒极速开锁的技术革新，并基于大数据技术自主研发了"哈勃系统"；B 企业针对用户普遍反映的电池续航问题进行技术升级，在电芯制备工艺方面创新设计了电材料，在高活性材料表面通过元素包裹形成了稳定层，提升了材料的稳定性 新体验：（W 企业的客户表示）度假助理是其在 W 度假区首次体验的新服务，感觉棒极了；（H 企业的客户表示）不需要下载新软件，不需要押金……支付宝扫描就可以骑走，太方便了	24
情境	共享制度	规则	惩罚：（B 企业的管理者表示）汽车的安全性关乎使用者的生命……不符合安全标准的生产活动和产品必须依法惩治……安全标准可以再提高一些；（W 企业管理表示）"发现平台""同事吧"……是其完善服务的重要渠道……对没有达到标准的服务是有相应惩罚的……不仅是 W 企业，整个 C 景区都是这样 政策：（B 企业的管理者表示）国家有关新能源产业的财政补贴、地方政府和公交集团对企业新能源汽车的大宗采购……为企业打开国内市场提供了很大帮助；（H 企业的管理者表示）国家旅游产业的支持和帮扶政策给了企业很大的发挥空间	21
		规范	技术标准：W 企业开发的滑雪场按国际标准建造，有 9 条符合冬奥会标准的高级雪道，有达到国际标准的单板 U 型滑雪场地；（B 企业的管理者表示）应继续完善电动车安全技术标准，建议把动力电池的针刺试验逐步列入强制性标准中 责任：（W 企业的管理者表示）旅游已经从大众观光走向深度体验，建成达到国际标准的休闲度假区是 W 企业的使命；（B 企业的管理者表示）作为中国民族汽车制造业的一员，有义务在这个领域助力民族汽车工业走向世界	19

构念	主范畴	副范畴及典型用语举例	小计
情境	共享制度	认知	文化：（W 企业的管理者表示）C 风景区主打的是休闲度假文化……企业提供的产品和服务都是以此为基础的；（B 企业的管理者表示）绿色出行是一种适应现实的选择，也是一种文化……这是新能源汽车发展的重要基石 认同：（B 企业的管理者表示）加速新旧动能高效、安全转化是行业的共识；（H 企业的管理者表示）共享单车已经成为全民健身和城市文旅的重要组成部分，共享单车成为越来越多人认同的出行方式	16
结果	竞争优势		客户忠诚：（W 企业的客户表示）W 滑雪场的滑雪体验非常好，每年冬天他都要来住一个星期，并向很多朋友推荐过；（B 企业的客户表示）自己是 B 汽车"王朝"系列的忠实粉丝，该系列功能强大，性价比高，外观有吸引力，自己支持国产汽车 市场表现：H 企业公布的数据显示，2019 年企业累计全国注册用户超过 3 亿人，稳居行业第一，2020 年 App 总注册用户达到 4 亿人，共享单车业务遍布 460 多个城市；2003 年，B 企业成为全球第二大充电电池生产商、中国 500 强企业，连续多年蝉联国内自主品牌新能源汽车销量冠军；W 企业多年蝉联 W 集团赢利最多的文旅项目 品牌影响：（B 企业的客户表示）B 品牌是民族汽车之光，其愿意多花一些钱支持 B 品牌的电动车；2015 年 W 企业与 C 景区合建的度假区成为首批国家级旅游度假区	23
合计			220

3.3 机制分析

3.3.1 操作性资源能力与竞争优势

尽管服务生态系统是一个 A2A 导向的系统，但是服务生态系统中的参与者仍存在角色和地位上的差异（Pathak et al.，2020），获得竞争优势、争夺生态系统中的核心地位和领导权是服务生态系统中企业活动的重要主题。操作性资源区别于对象性资源，被认为是效果的生产者，在服务生态系统中起重要作用（Beitelspacher et al.，2012）。基于操作性资源的操作性资源能力包括资源识别、价值主张、参与合作、影响制度 4 个维度

（Nenonen et al.，2018），竞争优势则能够通过企业优于竞争对手的成本、绩效、市场份额、产品或服务质量、顾客忠诚、利益相关者满意度等多方面表现出来（Schulte，1999；Singh et al.，2019）。服务生态系统和服务主导逻辑理论认为掌握操作性资源能力能够为企业带来竞争优势（Vargo and Lusch，2008，2016）。通过对资料的梳理和整合，本书将 W、H、B 3 家案例企业有关操作性资源能力对竞争优势发挥作用的典型表述进行了整理，如表 3.4 所示。

表 3.4　操作性资源能力对竞争优势发挥作用的表述归纳

典型语句	关键词	逻辑关系
B 企业持续关注《汽车产业调整和振兴规划》《关于加快培育和发展战略性新兴产业的决定》《关于汽车工业结构调整意见的通知》等相关政策，合理利用财政补贴，实现了在新能源汽车领域的快速扩张 W 企业合理利用喜来登和威斯汀酒店在酒店管理、服务质量管理等方面的经验，与其开展合作，C 景区的 W 喜来登和 W 威斯汀酒店获得了极高的顾客满意度	资源识别 竞争优势	资源识别正向影响竞争优势
H 企业将产品定位为现有公共交通运力的补充服务，致力于城市公共交通体系的完善，得到了政府、客户等多方认可，洛阳、南宁等城市与其签订独家引进协议 W 企业在顾客预约购买之后主动联系顾客，帮助顾客规划行程……（W 企业的客户表示）副理加他微信的第一件事就是给他发了行程规划和菜单……耐心地询问他的意见……下次他还选 W 企业	价值主张 竞争优势	价值主张正向影响竞争优势
B 企业分别于 2010 年和 2011 年与长沙市政府和深圳市政府签订了电动大巴的合作协议，提升了企业的品牌知名度，奠定了全面打开新能源汽车市场的基础 H 企业与厦门、杭州等 70 余个城市达成了独家引进的战略协议，为企业实现市场占有率的赶超创造了条件	参与合作 竞争优势	参与合作正向影响竞争优势
（H 企业的管理者表示）企业经常与政府开展合作，加入智慧交通的建设中……H 企业在上海、山东等地区与政府开展合作试点，通过一整套 AI 系统，对单车数量、停放规范等信息进行监控，信息同时回传到企业和交管部门……这使 H 企业在城市交通管理上具有一定的参与度 （W 企业的管理者表示）C 景区所在地的省政府、管委会的文旅政策咨询会经常邀请 W 企业参加……企业能争取到有利于自身发展的优惠政策……巩固了企业在 C 景区的优势地位	影响制度 竞争优势	影响制度正向影响竞争优势

从整理的编码资料可知，当案例企业表现出较高水平的资源识别、价值主张、参与合作、影响制度的能力时，往往更能够带来顾客忠诚、市场绩效、品牌影响等方面的卓越表现，从而获得竞争优势。

一是资源识别能力积极影响竞争优势。服务生态系统中的参与者之间存在广泛的互动，作为参与者的企业对与之互动的其他参与者资源的识别能带来哪些益处？从对 B、W 企业资料的梳理来看：B 企业发现了作为非直接增值利益相关者的政府可以提供的优惠政策和财政补助，抓住时机快速发展，成为市场领先者；W 企业则是注意到了本应作为竞争对手的其他酒店在经营管理、服务质量管理等方面的潜力，从而开展合作实现共赢。由此可以得出，企业资源识别能力越强，越能够推动创新和价值创造，进而在顾客满意度、市场绩效等方面获得竞争优势。

二是价值主张能力积极影响竞争优势。企业能够清晰、准确地阐明价值主张会带来哪些益处？从对 H 企业的资料梳理和对 W 企业的客户访谈情况来看：H 企业将自身作为公共交通运力补充的产品定位（价值主张）独树一帜，对公共交通体系欠发达的城市极具吸引力，因此与许多三、四线城市达成战略协议或独家引进协议，为 H 企业带来快速增长的市场份额；W 企业则能够在与顾客获得联系的第一时间阐述自己的产品和服务所蕴含的价值，并征求顾客的价值主张，赢得了顾客满意，使顾客产生重复购买的意愿。因此，企业阐明价值主张的能力越强，越能够获得生态系统中其他参与者的理解，进而产生优于竞争对手的表现。

三是参与合作能力积极影响竞争优势。企业与生态系统中其他参与进行良好的合作能够带来哪些益处？从对案例企业的资料梳理情况来看，B 企业和 H 企业都十分善于与政府角色的参与者展开合作：B 企业通过与长沙和深圳市政府签订电动大巴的合作协议提升了企业知名度和美誉度，为打开私乘新能源汽车市场奠定了基础；H 企业更是通过与厦门、杭州等 70 余个城市达成独家引进协议建立了排他的市场优势。由此可见，无论什么角色的参与者，都可能对企业在生态系统中的活动带来巨大影响，企业与其他参与者合作的能力与企业竞争优势的建立息息相关。

四是影响制度能力积极影响竞争优势。企业能够对制度造成影响会带来哪些益处？从对 H 和 W 企业管理者的访谈情况来看：H 企业在上海、山东等地与政府关系密切，在建立智慧交通的过程中经常参与意见征询和专家座谈，后来更是参与到平台的建设中，掌握城市实时骑行管控信息，使企业能够更精准地投放单车，缩小运营成本；W 企业则是频繁地参与地方、行业规划的咨询会，不仅掌握了许多一手信息，引导政府制定对企业有利的政策、规划，并且通过这类会议促成了 W 企业与生态系统中更多参与者的合作，巩固了 W 企业在 C 旅游生态系统中的优势地位。由此可见，企业对制度的影响能力能够给企业在生态系统中的活动带来极大优势和便利，让企业在诸多方面获得更好的表现。

综上所述，W、H、B 3 家案例企业都能够通过在资源识别、价值主张、参与合作、影响制度影响等方面发挥操作性资源能力建立竞争优势，如图 3.2 所示。

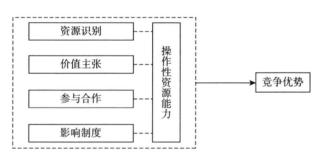

图 3.2 操作性资源能力对竞争优势的影响

3.3.2 操作性资源能力、价值共创与竞争优势

服务生态系统中参与者的互动是普遍存在的，从这个意义上说，互动行为增加了资源密度，改善了可用的资源集，从而增加了总价值含量（Moeller et al.，2013），价值共创在互动中产生（Echeverri and Skålén，2011）。价值共创包含合作生产和使用价值两个维度（Ranjan and Read，2016）。本书认为服务生态系统中的企业发挥操作性资源能力能够促进价值共创的产生，进而实现竞争优势。通过对资料的梳理和整合，本书将 W、H、B 3 家案例企业有关操作性资源能力、价值共创、竞争优势的典型表述进行了整理，如表 3.5 所示。

表 3.5 操作性资源能力、价值共创与竞争优势的表述归纳

典型语句	关键词	逻辑关系
2018 年的 B 企业全球开发者大会上……B 企业面向全球开发者开放了包括 66 项控制权和 341 个传感器在内的"Dlink"开放平台,搭建了如智能手机 App 一样的共享平台,推动各方共享共建……使 B 企业成为汽车 3.0 时代的领跑者 (W 企业的客户表示)与度假助理一起制定度假计划是一件令人兴奋的事……自己的想法和度假助理的专业建议加一起才是完美的假期……太赞了……这是最棒的一次假期……建议每个来 C 景区的朋友都请一个 W 企业的度假助理	价值共创 竞争优势	价值共创正向影响竞争优势
H 企业注意到用户芝麻信用等级的重要作用,以其为基础构建了免押金体系,2018 年 3 月 13 日,H 企业与支付宝合作实施"全国免押战略",芝麻分 650 分以上者,可通过支付宝"扫一扫"车身二维码,在全国免押金骑行,此后的两个月内 H 企业注册用户增长 70%,日骑行订单量增长 100% B 企业重视丰田汽车在品质、安全控制管理方面的经验与优势,与丰田中国于 2019 年 11 月 7 日就成立纯电动车研发公司签订了合作协议,利用 B 企业的电动平台技术、零部件供给和丰田卓越精细化管理经验,强化 B 企业"e 平台"优势,实现从"产品出海"到"技术出海"的跨越	资源识别 价值共创 竞争优势	资源识别和价值共创共同正向影响竞争优势
W 企业致力于打造高规格滑雪场,为此 W 企业不断与国家体育总局冬季运动中心合作,为冬季运动训练提供场地,承办各类国家冬季体育赛事,同时与国际雪联合作,亚洲杯等 10 余项国际赛事将在 W 滑雪场举办,提升了 W 企业的品牌影响力 (H 企业的客户表示)他一直知道 H 企业宣称自己是城市公共交通体系的一部分……后来有一次在地铁停运后下班……免费使用了 H 单车……体验非常好,从此以后需要共享单车出行的时候,不论白天晚上他都会选择 H	价值主张 价值共创 竞争优势	价值主张和价值共创共同正向影响竞争优势
B 企业与韶关政府共同打造了国家级汽车试验场和汽车零部件生产基地,既带动了韶关当地汽车零部件产业的发展,又为 B 企业提供了整车核心部件,增强了企业在生产上的优势 (H 企业的客户表示)进博会期间怕没有地方停车,于是体验了一次所谓的"P+R 模式",17 号线蟠龙路站 2 号口出来就看到了熟悉的 H 单车……方便又环保……最主要是便宜……希望上海地铁和 H 企业多多合作	参与合作 价值共创 竞争优势	参与合作和价值共创共同正向影响竞争优势
(H 企业的管理者表示)H 企业为洛阳、长沙、厦门、南宁、郑州等多地发布了城市骑行报告,成为这些城市公共交通管理的重要依据……H 企业与地方政府共建智慧交通平台……满足了 H 单车精准投放和市容市貌管理的双重需要……是 H 企业区别于其他共享单车企业的重要布局 (W 企业的管理者表示)企业的领导经常被邀请参加咨询和座谈……企业有几个在 C 景区的共建项目最初就是在这种会上提出的……不仅有政府还有其他企业……对企业确立优势地位很有帮助	影响制度 价值共创 竞争优势	影响制度和价值共创共同正向影响竞争优势

一是价值共创正向影响竞争优势。服务生态系统中的企业进行价值共创是否会形成或提升竞争优势？从对案例企业的资料梳理和访谈情况来看，价值共创的合作生产和使用价值两个维度都与企业竞争优势密切相关。例如，B 企业为了促进价值共创，举办了全球开发者大会，搭建了"Dlink"开放平台，将部分控制权和传感器开放共享，试图建立一个如智能手机 App 应用生态一样的多方参与共创的智慧汽车生态系统，B 企业推动价值共创的实践行为使其在技术标准、市场占有率、行业影响等方面的领先优势进一步巩固；W 企业则是进一步践行与顾客进行价值共创，从度假助理根据顾客需求帮助其制定专属度假计划到通过"发现平台"不断收集顾客反馈完善产品和服务，W 企业努力提升了顾客的体验，使顾客获得了更多的使用价值，由此带来了顾客满意和顾客忠诚，获得了优于竞争对手的表现。由此可以看出，企业对合作生产和使用价值的关注都会促进竞争优势的形成和提升。

二是资源识别和价值共创共同正向影响竞争优势。前文已经就操作性资源能力和价值共创对竞争优势的促进作用进行了分析，那么，价值共创是否会影响资源识别对竞争优势的作用呢？从对 H 企业和 B 企业的资料梳理情况来看：H 企业注意到支付宝具有相对完善的信用评价体系，数量可观的用户在这个体系中具有相对良好的信用评级，于是基于支付宝（信用体系）和用户（良好的信用评级）的资源，H 企业与支付宝合作推出了"全国免押战略"，将支付宝、H 企业的用户共同纳入进行价值共创，获得了良好的市场反馈；B 企业重视丰田汽车在质量控制方面的资源优势，与其签订战略合作协议，以 B 企业提供技术、丰田提供质量控制管理的方式进行合作共创，加强了 B 企业的竞争优势。由此可以得出，价值共创会进一步增强企业资源识别能力对竞争优势的影响。

三是价值主张和价值共创共同正向影响竞争优势。价值共创是否影响价值主张对竞争优势的作用？从对 W 企业资料的整理和对 H 企业客户的访谈情况来看：W 企业将打造高品质滑雪场作为其价值主张，为此不断与国内外各类高规格冬季体育赛事合作，将赛事品牌的持有方、运动员、观众等多角色参与者纳入价值共创中，提升了 W 企业的品牌知名度和美誉度；H 企业一直强调其是城市公交体系的一分子，基于用户在公交、地铁停运后的出行需求，实行了夜间骑行免费计划，让夜间出行的用户切实体会到了便捷和实用性，增强了 H 企业的用户黏性。因此可以看出，价值共创会进一步增强企业价值主张能力对竞争优势的影响。

四是参与合作和价值共创共同正向影响竞争优势。价值共创是否影响参与合作对竞争优势的作用？从对 B 企业资料的整理和对 H 企业客户的访谈情况来看：B 企业利用韶关原有的汽车零部件加工优势，与韶关政府共建国家级汽车试验场和汽车零部件生产基地，将原本零散的汽车零部件生产企业整合在一起，共同进行价值创造，不仅盘活了当地的汽车零部件生产加工产业，也为 B 企业的整车生产提供了保障，降低了生产成本；H 企业与上海申通地铁合作，推出了"P+R 模式"，在地铁出站口开辟了共享单车的专门停放区域，为出行人员提供了便利，增加了选择地铁、单车绿色出行人员的数量，也为提升市容市貌做出了贡献，H 企业的市场占有率得到提升。因此可以看出，价值共创会进一步增强企业参与合作能力对竞争优势的影响。

五是影响制度和价值共创共同正向影响竞争优势。价值共创是否对影响制度和竞争优势的关系产生作用？从对 H 企业和 W 企业管理者的访谈情况来看：H 企业通过为城市提供城市骑行报告的方式增加了在城市公共交通管理中的影响力和话语权，进而促成了自身与地方政府智慧交通平台的共建，使自身有别于单纯开展共享单车业务的企业，获得了竞争对手难以模仿的优势；W 企业则经常成为政府和行业咨询的对象，并通过这类咨询会促成了许多项目的合作，巩固了自身在 C 旅游生态系统中的优势地位。因此可以看出，价值共创会进一步增强企业影响制度能力对竞争优势的影响。

综上所述，W、H、B 3 家案例企业通过操作性资源能力能够促进价值共创，同时，价值共创能够直接提升企业在顾客忠诚、市场绩效等方面的表现，进而形成企业的竞争优势。操作性资源能力、价值共创对竞争优势的影响如图 3.3 所示。

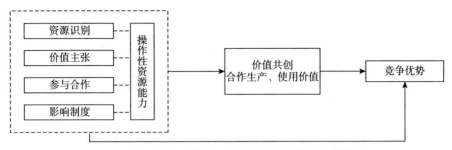

图 3.3　操作性资源能力、价值共创对竞争优势的影响

3.3.3　操作性资源能力、服务创新与竞争优势

服务主导逻辑为服务创新提供了一个新的视角，强调操作性资源的重要性，以更综合的方法将在传统创新研究中的重要影响因素技术作为操作性资源来处理，从而打破了技术创新和市场创新的壁垒（Ordanini and Parasuraman，2011）。本书认为服务生态系统中的企业发挥操作性资源能力能够促进服务创新的产生，进而实现竞争优势。通过对资料的梳理和整合，本书将 W、H、B 3 家案例企业有关操作性资源能力、服务创新、竞争优势的典型表述进行了整理，如表 3.6 所示。

表 3.6　操作性资源能力、服务创新与竞争优势的表述归纳

典型语句	关键词	逻辑关系
B 企业发觉车贷成为消费者购车的一大难题，秉持"专注汽车金融、专业金融服务"的理念，创新性地为 B 品牌汽车贷款客户提供全车系、全方位的金融服务，进一步释放汽车消费潜力，提升了 B 企业的市场表现 （H 企业的用户表示）H 单车新推出的语音功能太有趣了……怕也找不到一直在说"我在这里"……提醒他"别摔倒"……好像多了个陪他骑车的伙伴……是他在使用别的共享单车的时候没体验过的……他会优先选择 H 单车	服务创新 竞争优势	服务创新正向影响竞争优势
B 企业提出"逆向研发"策略，通过购买并拆解等方式对多款汽车进行研究，在集百家之长的同时进行利用式创新，节约了 30% 的研发经费，有效缩短了研发时间 W 企业通过对游客的调研发现，游客的滑雪技能掌握情况差异较大，大量游客需要有针对性地训练，因此推出了体育专业出身的度假助理，大幅提升了游客的满意度和重游率	资源识别 服务创新 竞争优势	资源识别和服务创新共同正向影响竞争优势

续表

典型语句	关键词	逻辑关系
（B企业的管理者表示）当前汽车在智能化和电动化的变化之下，需要全面开放，这也是B企业坚持的……"Dlink"开放平台（B企业推出的）具有史无前例的开放力度……为广大开发者提供了更为宽广的创意生长平台，结合未来汽车领域将会出现的丰富使用场景，衍生出海量的应用生态……B企业在衍生出的生态中将处于核心地位 H企业主张给用户更好的骑行体验，不断向外界输送H企业的单车更好骑这一价值理念，在吸取各方骑行体验反馈后，针对极速开锁、传动比率、真空发泡坐垫和轮胎等方面对单车进行优化升级，使之更适合城市骑行，让用户获得非比寻常的使用体验	价值主张 服务创新 竞争优势	价值主张和服务创新共同正向影响竞争优势
2020年双十一期间，W企业与飞猪、薇娅直播间等电商平台、MCN企业合作，开启直播带货新模式，10月21日首日销售突破2万单，收入超过2300万元 2016年12月26日，H企业上海运营方与中国平安达成战略合作，提出涵盖恶劣天气骑行意外保险在内的创新理赔保障计划，使H企业因骑行意外获赔的保额达到业内最高水平	参与合作 服务创新 竞争优势	参与合作和服务创新共同正向影响竞争优势
（B企业的管理者表示）B企业在电池安全标准的制定上具有一定影响力……多次进行了相关问题的提案……这也激发了企业自身在电池安全上的技术革新……现在很多地方对电池安全的针刺实验都是以其为标准……在这方面树立了一个标杆 H企业既注重C端（市民）出行的便捷需求，也重视G端（政府）城市管理和服务市民的诉求，在东营市创建"智慧交通绿色出行示范城市"的相关规则制定中发挥作用，凭借自身的数据技术为东营的智慧交通建设提供创新性服务，最终成为东营市唯一指定的共享单车运营企业	影响制度 服务创新 竞争优势	影响制度和服务创新共同正向影响竞争优势

一是服务创新正向影响竞争优势。服务生态系统中的企业进行服务创新是否会增强竞争优势？从对B企业的资料梳理和对H企业的客户访谈情况来看，B企业开发出针对购车客户的全车系、全方位的金融服务，解决了客户有关车贷的后顾之忧，进一步开发了潜在市场，提升了市场绩效；H企业在车锁方面进行创新，推出了语音功能，提升了用户体验，增强了用户黏性，获得了竞争优势。由此可以看出，企业的服务创新会促进竞争优势的形成和提升。

二是资源识别和服务创新共同正向影响竞争优势。前文已经就操作性资源能力和服务创新对竞争优势的促进作用进行了分析，那么，服务创新是否会影响资源识别对竞争优势的作用？从对B企业和W企业的资料梳理情况来看：B 企业善于利用其他汽车企业的现有资源，实施"逆向研发"策略，通过购买并拆解等方式对多款汽车进行研究，将其他企业的资源化为己用，节省了研发费用，节约了研发成本，缩短了研发周期；W 企业善于识别顾客的资源能力，通过对游客滑雪水平的调研掌握了游客滑雪水平的状况，推出有针对性的体育专业出身的度假助理，获得了良好的反馈。由此可以看出，服务创新会进一步增强企业资源识别能力对竞争优势的作用。

三是价值主张和服务创新共同正向影响竞争优势。服务创新是否影响价值主张对竞争优势的作用？从对 B 企业管理者的访谈和对 H 企业资料的整理情况来看：B 企业坚持汽车的智能化和电动化理念，认为开放共享是新能源汽车领域的必由之路，创新地推出了 "Dlink" 开放平台，试图建立智能汽车企业的生态系统，并掌握该生态系统的领导权，巩固自己在新能源汽车领域的优势地位；H 企业主张给用户更好的骑行体验，通过各类型媒体不断输出该核心理念，并在开锁速度、传动比率、坐垫、轮胎等方面进行了优化和创新，使企业在城市骑行体验方面获得了优于其他共享单车企业的表现。由此可以看出，服务创新会进一步增强企业价值主张能力对竞争优势的影响。

四是参与合作和服务创新共同正向影响竞争优势。服务创新是否影响参与合作对竞争优势的作用？从对 W 企业和 H 企业资料的整理情况来看：W 企业通过与电商平台和 MCN 企业的合作，创新了旅游产品和服务的销售渠道，扩宽了与顾客互动的方式，获得了良好的市场反馈；H 企业拓展合作对象，与平安保险达成战略合作协议，创新了骑行保险涵盖的内容，提升了保险的理赔额度，在出行保障上领先于竞争对手。由此可以看出，服务创新能够增强企业参与合作能力对竞争优势的影响。

五是影响制度和服务创新共同正向影响竞争优势。服务创新是否对影响制度和竞争优势之间的关系产生作用？从对 B 企业管理者的访谈和对 H 企业资料的梳理情况来看：B 企业在行业技术标准的制定和修改上具有一定的话语权，推动了企业在技术上的研发和创新，这反过来又使 B 企业在电池、动力系统等技术上确立了竞争优势；H 企业重视政府管理的诉求，在东营市智慧交通、绿色出行相关规章制度的制定方面积极参与，创造性地与政府开展智慧交通管理平台共建，获得了独家引进资格，在市场绩效上取得优异表现。由此可以看出服务，创新会进一步增强企业影响制度能力对竞争优势形成和提升的促进作用。

综上所述，W、H、B 3家案例企业通过操作性资源能力的提升能够促进服务创新实现，同时，服务创新能够直接提升市场绩效、增强顾客黏性，进而增强企业的竞争优势。操作性资源能力、服务创新对竞争优势的影响如图3.4所示。

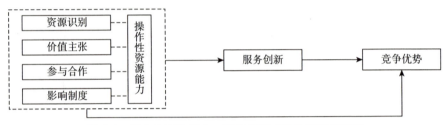

图3.4　操作性资源能力、服务创新对竞争优势的影响

3.3.4　操作性资源能力、共享制度与价值共创

服务生态系统中的企业使用操作性资源的能力受到共享制度的影响。服务生态系统的共享制度是人为设计的规则、规范及信仰，用以限制（规范）参与者行为，使社会生活变得可预测且有意义，是服务生态系统的协调机制（Vargo and Akaka，2012；Edvardsson et al.，2014）。共享制度分为规则、规范和认知3个维度。对W、H、B 3家案例企业的资料整理和访谈分析，印证了操作性资源能力和共享制度共同作用于价值共创。在资料收集和整理过程中，发现了许多典型的与操作性资源能力、共享制度对价值共创影响密切相关的表述，如表3.7所示。

一是共享制度会增强资源识别对价值共创的作用。企业在服务生态系统中提升资源识别能力所产生的对价值共创的促进作用是否受到共享制度的影响？从对W企业的客户访谈和对H企业的资料梳理情况来看：W企业的滑雪场符合国际高水平赛事标准，滑雪教练持证上岗（共享制度规则维度的体现），受到了客户的肯定，客户能够与教练共同体会滑雪的乐趣，实现价值共创；共同的技术标准、对共享理念的认可和对行业发展前景的

表 3.7　操作性资源能力、共享制度与价值共创的表述归纳

典型语句	关键词	逻辑关系
（W 企业的客户表示）在咨询的时候……客服详细地问了他滑雪水平和兴趣方向，给他推荐的单板 U 形池教练太赞了，有专业滑雪教练证……赛道都是符合国际标准的……他学会了急停……超满意的一次滑雪体验 2018 年 12 月 20 日，H 企业在上海举办了首个行业全产业链大会，H 企业的管理者表示共享单车生产的规模化、技术化、迅速迭代等特点需要供应生态企业在生产、制造和服务等方面提供全方位的支持……供应生态企业的资源和能力是 H 企业长远发展的前提……H 企业坚定地相信和看好行业的发展和前景，希望携手产业生态伙伴通过战略协同深化产业聚合，共同实现健康可持续发展	资源识别 共享制度 价值共创	资源识别和共享制度共同促进价值共创
（W 企业的管理者表示）C 景区的开发理念是以生态保护为前提……建设项目的选址、布局和建筑物的造型、风格、色调、高度、体量等都与周围景观布局和生态环境整体风格协调……开展了大量的前期工作……严格遵守《C 国家级自然保护区条例》要求……多方共建 B 企业在 2020 北京国际汽车展览会上发布了以两大主张四大承诺（两大主张：消费自由和备件纯正。四大承诺：诚信经营，承诺兑现；服务专业，体贴周到；价格透明，消费自由；交付标准，购车无忧）为核心的《服务公约》。B 企业管理者表示"'高性能产品、高品质服务'是新能源汽车领域公认的发展方向……也是 B 企业一直努力的目标……在加大自主研发力度之余……全面提升企业的服务品质，优化用户体验，确保每一位用户都能安心、愉悦地享受 B 企业产品带来的高价值是我们一直在做的事情"	价值主张 共享制度 价值共创	价值主张和共享制度共同促进价值共创
（B 企业的管理者表示）B 企业与丰田的合作源于创造以消费者为中心的未来出行、人与自然和谐共享……的共同理念，通过中日技术和经验的结合更好地在纯电动车领域创造价值 H 企业推出城市合伙人计划，通过联营合作和加盟合作的方式，招募推崇低碳出行、秉持绿色环保理念、相信技术驱动出行的合伙人，通过流量赋能与 H 企业共享收益	参与合作 共享制度 价值共创	参与合作和共享制度共同促进价值共创
H 企业的免押金政策得到共享单车领域的广泛认可，免押金逐渐成为共享单车行业的共识，越来越多的消费者被这个政策吸引加入共享骑行的队伍中 （W 企业的管理者表示）W 企业在度假助理的分类、培养上处于绝对领先地位……这种顾客至上的理念是服务行业的共识……这么做是顺应趋势……好多顾客都是因为度假助理才选择 W 企业……他们还会主动提出帮助企业改进的建议……对企业十分有帮助	影响制度 共享制度 价值共创	影响制度和共享制度共同促进价值共创

预判（共享制度规范和认知维度的体现）使共享单车生态系统得以形成，H企业认识到供应生态企业在生产、制造和服务方面具有的能力和发挥的作用，不断努力与产业生态伙伴深化协同合作，推动生态系统中的价值共创。由此可以认为，共享制度会增强资源识别对价值共创的作用。

二是共享制度会增强价值主张对价值共创的作用。企业在服务生态系统中提升价值主张能力所产生的对价值共创的促进作用是否受到共享制度的影响？从对W企业和B企业的管理者访谈情况来看：C旅游生态系统的开发和运营一直遵循着生态优先的原则，W企业以《C景区国家级自然保护区条例》等法律法规为基准（共享制度规则维度的体现），在项目的选址、布局和建筑物的造型、风格、色调、高度、体量等方面强调与生态环境相协调，得到了政府的支持，吸引了更多企业参与共建，也受到游客的青睐，实现了多方价值共创；共享单车生态系统中以服务至上的理念得到参与者的认同，B企业提出了基于两大主张和四大承诺的《服务公约》（共享制度规则和认知维度的体现），将更多的供应商、消费者吸引到与B企业的价值共创之中。由此可以认为，共享制度会增强价值主张对价值共创的作用。

三是共享制度会增强参与合作对价值共创的作用。企业在服务生态系统中提升参与合作能力所产生的对价值共创的促进作用是否受到共享制度的影响？从对B企业的管理者访谈和对H企业的资料梳理情况来看：B企业因为在未来出行领域的理念与丰田一致（共享制度认知维度的体现），开展了与丰田的战略合作，通过B企业提供动力技术、丰田提供质量控制管理的方式进行价值共创；H企业推出的城市合伙人计划，要求招募的合伙人具有低碳出行和环保意识，相信技术驱动出行（共享制度规范和认知维度的体现），通过与志同道合的合伙人合作，共同进行价值创造。由此可以认为，共享制度会增强参与合作对价值共创的作用。

四是共享制度会增强影响制度对价值共创的作用。企业在服务生态系统中提升影响制度能力所产生的对价值共创的促进作用是否受到共享制度的影响？从对H企业的资料梳理和对W企业的管理者访谈情况来看：H企业遵循芝麻信用的用户信用评分机制建立的免押金政策得到共享单车生态系统的普遍认可，成为行业标准（共享制度规则和规范维度的体现），更多的单车企业和用户通过这个标准加入共享单车生态系统中共同进行价值创造；W 企业在度假助理方面的尝试得到了行业认可，不断有其他企业向 W 企业学习度假助理的培训课程，以 W 企业制定的度假助理评价体系为统一标准，这是生态系统基于顾客至上理念做出的共同尝试（共享制度规范和认知维度的体现），提升了顾客的体验价值，也扩大了 W 企业价值共创模式的应用范围。由此可以认为，共享制度会增强影响制度对价值共创的作用。

服务生态系统中的参与者互动不一定能够带来价值共创，也可能导致价值共毁（Echeverri and Skålén，2011），而一致的共享制度能够减少冲突和不确定性、为参与者互动提供协调和约束标准，使企业能够更好地发挥操作性资源能力，进而实现价值共创。综合看来，共享制度与操作性资源能力共同作用于价值共创，如图 3.5 所示。

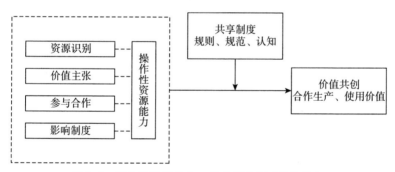

图 3.5　操作性资源能力、共享制度驱动价值共创

3.3.5　操作性资源能力、共享制度与服务创新

从服务主导逻辑和服务生态系统视角探讨服务创新离不开共享制度的作用，Vargo 等（2015）指出从服务生态系统出发讨论服务创新，拓宽了创新的范围，超越了以企业为中心的生产活动和协作网络，认为创新是新知识和有用知识组合演化的过程。企业在服务生态系统中应用操作性资源能力进行服务创新受到共享制度的指导（Ngo and O'Cass，2009），共享制度的维持、变迁和打破对服务创新的核心过程产生影响（Vargo et al.，

2015）。对 W、H、B 3 家案例企业的资料整理和访谈分析，印证了操作性资源能力和共享制度共同作用于服务创新，其典型表述如表 3.8 所示。

表 3.8　操作性资源能力、共享制度与服务创新的表述归纳

典型语句	关键词	逻辑关系
（W 企业的管理者表示）为了符合世界一流滑雪场的标准，企业寻求到世界最好的滑雪场设计公司伊克斯担纲设计……力求达到专业赛事和冰雪娱乐共同发展的目标……推出高、中、初级雪道立体化融合建造新模式……单板公园、儿童滑雪场是企业的特色 作为汽车的发明者，梅赛德斯-奔驰在汽车的设计、制造工艺和销售体系上具有独特优势，但在新能源动力技术上有所欠缺，难以达到相应标准。B 企业重视梅赛德斯-奔驰在豪华汽车领域的资源和能力，以 B 企业提供动力技术、梅赛德斯-奔驰方提供外观设计和制造工艺的方式开展合作，共同研发出全新纯电动豪华 SUV 车型腾势 Concept X	资源识别 共享制度 服务创新	资源识别和共享制度共同促进服务创新
（H 企业的管理者表示）H 企业一如既往坚持"科技推动出行进化"的使命……共享、绿色的理念和生活方式是共享单车生态得以形成的前提……企业一直在与生态伙伴共同为公众营造更友好的出行环境，提供更便捷、环保、高效的出行服务……秉承科技推动城市出行进化的成果……企业推出了第五代智能锁，应用蓝牙自适应技术可有效降低车辆的闲置率，全面提升共享单车在城市中的管理效率 （B 企业的管理者表示）给使用者提供有力的安全保障是企业在多个场合一再重申的……《电动汽车安全要求》《电动客车安全要求》《电动汽车用动力蓄电池安全要求》……是电动汽车领域首批强制性标准……是电动车企业必须捍卫的行业底线……为了提高电池的安全性能，企业自主研发了集高安全、高续航、高强度、长寿命于一身的刀片电池	价值主张 共享制度 服务创新	价值主张和共享制度共同促进服务创新
为了进一步提升在运营车辆市场的占有率，B 企业选择与滴滴出行合作，滴滴出行是网约车行业的"龙头企业"，无论在订单量、注册车辆数还是注册司机数方面都遥遥领先。B 企业和滴滴共同认可网约车领域的竞争不仅是在产品层面，更是在服务层面，是以顾客为中心。2021 年 B 企业与滴滴合作推出了全球首款定制网约车 D1，采用电动侧滑门设计，方便乘客上下车，不足4.4m 的车长，却拥有 2800mm 超长轴距，为后排乘员提供了极为宽敞的乘坐空间，切实践行了以顾客为中心的价值理念 W 企业与全球最早、最大的单板品牌 Burton 合作，在 W 滑雪场引进特设 Burton 租赁产品专区，并按照国际化单板滑雪的专业标准创造性地设置了"Burton LTR 教学专区"，现场针对专职教练、滑雪助理进行专业指导与统一示范，不仅提升了教练和滑雪助理的专业能力，同时也激发了现场游客的参与热情	参与合作 共享制度 服务创新	参与合作和共享制度共同促进服务创新

续表

典型语句	关键词	逻辑关系
（B 企业的管理者表示）B 企业对新能源汽车领域的政策有一定影响力……一直致力于提升新能源汽车的产业地位……国家对新能源汽车生产的补贴一直是推动行业发展的重要力量……工信部对新能源车企骗补行为的处罚在业内影响很大……肃清了行业不正之风……让真正搞研发用心做新能源汽车的企业更有干劲……也带动了企业的研发积极性 H 企业一贯重视标准制定，参与了电动助力车系列团体标准部分核心内容的起草和编制工作，将自己过去 3 年中在共享出行领域积累的经验分享给整个行业，并在标准的指导下基于助力车需要定点停放、人工换电的特点推出"H 智巡"系统	影响制度 共享制度 服务创新	影响制度和共享制度共同促进服务创新

　　一是共享制度会增强资源识别对服务创新的作用。企业在服务生态系统中提升资源识别能力所产生的对服务创新的促进作用是否受到共享制度的影响？从对 W 企业管理者的访谈和对 B 企业的资料梳理情况来看：W企业重视滑雪场的功能性和标准性，重视加拿大伊克斯公司的滑雪场设计能力，以建造满足专业赛事和冰雪娱乐双重需求的滑雪场为共同目标，以遵循世界一流滑雪场的技术标准为前提进行合作，创新了滑雪场运营模式，推出了单板公园、儿童滑雪场等特色项目；B 企业深入挖掘梅赛德斯-奔驰公司在汽车设计、制造工艺和销售体系上的资源和能力，共同遵循新能源汽车的技术标准，共同研发出全新纯电动豪华 SUV 车型腾势 Concept X。由此可以认为，共享制度会增强资源识别对服务创新的作用。

　　二是共享制度会增强价值主张对服务创新的作用。企业在服务生态系统中提升价值主张能力所产生的对服务创新的促进作用是否受到共享制度的影响？从对 H 企业和 B 企业的管理者访谈情况来看：H 企业一直将"科技推动出行进化"作为自己的核心价值主张，在以共享、绿色为共同理念的共享单车生态系统中不断提供更便捷、环保、高效的出行服务，并以此为设计理念推出了第五代智能锁，应用蓝牙自适应技术有效降低了车辆的闲置率，践行了"科技推动出行进化"；B 企业一直强调安全对新能源汽车的重要意义，以《电动汽车安全要求》《电动客车安全要求》等行业规定为最低标准，不断推动电池安全的技术革新，成功研发出新一代刀片电池。由此可以认为，共享制度会增强价值主张对服务创新的作用。

三是共享制度会增强参与合作对服务创新的作用。企业在服务生态系统中提升参与合作能力所产生的对服务创新的促进作用是否受到共享制度的影响？从对 B 企业和 W 企业的资料梳理情况来看：B 企业通过与滴滴出行的战略合作，强化了新能源汽车和网约车行业共同认可的绿色出行理念，在遵循新能源汽车领域的技术标准、综合网约车对后排空间需求的基础上推出了全球首款定制网约车 D1；W 企业与单板品牌 Burton 合作，以单板滑雪国际赛道标准为依托设置了"Burton LTR 教学专区"，开发了品牌方在现场对滑雪教练和滑雪助理进行同步指导的新模式。由此可以认为，共享制度会增强参与合作对服务创新的作用。

四是共享制度会增强影响制度对服务创新的作用。企业在服务生态系统中提升影响制度能力所产生的对服务创新的促进作用是否受到共享制度的影响？从对 B 企业的管理者访谈和对 H 企业的资料梳理情况来看，B 企业在新能源汽车领域的相关政策制定上具有一定的话语权，国家对新能源汽车企业骗补行为的处罚给包含 B 企业在内的众多企业很大触动，提升了新能源汽车领域的创新积极性，也使 B 企业加大了创新力度；H 企业参与了电动助力车系列团体标准的编制工作，将自身经验融入了标准中，并在标准的指导下进行研发，成功推出了"H 智巡"系统。由此可以认为，共享制度会增强影响制度对服务创新的作用。

综合看来，共享制度与操作性资源能力共同作用于服务创新，如图3.6 所示。在企业具有同等操作性资源能力时，企业与其他参与者在服务生态系统的规则、规范和认知（共享制度）方面具有较高的一致性有利于

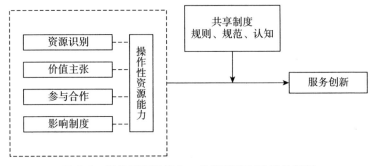

图 3.6　操作性资源能力、共享制度驱动服务创新

企业服务创新的实现。相反，当企业与其他参与者在服务生态系统的规则、规范和认知（共享制度）方面的一致性程度较低时，企业的服务创新也会减少。

3.4 结论和命题的提出

本书以服务生态系统中企业的操作性资源能力为研究主题，以 W、H、B 3 家案例企业为研究对象，通过"前因—情境—过程—结果"的系统化过程对服务生态系统中企业操作性资源能力对竞争优势的作用机制进行了分析，如图 3.7 所示。

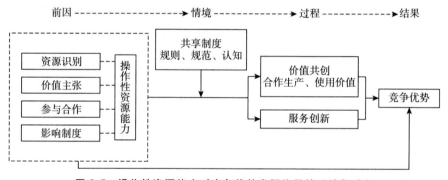

图 3.7 操作性资源能力对竞争优势发挥作用的系统化过程

第一，服务生态系统中企业的操作性资源能力是企业获得竞争优势的基础，也是实现竞争优势的前提。操作性资源能力代表了对操作性资源的识别、应用和重置的能力，由资源识别、价值主张、参与合作和影响制度 4 个维度构成。实现企业竞争优势的核心是企业在服务生态系统的资源整合、服务交换等互动中占据优势，操作性资源能力在其中发挥重要作用。因此，本书提出初始命题 1：操作性资源能力正向影响竞争优势。

第二，服务生态系统中企业操作性资源能力对竞争优势形成和提升的促进作用是通过价值共创和服务创新的过程实现的。价值共创包括共同生产和使用价值两个维度，是服务生态系统中价值创造的一般形式。操作性资源能力能够提升企业在服务生态系统中互动的效率和效果，促进价值共创的开展和实现。并且，价值共创还直接作用于竞争优势，能够增强操作性资源能力对竞争优势的作用，当企业与其他参与者进行互动时，会推动企业在市场绩效、客户忠诚、成本等方面形成竞争优势。此外，在服务生态系统中，服务创新被概念化为一个新的和有用的过程，为自己或他人创造利益，这个过程是通过对操作性资源能力的应用来实现的。同时，服务创新还直接作用于竞争优势，使企业在技术、服务、流程改进和市场绩效上优于竞争对手。因此，本书提出以下两个初始命题。初始命题2：操作性资源能力通过价值共创正向影响竞争优势；初始命题3：操作性资源能力通过服务创新正向影响竞争优势。

第三，操作性资源能力和共享制度共同促进价值共创和服务创新。共享制度是服务生态系统的协调机制，企业在服务生态系统中的活动受到共享制度的约束和指导，参与者之间共享制度的一致性程度高时，会提升企业操作性资源能力的作用，从而进一步促进价值共创和服务创新的实现。当参与者之间共享制度的一致性程度较低时，则会给企业发挥操作性资源能力造成阻碍，进而降低操作性资源能力对价值共创和服务创新的积极影响。因此，本书提出以下两个初始命题。初始命题4：操作性资源能力对价值共创的作用受到共享制度的影响；初始命题5：操作性资源能力对服务创新的作用受到共享制度的影响。

综上所述，操作性资源能力、价值共创、服务创新、共享制度将共同作用于竞争优势。操作性资源能力是实现竞争优势的前因，价值共创和服务创新是操作性资源能力正向影响竞争优势的重要过程。同时，企业在服务生态系统中活动，共享制度的一致性程度关系到企业活动的难易程度，因此，一致性程度较高的共享制度能够进一步提升操作性资源能力对价值共创和服务创新的促进作用。

此外，3家案例企业在操作性资源能力上的差异也使三者在竞争优势上存在一定区别。W企业在操作性资源能力的资源识别和影响制度维度上具有较强优势，特别是在影响制度方面明显优于H、B企业，能够对其所在的C旅游生态系统的制度环境产生关键影响，不断使C旅游生态沿着向W企业有利的方向演进，使W企业始终占据C旅游生态系统的主导地位。H企业在价值主张和参与合作两个维度的操作性资源能力比较突出，通过将自己阐释为公共交通的补充部分，不断加深与地铁、公交等运营商及政府、用户的合作，瞄准三、四线城市，在价值增长和创新上卓有成效，在共享单车生态系统中后来居上。B 企业在操作性资源能力的 4 个维度（资源识别、价值主张、参与合作、影响制度）上相对均衡，这是 B 企业为了适应其所在的新能源生态系统发展时间较长、竞争机制相对成熟的特点而发展出来的，能够帮助 B 企业在新能源生态系统中长期保有竞争优势。

第4章 理论分析与研究假设

4.1 理论基础

4.1.1 资源基础观

资源观的变迁是服务主导逻辑和服务生态系统理论产生的根本原因。1984 年，Wernerfelt 提出了资源基础观理论，认为企业是资源的集合体。Barney（1991）在此基础上对能够产生竞争优势的资源进行了具体讨论，将资源与竞争优势联系了一起。资源基础观阐明了资源的异质性，搭建了从资源到能力的发展路径，揭示了企业是如何基于所持有的资源发挥能力创造价值的，阐述了竞争优势的形成和保持过程（Peteraf and Barney，2003）。资源基础观对本书的影响主要体现在以下 3 个方面。

第一，资源基础观对资源的阐释和定义为服务生态系统中资源的分类提供了理论依据。资源基础观将资源作为企业间差异的原因，构建了资源—战略—绩效的框架。Morgan（1995）提出了基于有形和无形的资源划分方法，认为知识、技能、关系等无形资源更有意义，冲击了传统意义上以自然资源和产品为代表的有形资源的绝对优势地位。资源基础观对资源内涵和作用的探讨为服务主导逻辑下操作性资源和对象性资源的划分提供了洞见，为服务生态系统中操作性资源能力的研究提供了理论支撑。

第二，关于资源基础观的基本假设解释了服务生态系统中参与者互动的目的和根本原因。资源基础观认为一个产业或群体中的战略性资源具有异质性，并且这些异质性资源在各主体之间不能完全转移，异质性长期存在。资源基础观的基本假设同样适用于服务生态系统，参与者所持有的资源具有异质性，特别是处于核心地位、具有战略意义的操作性资源（Nenonen et al.，2018），这种异质性资源不能完全转移，因此服务生态系统中的参与者想要获得价值就需要通过互动合作进行价值共创。

第三，资源基础观探讨了竞争优势的根本来源，为本书的研究模型提供了理论依据。资源基础观的 VRIN 模型（Valuable，Rare，Imperfectly Imitable，Non-Substitutable）指出了何种资源才是企业竞争优势的来源，这在服务生态系统中就体现为操作性资源。操作性资源能力是对操作性资源进行综合应用的过程，是服务生态系统中企业活动和产生效果的基础。因此，资源基础观对服务生态系统中操作性资源能力作用于竞争优势的理论框架给出了关键性解释，为本书提供了理论依据。

综上所述，资源基础观为本书中操作性资源能力的来源提供了理论依据，对服务生态系统中的参与者行为提供了有力解释，为自变量操作性资源能力对因变量竞争优势的作用机制提供了理论支撑。

4.1.2　动态能力理论

随着科学技术的不断发展，企业面对的环境变化加剧，静态的分析模型无法为企业制定和实施战略提供足够的见解，于是从动态能力出发分析企业如何创造价值和财富的研究开始出现，动态能力理论形成。Teece 和 Pisano（1994）指出动态能力是指企业不断更新自身能力以适应不断变化的商业环境的能力，强调动态能力在适应、整合和重置组织内外部技能、资源、功能性才能以适应不断变化的环境上的重要作用。动态能力理论对本书的影响体现在以下 3 个方面。

第一，动态能力理论强调环境的动态性，要求组织提高适应能力和调节能力，为操作性资源能力的内涵和维度划分提供了借鉴。动态能力理论以企业或企业联盟为研究对象，强调外部环境的动态不确定性，需要企业或企业联盟不断调整自身以求在动态环境中生存和发展。服务生态系统是一个多层次、相互嵌套的动态系统，系统内部环境同样具有动态性，这要求作为服务生态系统参与者的企业具有自我调节的适应能力（Barile et al.，2016），操作性资源能力作为企业在服务生态系统中活动所依靠的主要能力包含了动态能力的内容，动态能力理论为操作性资源能力的研究提供了参考。

第二，动态能力理论探讨了企业需要更新能力以适应环境的变化，阐释了创新的产生和作用机制，为服务生态系统中的服务创新提供了理论依据。Leonard-Barton（1992）指出动态能力实质上就是获得创新性竞争优势的能力，当市场出现毁灭性创新时，不能迅速适应环境的企业将面临生存危机。服务生态系统具有生态系统的共生性，生态系统的参与者共同演化，当毁灭性创新出现的时候，整个服务生态系统面临挑战。动态能力理论为解释服务创新通过提升参与者适应性而使企业获得竞争优势这一路径提供了理论依据，为研究操作性资源能力通过服务创新对竞争优势产生影响的作用机制奠定了理论基础。

第三，动态能力理论强调了协调和整合的重要性，为服务生态系统中的参与者互动提供了解释工具。动态能力理论认为企业实现战略优势需要对内外部资源、能力进行整合，协调活动是必不可少的。Clark 和 Fujimoto（1990）对动态能力的研究表明，对组织动态能力影响最深远的是组织惯例，这是因为组织惯例与组织内外协调能力有关。服务生态系统与之相似，参与者在服务生态系统中不断发生互动，且互动是通过共享制度进行协调的，包含了规则、规范和认知方面的内容，共享制度是服务生态系统的治理机制。因此，动态能力理论为研究服务生态系统中的参与者互动提供了有力的解释框架，为价值共创和共享制度的研究提供了工具。

综上所述，动态能力理论为操作性资源能力的内涵理解和维度划分提供了借鉴，为服务生态系统中服务创新的研究提供了理论依据，为服务生态系统中的参与者互动和共享制度的作用提供了解释工具。

4.1.3 服务主导逻辑

一直以来在经济社会活动中占主导地位的是产品主导逻辑，这是一种聚焦于有形资源、内在价值和交易的逻辑。但是随着技术、经济和社会的不断发展，这种逻辑对现实经济管理活动的解释能力和指导能力不断下降，学者的研究也不断向无形资源、价值共创和参与者关系转移，于是

Vargo 和 Lusch 在 2004 年提出了服务主导逻辑。在服务主导逻辑中，服务被定义为为了自己或另一方利益而应用资源，这里的服务是"service"（单数），而不是产品主导逻辑中与"goods"对应的"services"（复数），超越了产品是有形产出、服务是无形产出的范畴（Vargo and Lusch，2004，2008，2016）。经过 10 余年的发展，服务主导逻辑的基本命题从最初的 8 个发展为 11 个（见表 4.1）。

表 4.1　服务主导逻辑的基本命题

序号	基本命题
1	服务是交换的基础
2	间接交换掩饰了交换的基础（服务）
3	产品是服务供给的分销机制
4	操作性资源是战略性利益的根本来源
5	一切经济都是服务经济
6	价值是由多个参与者共同创造的，总是包含受益人
7	参与者不能传递价值，但是可以参与价值创造和提出价值主张
8	服务中心的视角本质上是利益和关系导向的
9	所有社会和经济活动的参与者都是资源整合者
10	价值总是由受益人唯一地、现象化地决定
11	价值创造由参与者产生的共享制度来协调

资料来源：根据 Vargo 和 Lusch（2016）的研究整理。

服务主导逻辑是服务生态系统的直接理论来源，服务生态系统是以服务主导逻辑为理论内核、以生态系统为研究视角和框架发展而来的（Barile et al.，2016）。随着学界对服务主导逻辑的研究不断深化，Vargo 和 Lusch（2010）提出应从一个广阔的视野来看待社会经济活动的参与者。参与者在一个以组织、信息网络为支撑，以服务经济为背景的大环境下进行服务交换和资源整合，意图实现价值共创，这就形成了服务生态系统，服务生态系统也被认为是服务主导逻辑的最终归宿（李雷等，2013）。服务主导逻辑是本书的重要理论来源。

第一，服务主导逻辑对本书中各变量的界定和测量具有指导意义。一方面，本书中的一些变量在服务主导逻辑提出之前就已经被许多学者所关注，如服务创新、价值共创等，但是这些变量在服务主导逻辑下的界定和测量具有一定的特殊性，与非服务主导逻辑下的变量存在差异；另一方面，本书的一些变量是随着服务主导逻辑的发展而出现的，如操作性资源能力、共享制度等，这些变量的界定和测量需要在服务主导逻辑的指导下进行。

第二，服务主导逻辑为本书假设模型的搭建提供了理论支撑。服务主导逻辑的基本假设强调了操作性资源的重要作用，认为其是竞争优势的根本来源，这为操作性资源能力对竞争优势的作用机制提供了基本理论依据。同时，服务主导逻辑的理论和相关研究涉及操作性资源能力对服务创新和价值共创的作用，阐明了服务生态系统共享制度的影响机制，为本书的模型构建提供了逻辑指导。

第三，服务主导逻辑强调 A2A 导向，为本书提供了研究视角。传统的产品主导逻辑中存在价值创造者和价值毁灭者（消耗者）的不同角色，二者在价值创造中有着严格区分。但是在服务主导逻辑中这种差异消失，价值是通过互动而共同创造的，这是一种 A2A 的导向，避免了一方成为资源和技能的持有者而占据绝对的主导地位，所有参与者都是资源整合者和服务提供者（Lusch and Nambisan，2015），因此所有参与者都能进行服务创新和价值创造。这种 A2A 导向打破了（价值、创新）生产者和（价值、创新）消费者的二元化结构，为本书提供了新的研究视角。

综上所述，服务主导逻辑对本书中各变量的界定和测量具有指导意义，为本书的假设模型搭建提供了理论支撑和逻辑指导，打破了创新和价值创造的固有范式，为本书提供了新的研究视角。

4.2 理论框架

随着经济技术的发展，传统的产品与服务分离的研究视角已经不能很好地解释和指导解决现实问题了，服务主导逻辑提出一切经济都是服务经济，以服务主导逻辑为理论基础、结合生态系统特性的服务生态系统随之成为管理者和学界共同关注的新焦点。但是服务生态系统的理论远落后于实践的发展，至今尚处于起步阶段，国内外学者多集中于理论探讨和定性研究，实证研究稀缺。本书通过文献梳理和案例研究，以资源基础观、动态能力理论、服务主导逻辑为基础，对竞争优势、操作性资源能力、价值共创、服务创新、共享制度等变量进行模型建构，从服务生态系统的视角，着力探讨企业是如何通过操作性资源能力对竞争优势造成影响的，并分析了操作性资源能力与竞争优势关系中的重要媒介和干扰因素。本书理论模型如图 4.1 所示。

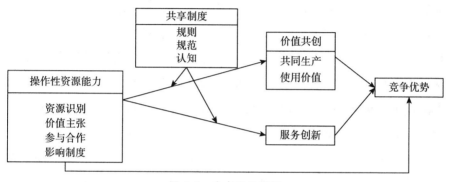

图 4.1　本书理论模型

4.3　研究假设

4.3.1　操作性资源能力对竞争优势的作用

对象性资源（物理资源，如设备、原材料、土地等）能通过被操作、被处理产生效果，而操作性资源是指那些能对对象性资源产生效果的资源，包含知识、技术、组织流程、与利益相关者的关系等内容（Vargo and Lusch，2004）。Day（1994）指出资源是企业拥有的资产，而能力是在结合、开发、转换资源以创造价值过程中的黏合剂，是运用资源来增加资源投入所带来价值的过程。操作性资源能力是应用知识、技能等操作性资源进行功能性活动的综合能力，对在服务生态系统中活动的企业来说具有重要意义。

在服务生态系统中，企业的操作性资源能力是企业与其竞争对手产生差异化表现的重要原因。服务主导逻辑将服务阐释为为了自己或他人的利益而应用资源，同时强调相比于对象性资源，操作性资源占据更重要的位置，是效果的产生者和竞争优势的根本来源（Vargo and Lusch，2008）。因此，在一切经济都是服务经济的服务生态系统中，应用操作性资源就成了一个值得重点关注的问题。操作性资源能力关系到对操作性资源的发掘、整合、使用和重置等一系列应用性活动。可以说，企业在生态系统中的所有实践都离不开对操作性资源能力的运用，操作性资源能力影响了企业活动的效率和效果，是服务生态系统中参与者表现差异化的原因之一（Bei-telspacher et al.，2012）。此外，服务生态系统是 A2A 导向的，参与者互动是服务生态系统的微观基础，创新优势的达成、市场绩效的提升、客户忠诚的获得等一系列与竞争优势有关的结果都是基于参与者互动实现的，而参与者互动从某种角度来看就是参与者之间相互运用操作性资源能力（Ngo and O'Cass，2009）。因此，可以认为竞争优势是企业发挥操作性资源能力所产生的一种结果。借鉴 Nenonen 等（2018）的研究，本书将操作性资源能力划分为资源识别、价值主张、参与合作及影响制度 4 个维度。

资源识别被认为是企业根据自身资源禀赋，分析并确定达到目标所需的各种资源的能力。Barney（1991）指出资源识别是获得竞争优势的前提。易朝辉（2010）的研究结果表明资源识别关系到资源整合的成败与资源整合能力的形成，通常会对绩效产生正向影响。资源具有异质性，对价值创造和创新活动关键资源的确定以及对其他参与者所持资源的判定对服务生态系统中的企业来说至关重要（Nenonen et al.，2018）。Peters（2016）在研究中指出，服务生态系统中同质性资源整合和异质性资源整合存在区别：同质性资源整合是以聚合为基础的，整合资源的效果等同于各部分的总和；而异质性资源整合是基于突发过程的，可能会给参与者互动带来新属性、新变化，因此需要对其他参与者的资源进行识别和判断。Marquis 和 Raynard（2015）认为，企业对知识、技术和物理设施的甄别和判断影响企业的下一步行动，关乎企业在市场中的表现，是企业在竞争中获得优势的前提。由此，本书认为资源识别正向影响竞争优势。

价值主张是指在参与者之间明确、传达和改进价值主张的能力（Nenonen et al.，2018）。服务生态系统中的企业不能传递价值，但是能够提出价值主张。Payne 等（2017）指出价值主张能够促进参与者直接交流和资源共享，提升企业在创新、市场绩效、适应性方面的表现。Frow 等（2014）认为价值主张是促进服务生态系统稳定的基本因素，使资源整合成为可能，能够调节参与者之间的关系，减少不确定性，为企业各类活动的顺利开展奠定基础。Beirão 等（2017）的研究结果显示，企业应该明确如何管理和阐明自己的价值主张，因为这能够促进资源整合，提升企业自身资源密度和在服务生态系统中的生存能力。国内学者邓之宏和李亮宇（2017）基于中国 O2O 市场的实证研究结果显示，O2O 企业便捷地、个性化地、在合适位置向顾客传递价值主张能够显著提升顾客价值，增加顾客黏性，从而获得优于竞争对手的市场绩效。由此，本书认为价值主张正向影响竞争优势。

参与合作被认为是服务生态系统中价值活动的微观基础，是资源整合和服务交换的先决条件（Storbacka et al.，2016）。A2A 是服务生态系统的本质属性（Vargo and Lusch，2016），无论是价值创造活动还是创新活动都包含着多个参与者，能否有效地开展合作影响企业在服务生态系统中的表现。企业与服务生态系统的其他参与者之间存在广泛的互动，参与合作能力在参与者之间共同意愿的产生、专用性资产的投入、彼此信任的增加等方面起积极的促进作用（Li et al.，2018），能够显著地提升参与者互动的成功率（Wieland et al.，2012）。同时，服务生态系统继承了服务主导逻辑的服务中心视角，是关系导向的。参与合作涉及企业与其他参与者关系的发展和维护，会对企业竞争优势的形成和提升产生影响。我国学者白如彬等（2013）的研究结果显示，无论是自然人之间的合作还是组织间的合作均会对企业竞争优势产生直接的积极作用。张颖等（2014）对供应商角色参与者的研究结果显示，与供应商的合作影响企业战略采购的成效，能够提升信息共享和供应商参与程度，有助于企业在市场上获得优异的表现。由此，本书认为参与合作正向影响竞争优势。

影响制度指的是企业对正式的规则、约定俗成的规范、技术标准、参与者共识等在形成和变迁过程中施加影响的能力（Nenonen et al.，2018）。

制度是服务生态系统的核心内容，Vargo 和 Lusch（2016）指出，制度能够使参与者在时间和认知的约束下实现日益增长的服务交换和价值创造的需求，制度的共享者越多，参与者之间潜在协调的利益越大，企业越能从中获得收益。服务生态系统中广泛的参与者互动均是在制度指导下进行的，虽然企业嵌入在服务生态系统的制度背景中，但是仍能够通过自己的活动对制度施加影响（Lawrence et al.，2009）。Alvarez 等（2015）的实证研究结果显示，参与者与制度之间存在交互影响，即制度对参与者活动进行约束并受参与者行为的影响不断重塑，制度是参与者收益分配的决定因素之一。因此，参与者对制度的影响力越大，越能够在收益分配中占据优势。由此，本书认为影响制度正向影响竞争优势。

基于上述分析，本书提出以下假设。

H1：操作性资源能力对竞争优势具有显著的正向影响。

H1a：资源识别对竞争优势具有显著的正向影响。

H1b：价值主张对竞争优势具有显著的正向影响。

H1c：参与合作对竞争优势具有显著的正向影响。

H1d：影响制度对竞争优势具有显著的正向影响。

4.3.2　价值共创的中介作用

（1）操作性资源能力对价值共创的作用

资源一直被认为是价值共创的一个关键组成部分，Maglio 和 Spohrer（2008）将资源分为 4 个类型：权利资源、财产资源、物理实体资源、社会结构资源。正是这些资源的整合和交换推动了信息、商品等的共享，促使价值共创得以实现。服务主导逻辑强调操作性资源在价值共创过程中具有关键作用（Vargo and Lusch，2016）。Gummesson 和 Mele（2010）指出资源具有内在价值，只有当资源被应用和整合时价值才能体现出来，所获得的收益由参与共创的各方共享。价值创造并不是孤立发生的，价值创造和价值提取的过程是根据相互作用、协作活动、参与者互动来进行分析和评估的，该过程通过操作性资源能力的调动而实现（Wieland et al.，2012）。Storbacka 等（2016）指出，参与者互动是价值共创的微观基础，而操作性资源能力是参与者互动质量的重要影响因素。较高的操作性资源能力能够帮助企业在互动中更便捷、更有效地获取关键资源（Lusch and Nambisan, 2015），与其他参与者保持良好关系，减少不必要的摩擦，营造更适合价值共创的环境。由此，本书认为操作性资源能力正向影响价值共创。

资源识别是参与者采取行动的前提和基础。服务生态系统中参与者通过资源整合进行价值共创，资源整合是连接市场、社会和技术的手段（Vargo and Akaka, 2012）。Vargo 等（2008）将服务生态系统中的资源分为私有、市场和公共 3 种类型，企业通过整合自身的私有资源，识别和利用市场及公共资源，实现资源的互动并开展共创价值。值得注意的是，服务生态系统中的价值指的是基于互动产生的现实价值或使用价值，只有当对资源属性进行识别并采取行动时，潜在的资源才会成为实际的资源，资源的价值也在此时才体现出来（Vargo and Lusch, 2014）。也就是说，资源在没有被识别、交换、应用之前是没有实际（使用的、现实的）价值的，具有的只是潜在价值，只有对资源进行甄别判断，并对其应用之后价值才能通过共创产生，资源识别是价值共创的关键步骤。张婧和何勇（2014）的研究结果显示，企业资源识别能力的提升能够促使资源活动的有效开展，进而改善企业与其他参与者之间共同制定计划、共同执行计划、共同解决问题等价值创造活动。由此，本书认为资源识别正向影响价值共创。

价值主张强调对价值内容的阐述，有利于深化参与者之间的相互理解，建立参与者之间的联系。Vargo 和 Lusch（2010）强调了企业作为价值主张提出者的意义：企业不能直接为其他参与者创造价值，但可以为其他参与者提供潜在价值，这是通过阐明价值主张实现的。Grönroos 和 Ravald（2011）也有类似观点，企业实际上充当的是价值促进者的角色，通过提出和阐明价值主张与其他参与者一同促进价值的实现。精心设计的、没有误解的价值主张能够减少不必要的摩擦，使参与者积极融入互动和价值创造的过程中。许多学者都认同参与者进行谈判是为了向对方传达自己的价值主张，在面对不同的沟通对象时可能会提出不同的价值主张，各主体在提出价值主张时相互影响，价值在这种相互作用中得到实现，即价值共创（Skålén et al., 2015）。由此，本书认为价值主张正向影响价值共创。

　　参与合作强化了参与者之间的联系，为价值共创搭建了桥梁。与其他参与者互动是服务生态系统中参与者的基本行为，资源整合和服务交换都是在这个基础上实现的，这是价值共创产生的前提（Chandler and Lusch，2015）。Storbacka 等（2016）提出价值共创很难从现象上进行直接观察，但参与者之间的合作是能够观察到的，如果没有参与者之间的合作，资源整合就无法达成，价值共创也就无法开展。参与者的互动合作是服务生态系统中价值共创的微观基础（Beirão et al.，2017）。简兆权等（2016）在研究中指出，随着服务生态系统的发展，价值共创从顾客-企业的二元式共创向 A2A 导向的复杂网络化共创演化，企业的互动合作对象从顾客拓展到更广泛的服务生态系统的参与者，对企业参与合作的能力要求在不断提高。由此，本书认为参与合作正向影响价值共创。

　　影响制度的能力能够使企业对服务生态系统中指导价值共创的制度产生影响，使其发生对自身有利的变化。Aal 等（2016）指出，正是因为服务生态系统中制度的不同才使参与者进行价值共创的方式存在差异，制度为参与者的价值共创提供指导方针、说明时间地点等条件、明确具有潜在价值的资源及对资源的整合方式等。制度不是静止不变的，制度是人为制定的并能够在参与者互动中被重塑（Vargo and Lusch，2016）。Vargo 和 Akaka（2012）的研究显示，服务生态系统的人和技术是通过制度连接在一起并实现价值共创的，对制度施加影响能够建立或拆散价值共创的联盟。Pathak 等（2020）指出，尽管服务生态系统具有共生性，但各参与者之间的利益并非完全一致，当利益产生冲突时，指导价值共创的制度决定了共创将沿着何种方向继续开展，也就是说影响制度的能力不仅关乎价值共创的开展和实现，还影响企业在价值共创之后的利益分配。由此，本书认为影响制度正向影响价值共创。

　　基于上述分析，本书提出以下假设。

　　H2：操作性资源能力对价值共创具有显著的正向影响。

　　H2a：资源识别对价值共创具有显著的正向影响。

　　H2b：价值主张对价值共创具有显著的正向影响。

　　H2c：参与合作对价值共创具有显著的正向影响。

H2d：影响制度对价值共创具有显著的正向影响。

（2）价值共创对竞争优势的作用

价值共创是服务主导逻辑的一个核心概念，是由多个参与者共同参与并从中获益的一个过程，是企业实现价值累积并形成竞争优势的重要途径（Vargo and Lusch，2008；Beirão et al.，2017）。McColl-Kennedy 等（2012）指出，资源整合是价值共创的重要步骤，资源本身是不具有价值的，只有当资源以不同的方式被组合和应用时价值才会在互动中产生，因此价值是由参与者共创的，价值共创的结果能够给参与者带来收益。此外，价值共创能够密切参与者之间的关系，有利于合作和联盟伙伴关系的持续保持，甚至形成排他的价值创造路径，进而形成竞争对手难以复制的竞争优势。我国学者孔鹏举和周水银（2013）的研究显示，当代企业价值创造的角色已经发生了转变，企业能够通过与顾客进行价值共创取得竞争优势。孙璐等（2016）以小米服务生态系统为案例进行了研究，结果表明小米公司通过构建自身的信息交互能力实现了多元参与者之间的价值共创，从而获得了竞争优势，成为服务生态系统的主导企业。本书借鉴 Ranjan 和 Read（2016）、白景坤等（2020）的研究，将价值共创分为合作生产和使用价值两个维度。

合作生产是指通过协作和对话将各种资源整合到价值配置中（Vallaster and von Wallpach，2013）。合作生产涉及知识共享、合作的公平性和参与者互动行为（Ranjan and Read，2016）。合作生产使参与者之间倾向于知识共享，这是参与者基于操作性资源的行为，为满足其当前和未来需求而分享知识、想法和创造力。知识共享可以使资源形成互补，提升企业在服务生态系统中的生存能力（Fisher and Smith，2011）。随着互联网技术的不断发展和应用，企业、顾客、供应商、政府等各角色的参与者能够以更低的成本、更便捷地进行交互，共同生产的实践进一步发展：小米手机超过 30% 的创意来自顾客；苹果公司吸收了大量 iOS 个人开发者，所有人都能够参与 App 的开发。当其他角色的参与者投入资源与企业开展共同生产活动时，不仅能够给各方参与者带来利益，而且能够增加企业的客户黏性，这也被认为是企业利润最大化的一种策略，能够为企业带来优异的市场表现（马永开等，2020）。由此，本书认为合作生产正向影响竞争优势。

使用价值具有体验性，是参与者将其物理、认知和情感维度连接起来所创造出的独特价值（Edvardsson et al.，2005）。使用价值要求企业能够学习如何使用、修改和维护价值主张（Vargo and Lusch，2004），强调参与者互动的情境、过程的变化。使用价值具有实用性和现实意义，各角色参与者在互动中获得了实际的效用。Edvardsson 等（2011）指出，价值共创发生在特定的情境中，企业、顾客、供应商等参与者在服务生态系统中的位置、角色等因素都影响着他们的价值感知，价值总是由受益人以现象学的方式决定的（Vargo and Lusch，2016），因此各参与者产生的体验和实际价值存在差异。差异化的使用价值反馈会导致参与者不同的后续行为，较好的反馈能够带来进一步合作，如顾客的重复购买、供应商的专用性资产投入等，使企业获得竞争对手不具备的优势。由此，本书认为使用价值正向影响竞争优势。

基于上述分析，本书提出以下假设。

H3：价值共创对竞争优势具有显著的正向影响。

H3a：合作生产对竞争优势具有显著的正向影响。

H3b：使用价值对竞争优势具有显著的正向影响。

（3）价值共创的中介作用

服务生态系统理论对价值的关注完成了从交换价值向使用价值的转变，价值是由多个参与者共同创造的（Vargo and Lusch，2004）。一方面，并非所有服务生态系统中的参与者互动都会导致价值共创的产生，企业能够通过提升自身的操作性资源能力优化参与者互动的结果，使价值共创更易产生。另一方面，竞争优势代表企业具有优于竞争对手的表现，Carpenter 和 Sanders（2007）指出竞争优势来源于企业优于竞争对手的价值创造能力，肖艳红等（2018）的研究表明强调使客户在内的利益相关者满意是竞争优势的重要内容。价值共创包含合作生产和使用价值两方面，是服务生态系统中价值创造的基本方式，不仅能够为企业带来价值的累积，而且能够密切企业与其利益相关者的关系，影响企业竞争优势的形成。由此，在服务生态系统中，企业能够运用操作性资源能力影响参与者互动的效率和效果，从而影响价值共创的结果与方向，使企业在服务生态系统中占据优势地位。

基于上述分析，本书提出以下假设。

H4：价值共创在操作性资源能力与竞争优势的关系中起中介作用。

4.3.3 服务创新的中介作用

（1）操作性资源能力对服务创新的作用

服务主导逻辑为服务创新提供了一个新的视角，强调操作性资源的重要性，以更综合的方法将传统创新研究中的重要因素技术作为操作性资源或操作性资源的应用（操作性资源能力）来处理，从而打破了技术创新和市场创新的壁垒（Ordanini and Parasuraman，2011）。Ngo 和 O'Cass（2009）指出，操作性资源能力天然具有创新的属性，在服务生态系统中应用操作性资源能力的过程就是通过参与者的知识、技能等操作性资源实现技术创新（产品、服务、生产技术创新）和非技术创新（管理、市场和营销创新）的过程。Lusch 和 Nambisan（2015）强调服务创新是发生在 A2A 导向的服务生态系统中的，涉及了包含受益人在内的各类参与者，是创造新资源的各种资源的整合，是由新的和有用的知识组合进化所驱动的。Vargo 等（2015）也认为服务创新主要涉及操作性资源的整合，能够通过对操作性资源的整合创造出新的资源，重塑服务生态系统形态，这种对操作性资源的整合依赖于操作性资源能力。

资源识别可以使企业对异质性资源进行区分和判断，不仅是资源整合的必要过程，而且是创新的重要来源，能够给服务生态系统带来新属性和新变化（Peters，2016）。Wieland 等（2012）指出，服务交换不仅允许参与者对资源进行访问，而且能够在这个过程中创造出新的、可交换的资源，这表明资源具有易变性。资源识别能够帮助企业处理资源的易变性，不断调整创新的方向（形式、程度、数量等），使创新行为能够产生企业想要的结果。服务生态系统是一个动态的系统，系统内部形态和外部环境都在不断变化，不同情境下的服务创新所需的资源具有差异性（Akaka and Vargo，2015），因而对其他创新参与者资源的识别、对服务创新所需资源的预判显得更为重要。刘飞和简兆权（2014）在研究中指出，服务主导逻辑下的服务创新更重视具有主动性的隐性知识、人力资本和动态能力，因此应重视操作性资源能力对服务创新的影响。由此，本书认为资源识别正向影响服务创新。

价值主张强调企业对价值主张的阐释以及其他参与者对企业价值主张的理解。Kowalkowski（2011）指出，建立信任是服务创新的一个重要问题，提升价值主张能力可以帮助企业与其他参与者建立互惠承诺，进而形成长期密切的联系，减少服务创新过程中的阻碍。Skålén 等（2015）将服务创新等同于以新的方式整合实践和资源，以创建新的价值主张。他们将价值主张的实践分为命名和标签化实践（描述价值主张的活动及其如何实现）、建模实践（为价值主张制定结构模型）及互动实践（针对价值主张与其他参与者沟通或与其他参与者共同创造价值主张），并通过实证研究验证了这 3 种价值主张的实践均会对服务创新产生积极影响。我国学者王雷等（2018）在研究中实证检验了经济型、功能型、情感型、符号型 4 种类型的价值主张与服务创新绩效之间的正向影响关系，并指出功能型价值主张的作用效果最显著。由此，本书认为价值主张正向影响服务创新。

与其他参与者合作来进行服务创新是服务生态系统中服务创新的基本实现途径。Lusch 和 Nambisan（2015）强调服务创新是一个合作的过程，包括了参与资源整合的各角色参与者，服务生态系统为服务创新提供了互动合作的组织框架，使新的资源整合和服务交换能够在框架内发生。Aal 等（2016）指出服务创新的驱动力是合作，其目的是找到整合资源和共同创造价值的新途径，在服务生态系统的视图中，服务创新的重点是如何通过有效地参与合作促进新的价值共创模式产生。与价值创造的观点相似，Lütjen 等（2019）指出在服务主导逻辑和服务生态系统视角下的服务创新同样打破了创新创造者和创新使用者的界限，认为创新是一个与价值共创类似的、由多个参与者共同实现的过程，多个参与者的互动合作是服务创新发生的必要条件，企业提升参与合作的能力能够促进服务创新的产生。熊正德等（2020）在研究中指出，网络位置对服务创新的正向作用在于网络位置能够为企业与供应商、顾客、竞争对手等其他参与者的创新合作提供便利，降低互动合作产生的成本。由此，本书认为参与合作正向影响服务创新。

影响制度是参与者影响服务生态系统的重要途径，企业能够通过对服务创新赖以发生的制度环境施加影响，改变服务创新的方向与结果。Koskela-Huotari 等（2016）将服务生态系统中的服务创新定义为对价值共创的新的制度安排，服务创新的创新之处在于通过改变指导参与者互动的制度安排实现资源配置的新组合，这实质上重新配置了价值共创的制度结构。具体而言，当企业对制度产生的影响较大时，新的、对企业有益的制度更容易被确立，创新更容易产生和出现；反之亦然。Aal 等（2016）指出，服务生态系统中制度安排的中断和变化是服务创新的关键过程，企业能够利用自身对制度的影响力对服务创新产生影响。由此，本书认为影响制度正向影响服务创新。

基于上述分析，本书提出以下假设。

H5：操作性资源能力对服务创新具有显著的正向影响。

H5a：资源识别对服务创新具有显著的正向影响。

H5b：价值主张对服务创新具有显著的正向影响。

H5c：参与合作对服务创新具有显著的正向影响。

H5d：影响制度对服务创新具有显著的正向影响。

（2）服务创新对竞争优势的作用

以往学者的研究显示，服务创新会引发企业服务的差异化，这种差异化会在企业绩效上体现出来（蔺雷和吴贵生，2008）。姜铸和李宁（2015）从经典的服务创新四维模型出发，实证检验了服务创新对企业绩效的积极作用。Edvardsson 和 Tronvoll（2013）指出，服务创新源于资源、模式或其中一些组合的更改，这个过程是动态的、难以复制的，企业能够从中获得竞争优势。同时，这个过程也会导致服务生态系统结构性的变化，如果企业能够主导这个过程，那么企业将在服务生态系统中占据有利地位。服务生态系统中的服务创新常常与新的、由参与者驱动的方法相关联，这些方法可以在服务生态系统中集成资源、使用资源或捕获价值，帮助企业在服务生态系统中占据关键位置（Vargo et al.，2020）。此外，参与者与其所在的服务生态系统之间存在共生关系，当来自系统外的冲击给生态系统带来毁灭性打击的时候，服务生态系统可能由此衰落（Moore，1998），而与之共生的企业也将面临生存危机，如塞班生态系统与诺基亚公司。服务创新能够使服务生态系统中指导价值共创的制度得到更新升级，抵御急剧变化的外部环境所带来的冲击，不仅能够使企业在创新的过程中获得竞争优势，在一定时间内掌握主导权，而且能够不断重塑服务生态系统形态，使企业能够与服务生态系统一同长久发展下去（辛本禄和刘燕琪，2021）。

基于上述分析，本书提出以下假设。

H6：服务创新对竞争优势具有显著的正向影响。

（3）服务创新的中介作用

操作性资源能力包括资源识别、价值主张、参与合作及影响制度 4 个方面的能力，涉及服务生态系统中参与者行动的诸多基本内容，能够对服务创新的效率和效果产生重要影响。一方面，服务创新是通过参与者的服务交换和资源整合实现的，操作性资源能力包含资源识别能力和参与合作能力，决定了参与者通过基本活动（服务交换、资源整合）参与服务创新的能力，进而影响服务创新的实现；另一方面，服务创新的实质是对价值共创的新的制度安排（Lusch and Nambisan，2015），价值主张的提出和阐明为服务创新想法的碰撞提供了途径，而规则制度的变迁是实现服务创新的关键内容（Vargo et al.，2015），因此价值主张和影响制度能力能够对服务创新产生作用。

参与者通过服务交换和资源整合促进服务创新是 A2A 导向的服务生态系统中服务创新的一般形成过程（Aal et al.，2016）。一方面，服务生态系统中的服务创新整合了市场创新和技术创新，能为企业带来市场和客户方面的改进，为企业带来领先优势（Vargo et al.，2015）。服务创新是处于激烈竞争中的企业差异化表现的重要原因，能够通过新的服务概念、新的技术交互、新的利益分配模式等给服务创新的各参与者带来新体验，这个过程是难以复制的，能够形成企业竞争优势。另一方面，服务创新关系到企业竞争优势的长久保持。服务生态系统中参与者通过互动进行价值共创容易形成固定模式，而创新带来的优势是随着时间的流逝而递减的

（Koskela-Huotari et al.，2016），企业要想长期保持竞争优势就需要不断地开展服务创新。同时，服务创新不仅能够给企业带来竞争优势，也会推动企业所在的服务生态系统更新发展，避免服务生态系统在与其他服务生态系统的竞争中被淘汰，帮助企业和与之共生的服务生态系统共同地长久发展下去。

基于上述分析，本书提出以下假设。

H7：服务创新在操作性资源能力与竞争优势的关系中起中介作用。

4.3.4 共享制度的调节作用

（1）共享制度对操作性资源能力与价值共创关系的调节作用

制度是多层面的、持久的社会结构，既有象征元素，也有物质元素，包括法律、规范、价值观和道德规范，制度定义了行为主体之间的适当行为，文化信仰，以及认知模型、框架和模式（Scott，2014）。共享制度被视为服务生态系统的重要构成要素，在服务生态系统功能的实现上起关键作用（Vargo and Lusch，2016）。

服务生态系统中的价值共创是在共享制度指导下进行的。自发盲目的价值共创缺乏效率并且发展方向不可控，因此在价值共创的过程中需要可控的流程和具体协作形式。共享制度作为服务生态系统中的协调机制（Vargo and Lusch，2016），通过引导参与者发挥操作性资源能力，指导参与者之间的互动（资源整合、服务交换），协调并约束价值共创（Vargo and Akaka，2012；Edvardsson et al.，2014）。Echeverri 和 Skålén（2011）在研究中确定了价值共创或共毁的 5 种实践：通知、问候、交付、收费和帮助。这些具体实践行为实际上指向了操作性资源能力的运用，而行为最终导致价值共创还是价值共毁受到共享制度的调节。我国学者令狐克睿等（2018）认为共享制度是服务生态系统中的促进因素，是参与者合作及协调参与者活动的重要工具，也是实现价值共创的重要保障。类似地，辛本禄和刘燕琪（2021）在研究中提出了基于共享制度的服务生态系统运行机制，认为共享制度是产生参与者互动结果差异性的重要原因。本书借鉴了Scott（2014）、Kleinaltenkamp 等（2018）的研究，将共享制度划分为规则、规范和认知 3 个维度。

规则对操作性资源能力与价值共创关系的作用。若参与者进行互动时所持的规则一致性程度较高，在出现不符合规则要求的行为时，参与者将受到惩罚（Scott，2014），本质性冲突产生的可能性大大减小，企业操作性资源能力得以在相对稳定的服务生态系统中运用，企业与其他参与者进行共同生产的难度减小，价值共创更容易开展和实现。而当参与者进行互动时所持的规则冲突程度较高（一致性程度较低）时，企业或与之合作的参与者的一些行为会被规则认定为不合理行为，并受到抑制甚至惩罚（Solomon et al.，1985），企业合作活动无法顺利开展，操作性资源能力的作用被削弱，价值共创减少，价值共毁出现的可能性增大。因此，规则会影响操作性资源能力对价值共创的作用。

规范对操作性资源能力与价值共创关系的作用。当参与者进行互动时所持的规范一致性程度较高时，参与者能够感知到相同的社会或集体期望，产生一致的内在承诺并做出符合一致期望的行为，企业能够在这种情况下顺利地开展活动，更好地运用操作性资源能力。同时，规范使企业与其他参与者能够产生相似的价值判断、符合相同的技术规范要求、遵循一致的道德规范标准，大大减少了企业的交易成本，使价值共创能够更便捷、更有效地进行。而当参与者进行互动时所持的规范一致性程度较低时，受规范的使能效用影响，企业与其他参与者感受到的社会和集体期望方向出现偏差，企业操作性资源能力的运用方向也因而与其他参与者产生差异，合作难以实现，价值共创的实现难度加大。因此，规范会影响操作性资源能力对价值共创的作用。

认知对操作性资源能力与价值共创关系的作用。当参与者进行互动时所持的认知一致性程度较高时，企业与其他参与者在互动环境的感知上较为相似，在互动目标的设置和实现路径的选择上容易达成一致（Williamson，2000），彼此间更容易相互理解，企业运用操作性资源能力的潜在成本降低，价值共创产生的收益得到提升。而当认知一致性程度较低时，企业与其他参与者之间可能出现无法理解彼此行为逻辑的情况，共同目标难以确立，身份认同感降低，合作基础受到挑战，潜在风险上升，互动的方向和结果不可控性增加，运用操作性资源能力的难度提升。因此，认知会影响操作性资源能力对价值共创的作用。

基于上述分析，本书提出以下假设。

H8：共享制度正向调节操作性资源能力与价值共创之间的关系。

H8a：规则正向调节操作性资源能力与价值共创之间的关系。

H8b：规范正向调节操作性资源能力与价值共创之间的关系。

H8c：认知正向调节操作性资源能力与价值共创之间的关系。

（2）共享制度对操作性资源能力与服务创新关系的调节作用

服务生态系统是一个动态的系统，服务创新是服务生态系统保持动态性的重要因素。在服务生态系统中，服务创新受参与者之间共享制度的指导和约束，服务创新代表着新的资源组合以及通过参与者互动产生的新的解决方案和新机会（Sántamaría et al.，2012），在这个过程中的参与者互动同样受共享制度的协调，因此对服务生态系统中服务创新的研究必须考虑共享制度的影响。服务生态系统的观点将创新视为一种操作性资源与制度的组合进化。Peters 等（2013）指出，企业在服务生态系统中开展服务创新必须重视参与者、实践和共享制度 3 个要素的影响。Lawrence 等（2009）认为，共享制度的维持、变迁和打破是服务创新研究的重要组成部分。Koskela-Huotari 等（2016）认为，共享制度的维持、变迁和打破是服务生态系统中新参与者出现、参与者角色重新定义、服务生态系统中资源重新构建和配置的重要驱动力。Ngo 和 O'Cass 在对操作性资源能力的研究中指出，操作性资源能力隐含了创新性，对知识、技能、关系等操作性资源的运用是实现技术创新和非技术创新的关键过程，而这个过程是嵌入到服务生态系统的制度环境中的。服务创新是对指导参与者互动的既有框架的突破，对操作性资源能力的运用是参与者互动的重要内容，共享制度是服务生态系统中参与者互动框架的基石，因此共享制度能够对操作性资源能力与服务创新之间的关系产生作用。

规则对操作性资源能力与服务创新关系的作用。若参与者进行互动时所持的规则一致性程度较高，参与者之间遵守相同的正式规则，所有行为发生在正式规则的框架内，创新的不确定性风险较低。尽管创新活动可能使规则发生变化，但新规则的产生是在原有规则指导下进行的，企业与其他参与者的创新活动是有序的，企业的操作性资源能力在合适的时间、地点等条件下得到有效发挥，帮助企业取得成功，促进服务创新的实现。而当参与者进行互动时所持的规则一致性程度较低时，违反规则需要付出的代价较小，冲突和机会主义行为不断在合作伙伴之间产生（Pathak et al.，2020），企业与其他参与者的服务创新投入和风险承担意愿降低，企业发挥操作性资源能力的难度增加，随时可能出现参与者退出服务创新合作的状况，服务创新受到影响。因此，规则会影响操作性资源能力对服务创新的作用。

规范对操作性资源能力与服务创新关系的作用。Scott（2014）指出制度包含了说明性、评价性和义务性的内容，这就是制度的规范维度。规范维度能够帮助服务生态系统中的参与者确定互动目标，并指定追求目标的合理方式，对参与者服务创新合作目标的确立以及创新实现路径的选择产生影响。特别是，技术标准具有说明性和评价性，是规范维度的重要组成部分，能够对技术创新的开展起指导和约束作用。当参与者进行互动时所持的规范一致性程度较高时，参与者之间容易产生共同的信念与价值观，这是秩序形成的重要基础。此时企业与其他参与者运用操作性资源能力的方向趋于一致，服务创新实践的步伐能够相互协调，服务创新成为众望所归的事情。而当参与者之间所持规范的一致性程度较低时，企业操作性资源能力所带来的优势可能会因为与其他参与者的期待方向不同而被大大削弱（帕森斯，2003），服务创新实现的难度加大。因此，规范会影响操作性资源能力对服务创新的作用。

认知对操作性资源能力与服务创新关系的作用。组成认知的是一系列与参与者所处环境相关的信念（Scott，2014），当参与者进行互动时所持的认知一致性程度较高时，参与者之间的信任加强，对彼此的专用性资产投入意愿增加，对合作创新的信赖和安全感较高。此时，企业与其他参与者均愿意为创新投入更多的知识、资源，潜在协调利益增加，促进了服务创新的开展。而当认知一致性程度较低时，参与者之间的行为可出现错误解读，参与者所充当的角色、所起的作用出现冲突，合作行为难以开展，相互信任程度不断降低，服务创新减少。因此，认知会影响操作性资源能力对服务创新的作用。

基于上述分析，本书提出以下假设。

H9：共享制度正向调节操作性资源能力与服务创新之间的关系。

H9a：规则正向调节操作性资源能力与服务创新之间的关系。

H9b：规范正向调节操作性资源能力与服务创新之间的关系。

H9c：认知正向调节操作性资源能力与服务创新之间的关系。

4.3.5 被调节的中介作用

（1）共享制度调节"操作性资源能力—价值共创—竞争优势"的作用路径

本书假设，价值共创在操作性资源能力与竞争优势之间起中介作用，同时本书认为价值共创的中介作用受到共享制度的调节。服务生态系统是A2A导向的，打破了传统价值创造者和价值毁灭者的界限，价值是由多个参与者通过互动产生的，并总是包含受益人（Vargo and Lusch，2004，2008）。在服务生态系统视角下，价值共创是价值创造的一般形式，并强调操作性资源的重要性，认为操作性资源是竞争优势的来源，企业能够通过在互动中运用操作性资源能力识别有效资源、提出自身价值主张、更好地与其他参与者合作、引导制度向有利于自身发展的方向变化，从而促进价值共创的产生，提升竞争优势。同时，服务生态系统中的企业活动受到服务生态系统共享制度的约束和指导，共享制度为参与者互动提供了场景和情境条件，当制度被更多参与者共享时还会出现网络效应（Vargo and Lusch，2016）。因此，互动时各参与者遵循的共享制度是否一致对企业操作性资源能力的发挥起增强或削弱效果。当各参与者遵循的共享制度一致性较高时，参与者互动的冲突较少，能够产生趋同行为，更倾向于合作和共享，企业能够有效地发挥操作性资源能力，通过高质量互动实现价值共创，提升企业竞争优势；当各参与者遵循的共享制度一致性较低时，服务生态系统中的不确定风险增加，参与者的投机行为大量涌现，合作关系极易破裂，企业的操作性资源能力受到限制，从互动行为到价值共创的路径充满挑战，企业竞争优势减弱。

基于上述分析，本书提出以下假设。

H10：共享制度正向调节"操作性资源能力—价值共创—竞争优势"的作用路径。

（2）共享制度调节"操作性资源能力—服务创新—竞争优势"的作用路径

本书假设，服务创新在操作性资源能力与竞争优势之间起中介作用，同时本书认为服务创新的中介作用受到共享制度的调节。服务生态系统理论认为创新不再发生在企业内部，而是在不断发展的服务生态系统中经由众多参与者共同努力而实现（Akaka et al.，2013）。在服务生态系统中，参与者通过操作性资源能力来处理技术、创造新的资源，从而增强生存能力、提升竞争优势。共享制度在这个过程中对参与者行为进行协调和约束，为企业的运营管理和决策制定提供了实用的视角。当各参与者遵循的共享制度一致性较高时，企业与其他参与者的合作伙伴关系更为牢固，大家为彼此投入专用性资产的意愿较高，对正式规则和潜在规范的遵守情况较好。此时，企业能够通过操作性资源能力使资源的收集、拆分和重新配置顺利实现，服务创新能够有序开展，企业的发展方向不断得到修正，有利于企业竞争优势的累积和长久保持。当各参与者遵循的共享制度一致性较低时，企业是在一种无序的状态下运用操作性资源能力的，各参与者角色是否明确，合作伙伴是否能够按照约定履行义务，关键资源能否共享，许多问题难以得到解决，机会主义行为变得常见（Pathak et al.，2020）。此时，企业服务创新的结果难以判断，竞争优势获得和保持的难度增加。

基于上述分析，本书提出以下假设。

H11：共享制度正向调节"操作性资源能力—服务创新—竞争优势"的作用路径。

4.4 本章小结

根据资源基础观、动态能力理论、服务主导逻辑等理论内容和案例研究结果，本书从服务生态系统的视角出发，以竞争优势为因变量、操作性资源能力为自变量、价值共创和服务创新为中介变量、共享制度为调节变量构建了研究的理论模型。根据理论间关系和现有的相关研究结果，本书提出了 31 个研究假设（见表 4.2）。

表 4.2　研究假设

序号	假设编号	研究假设
1	H1	操作性资源能力对竞争优势具有显著的正向影响
2	H1a	资源识别对竞争优势具有显著的正向影响
3	H1b	价值主张对竞争优势具有显著的正向影响
4	H1c	参与合作对竞争优势具有显著的正向影响
5	H1d	影响制度对竞争优势具有显著的正向影响
6	H2	操作性资源能力对价值共创具有显著的正向影响
7	H2a	资源识别对价值共创具有显著的正向影响
8	H2b	价值主张对价值共创具有显著的正向影响
9	H2c	参与合作对价值共创具有显著的正向影响
10	H2d	影响制度对价值共创具有显著的正向影响
11	H3	价值共创对竞争优势具有显著的正向影响
12	H3a	合作生产对竞争优势具有显著的正向影响
13	H3b	使用价值对竞争优势具有显著的正向影响
14	H4	价值共创在操作性资源能力与竞争优势的关系中起中介作用
15	H5	操作性资源能力对服务创新具有显著的正向影响
16	H5a	资源识别对服务创新具有显著的正向影响
17	H5b	价值主张对服务创新具有显著的正向影响
18	H5c	参与合作对服务创新具有显著的正向影响
19	H5d	影响制度对服务创新具有显著的正向影响
20	H6	服务创新对竞争优势具有显著的正向影响
21	H7	服务创新在操作性资源能力与竞争优势的关系中起中介作用
22	H8	共享制度正向调节操作性资源能力与价值共创之间的关系
23	H8a	规则正向调节操作性资源能力与价值共创之间的关系
24	H8b	规范正向调节操作性资源能力与价值共创之间的关系
25	H8c	认知正向调节操作性资源能力与价值共创之间的关系
26	H9	共享制度正向调节操作性资源能力与服务创新之间的关系

序号	假设编号	研究假设
27	H9a	规则正向调节操作性资源能力与服务创新之间的关系
28	H9b	规范正向调节操作性资源能力与服务创新之间的关系
29	H9c	认知正向调节操作性资源能力与服务创新之间的关系
30	H10	共享制度正向调节"操作性资源能力—价值共创—竞争优势"的作用路径
31	H11	共享制度正向调节"操作性资源能力—服务创新—竞争优势"的作用路径

第 5 章　研究设计与数据收集

5.1　问卷设计

问卷调研是管理学中常用的调研方法，具有速度较快、成本较低、可以进行定量分析等优点。本书通过问卷调研进行数据收集，为后面的实证检验奠定基础。

5.1.1　问卷设计过程

调查问卷的设计一般包括前期调研、初步设计、试用问卷和修订问卷等过程。本书的问卷设计过程主要包括以下几个阶段。

（1）根据国内外相关领域的成熟量表，设计问卷初稿。在研究初期，对服务生态系统的相关理论进行细致梳理，结合案例分析的结果构建本书的理论模型。参考不同学者在研究中使用的成熟量表，对理论模型中竞争优势、操作性资源能力、价值共创、服务创新、共享制度 5 个变量的量表题项进行分析、总结，针对本书的具体情况进行修正和完善，得出调查问卷初稿。

（2）通过访谈对问卷初稿进行修改。虽然本书使用的量表都是国内外学者使用过的成熟量表，但是地域文化差异、翻译偏差、研究背景差异等因素可能导致问卷出现问题。为此，本书征询了 2 位管理学领域专家及 3 位企业管理者的建议，对问卷中的专业名词、语言表述、题项设置等方面进行修正和精简，提升了问卷的简洁性和科学性。

（3）进行预测试，根据反馈结果进一步修改问卷，形成最终问卷。为了保证研究的可靠性和有效性，本书在正式调研之前进行了小规模的预测试，对预测试收集来的问卷进行了信度和效度分析，对题项进行优化，再次对问卷进行了修正和完善，并形成最终问卷。

5.1.2 问卷结构

本书的问卷由三部分组成，具体如下。第一部分是卷首语。卷首语主要是向被调研者阐述调研目的、调研内容，简单对调研团队进行介绍，承诺本问卷仅用于科学研究，没有对错之分，并会对被调研者信息予以严格保密。同时，在这一部分对被调研者的问卷填写予以相应指导，规范问卷作答。第二部分是调查对象基本信息。一方面，对被调研者自身信息进行收集，如性别、年龄、所在地区等；另一方面，因为本书讨论的是企业竞争优势的形成机制，所以对被调研者所在企业的基本信息予以收集，如企业成立年限、企业所属行业、企业性质、企业规模等。第三部分为研究中的主要变量测量。这部分主要考察被调研者对所在企业的竞争优势、操作性资源能力、价值共创、服务创新、共享制度等变量的真实评价。

5.2 变量测量

本书借鉴了国内外学者的研究成果，将服务生态系统界定为由资源整合的参与者通过共享的制度逻辑而联系在一起，进行服务交换和价值共创的、相对独立的、自我调节的系统（Vargo and Lusch, 2016），企业作为参与者能够在服务生态系统中凭借自己的操作性资源能力进行价值共创和服务创新，进而获得竞争优势。根据对理论的研究和现有文献的梳理，本节将对研究模型中所涉及变量的测量进行介绍，其中被解释变量为竞争优势，解释变量为操作性资源能力，中介变量为价值共创和服务创新，调节变量为共享制度。测量量表均来自国内外研究中所使用的成熟量表，使用李克特5级量表进行测量。

5.2.1 竞争优势的测量

竞争优势是一个相对成熟的、对企业具有重要意义的变量，代表优于竞争对手的独特且优越的地位（Porter，1987），因此竞争优势的测量是相较于竞争对手而言的。目前对竞争优势的界定与测量分为绩效、资源、价值 3 种视角：Mathur（2001）通过超出一般水平的财务绩效对竞争优势进行测量；Schulte（1999）从资源的角度出发，通过效率、能力、可持续等内容对竞争优势进行考察；Carpenter 和 Sanders（2007）认为竞争优势源于企业独特的价值创造能力，应从价值创造角度进行测量。Singh 等（2019）采用综合的视角，从整体性的角度出发对竞争优势进行了测量。本书借鉴 Schulte（1999）、Singh 等（2019）在研究中所使用的量表，并根据服务生态系统的特性对其进行了修改。量表共包含 7 个题项，如表 5.1 所示。

表 5.1　竞争优势的量表

变量	序号	问题项	参考文献
竞争优势	1	比竞争对手更低的成本	Schulte（1999）、Singh 等（2019）
	2	比竞争对手增长更快的市场份额	
	3	比竞争对手更高的利润率	
	4	比竞争对手更高的产品或服务质量	
	5	比竞争对手更高的客户黏性	
	6	比竞争对手更高的创新性	
	7	比竞争对手更高的利益相关者满意度	

5.2.2　操作性资源能力的测量

操作性资源是在服务生态系统中占据主导地位的资源，是竞争优势的根本来源（Vargo and Lusch，2008）。操作性资源能力是运用整合的知识、技能等操作性资源进行功能性活动的综合能力，使参与者能够系统地影响服务生态系统中的资源整合和制度变化。学者对操作性资源能力的测量往往是从资源、网络能力等不同视角出发的（Ngo and O'Cass，2009；Lütjen et al.，2019）。Nenonen 等（2018）基于动态能力理论，结合服务生态系统的特点，将操作性资源能力划分为资源识别、价值主张、参与合作和影响制度 4 个维度。资源识别和参与合作能力关系到资源整合和服务交换等互动能否顺利开展，价值主张能力涉及价值创造活动的开展和关系的维系，影响制度能力则与企业在服务生态系统中的活动环境、地位息息相关。因此，本书主要借鉴 Nenonen 等（2018）的研究，并参考 Lütjen 等（2019）的研究建议，从 4 个维度对操作性资源能力进行测量，共计 12 个题项，如表 5.2 所示。

表 5.2　操作性资源能力的量表

变量	维度	序号	问题项	参考文献
操作性资源能力	资源识别	1	企业在进行互动时，能够考虑到客户的资源和能力	Nenonen 等（2018）、Lütjen 等（2019）
		2	企业在进行互动时，能够考虑到业务伙伴的资源和能力	
		3	企业在进行互动时，能够了解需要什么样的基础设施（如能源供应、运输能力）才能使互动顺利开展	
	价值主张	4	企业能够使其他参与者理解其价值主张	
		5	企业擅长向其他参与者传递产品和服务所蕴含的价值	
		6	企业能够根据实际情况重新定义自己的产品和服务	
	参与合作	7	企业认为竞争对手也是对市场发展做出贡献的重要同行	
		8	企业擅长与新的商业伙伴（如供应商、分销商和客户）建立关系	
		9	企业擅长与新的非商业伙伴（如媒体、研究机构、政府组织）建立关系	
	影响制度	10	企业影响了所在市场上常用的术语	
		11	企业影响了市场和行业标准（如技术标准、行业守则）	
		12	媒体和政府等外部人士经常向企业高层管理人员和专家咨询意见	

5.2.3　价值共创的测量

服务生态系统视角中的价值代表着使用价值或现实中的价值，打破了在价值创造过程中价值创造者和价值毁灭者的二元划分，认为价值是通过互动共创的（Vargo et al.，2008）。价值共创是近期学界关注的一个焦点，对价值共创的测量主要分为基于非服务主导逻辑的价值共创测量和基于服务主导逻辑的价值共创测量。本书关注的是服务生态系统中的企业，对价值共创的测量需遵循服务主导逻辑。Ranjan 和 Read（2016）对前人的价值共创研究进行总结，得出了价值共创的两个维度——合作生产和使用价值，符合服务生态系统视角下对价值共创的理解。我国学者孙永波等（2018）、白景坤等（2020）在研究中对 Ranjan 和 Read（2016）的量表进行了修正，使其更符合中国情境。本书在 Ranjan 和 Read（2016）、孙永波等（2018）、白景坤等（2020）的研究基础上进行了适当的修正，使用合作生产和使用价值两个维度对价值共创进行测量，如表 5.3 所示。

表 5.3　价值共创的量表

变量	维度	序号	问题项	参考文献
价值共创	合作生产	1	参与者对产品或服务的想法和建议是受到欢迎的	Ranjan 和 Read（2016）、孙永波等（2018）、白景坤等（2020）
		2	参与者愿意花时间和精力进行产品或服务的改善	
		3	业务流程（产品和服务的开发、销售等）鼓励参与者积极参与	
		4	参与者为了从过程、产品或服务中获益，倾向于积极主动地运用自己的技能、知识等资源能力	
	使用价值	5	对参与者之间互动的评价是积极的，认为那是一段美好的记忆	
		6	参与者从产品或服务中获得的体验具有独特性	
		7	产品或服务的价值取决于参与者的自身特点和使用条件	
		8	参与者的个性化需求得到重视，会被尽量满足	
		9	参与者获得的良好体验超过了产品或服务本身提供的功能价值	

5.2.4 服务创新的测量

服务生态系统中的服务创新被概念化为一个新的和有用的过程，参与者通过行为、过程和表现来运用知识和能力，为自身及其他参与者创造利益（Lusch and Nambisan，2015）。有关服务创新测量的研究较多，Den Hertog（2000）提出使用包含技术、新服务概念、新客户界面、新服务交付系统的服务创新四维模型对服务创新进行测量。但是，这种四维模型的测量方式仅将顾客纳入考量的范畴中，忽略了服务生态系统中其他参与者的作用。Den Hertog 等（2010）在研究中对四维模型进行了改进，综合了动态能力理论，更加重视企业与其他参与者的关系，增加了新业务伙伴等测量题项。Ganesan 和 Sridhar（2016）也在研究中考虑了供应商、分销商等其他角色参与者的作用。本书借鉴了 Den Hertog 等（2010）及 Ganesan 和 Sridhar（2016）的量表，同时参考国内学者的研究量表，使用 6 个题项对服务创新进行测量，如表 5.4 所示。

表 5.4 服务创新的量表

变量	序号	问题项	参考文献
服务创新	1	新的服务概念	Den Hertog 等（2010）、Ganesan 和 Sridhar（2016）、姜铸和李宁（2015）
	2	新的客户交互	
	3	新的价值网络或者新的商业模式	
	4	新的收益分配模式	
	5	技术层面上新的交付系统	
	6	非技术层面上新的交付系统	

5.2.5 共享制度的测量

各学科、各视角对制度的研究和界定具有较大差异，服务生态系统中的共享制度被定义为人为设计的规则、规范及信仰，用以限制或协调参与者行为，使参与者的活动变得可预测且有意义（Vargo and Lusch，2016），这种界定方式承袭于斯科特对制度的诠释，并将制度划分为规则、规范和认知 3 个维度（Scott，2014）。Koskela-Huotari 等（2016）的研究在斯科特

3 个维度划分的基础上考虑了服务生态系统的特殊性，重点考察参与者的一致性。本书在共享制度的量表上继承了规则、规范、认知 3 个维度的划分方法，在 Koskela-Huotari 等（2016）和 Kleinaltenkamp 等（2018）的量表基础上进行了适当的修正和完善，共计 12 个题项，如表 5.5 所示。

表 5.5　共享制度的量表

变量	维度	序号	问题项	参考文献
共享制度	规则	1	参与者之间遵循的市场规则和行业标准的一致性程度	Koskela-Huotari 等（2016）、Kleinaltenkamp 等（2018）
		2	参与者之间受到的政府法规和政策干预的一致性程度	
		3	参与者之间指导日常工作的规则和标准的一致性程度	
		4	参与者之间遵循的行业奖惩标准的一致性程度	
	规范	5	参与者之间对市场总体福利改善方向的期望的一致性程度	
		6	参与者之间遵循的技术规范的一致性程度	
		7	参与者之间遵循的行业道德标准的一致性程度	
		8	参与者之间遵循的行业从业者资格认证的一致性程度	
	认知	9	参与者之间对行业文化认同的一致性程度	
		10	参与者之间对彼此行为逻辑认同的一致性程度	
		11	参与者之间所怀信念的一致性程度	
		12	参与者之间所持认知框架的一致性程度	

5.2.6　控制变量

企业规模是一个重要的控制变量，规模较大的企业在资源持有、行业影响力等方面都具有优势，能够产生规模经济效应。而规模较小的企业更加灵活，对创新的反应速度更快。因此，本书将企业规模作为控制变量，以企业员工数为基础进行划分，分为 50 人及以下、51~100 人、101~200 人和 200 以上 4 类，并对其进行虚拟变量处理。

企业所有制类型可能会因所适用的规则政策存在差异而导致企业在创新和绩效等方面出现差异。因此本书将企业所有制类型作为控制变量，将企业分为国有企业、民营或私营企业、外商独资企业、中外合资企业和其他类型企业，并对其进行虚拟变量处理。

属于不同行业的企业面对的外部环境具有差异，影响企业能力的发挥和互动活动的开展。Vargo 和 Lusch（2008）指出，市场是服务生态系统常见的表现形式，不同的行业市场代表着不同的服务生态系统。因此本书将企业所属行业作为控制变量，分为制造业、资源能源行业、生产性服务业、生活性服务业和其他行业，并对其进行虚拟变量处理。

企业成立年限与企业的正式化程度有较大关系，成立年限长的企业往往管理经验丰富，正式化程度高，应对程序化决策具有较高效率，但是易出现路径依赖，产生创新"惰性"。因此本书将企业成立年限作为控制变量，将企业成立年限分为 3 年以下、3~5 年、6~10 年、10 年以上 4 种类型，并对其进行虚拟变量处理。

5.3　数据分析方法

本书主要使用 AMOS 17.0、SPSS 20.0 及 SPSS 中的 Process 插件对收集的数据进行实证分析，对研究假设进行检验。

5.3.1　描述性统计分析

描述性统计分析能够对研究变量及调研对象的基本情况进行描述，是进行下一步信度与效度分析、假设检验的前提。首先，本书对调研对象自身的基本情况如性别、年龄等进行描述性统计分析，涉及均值、频率、累计百分比等内容。其次，本书对调研对象所属企业的基本情况如企业所有制类型、企业成立年限、企业所属行业等进行描述性统计分析，同样涉及均值、频率、累计百分比等内容。最后，本书对假设模型中的变量竞争优势、操作性资源能力、价值共创、服务创新、共享制度进行了描述性统计分析，涉及均值、标准差、极值等方面的内容。

5.3.2　信度和效度分析

在进行假设检验之前，首先要对量表的信度和效度进行测量，以保证量表的可靠性和有效性。信度代表量表的一致性程度，用以衡量量表是否可靠。Cronbach's α 值是大多数学者在研究中用于测量信度的指标，是衡量量表内部一致性的信度系数，通常 Cronbach's α 值大于 0.7 则表示信度良好。此外，校正的项与总计相关性（CITC）也是信度的一个重要指标，一般来说，当 CITC 值小于 0.5 且删除该题项之后 Cronbach's α 值明显提升，则需要删除该题项。

效度代表量表的正确性，反映了测量工具是否能够真正测量研究者想要测量的问题，通常包含内容效度、聚合效度和判别效度等。在内容效度方面，本书借鉴了国内外学者研究中的成熟量表，通过专家座谈、访谈、预测试等方式对内容效度予以保证。在聚合效度方面，本书用因子载荷量、平均变异抽取量（AVE）及组合信度（CR）进行测量。一般来说，因子载荷量需要大于 0.5，CR 值需要大于 0.6，AVE 的值需要大于 0.5。在判别效度上，本书通过将 AVE 的平方根与变量间的相关系数进行比较来测量。

5.3.3　相关分析和回归分析

相关分析是对变量间密切程度进行的研究。表示相关关系强弱或大小的统计结果称为相关系数，取值范围在 -1 和 1 之间，绝对值越大表示相关关系越强。在社会科学的研究中，通常使用 Pearson 相关分析对变量之间的相关关系进行测量，对各变量之间的关系进行初步判定。当相关系数过高时，要考虑多重共线性问题。同时，可以通过相关系数与 AVE 的平方根的比较对变量间的判别效度进行测量。

回归分析是对变量间因果关系的一种分析，通过建立回归模型对研究假设进行检测。在回归中需要将定类尺度的控制变量进行虚拟变量处理再放入回归方程中。在对假设进行检验的过程中通常需要验证 t 检测回归系数是否显著（p<0.05）以及 F 检测值是否显著。在中介关系的检验中需要进行分层回归，辅以 Sobel 检验。在调节关系中则需在回归模型中引入自变量与调节变量的交互项进行检验。

5.3.4 Bootstrap 分析

本书用以检验中介关系的层次回归法被一些学者认为存在弊端，MacKinnon 等（2007）提出需辅以 Bootstrap 的方法进行检验，以提升检验的稳健性。Bootstrap 分析方法将样本看作一个总体，从中随机抽取子样本进行重复抽样（通常为 5000 次），能够检验中介效应和被调节的中介效应。

5.4 预测试

本书在梳理国内外有关竞争优势、操作性资源能力、价值共创、服务创新、共享制度相关研究的基础上，参考研究的成熟量表作为调查问卷主要变量的测量量表。为了保证在正式研究中量表具有有效性，本书在正式调研之前进行了预测试。向问卷的填写者询问是否存在难以理解的语言表述，查找问卷的不足，并通过信度和效度分析对量表进行了检验。在 2020 年 8 月 30 日至 2020 年 9 月 30 日期间，本书选取了 114 位企业管理者（包括基层管理者、中层管理者、高层管理者）进行问卷发放，共回收 73 份有效问卷，有效问卷的回收率为 64%。

本书通过信度分析来检验量表的可靠性，通过效度分析来检验量表的有效性。信度分析主要使用的是 Cronbach's α 值和 CITC。效度分析主要是通过 KMO 值和 Bartlett 球形检验来判断是否适合进行因子分析。一般来说，当 KMO 值大于 0.7，Bartlett 球形检验应达到显著时可以进行因子分析，各量表的因子载荷均应超过 0.5（吴明隆，2003）。

5.4.1　竞争优势量表检验

竞争优势量表包含 7 个题项，其信度分析结果见表 5.6。可以发现竞争优势量表的 Cronbach's α 值为 0.848，大于 0.7，各题项的 CITC 值都在 0.5 以上（最小值为 0.522），量表具有较好的信度，可靠性水平达到标准。

表 5.6　竞争优势量表的信度分析结果

变量	题项	校正的项与总计相关性（CITC）	删除项后的 Cronbach's α	Cronbach's α
竞争优势	ECA1	0.522	0.839	0.848
	ECA2	0.626	0.824	
	ECA3	0.690	0.814	
	ECA4	0.542	0.836	
	ECA5	0.592	0.829	
	ECA6	0.721	0.810	
	ECA7	0.563	0.833	

本书对竞争优势的量表进行了 KMO 和 Bartlett 球形检验，检测结果如表 5.7 所示。竞争优势量表的 KMO 值为 0.836，大于 0.7，Bartlett 球形检验结果显著，说明竞争优势的量表适合进行因子分析。

表 5.7　竞争优势量表的 KMO 和 Bartlett 球形检验结果

KMO 值	Bartlett 球形检验		
0.836	近似卡方	df	Sig.
	184.886	21	0.000

在竞争优势的因子分析中，本书基于主成分分析，使用最大方差法进行旋转，提取了一个大于 1 的特征根，共同因子旋转后得到的特征根为 3.687，累计解释了 52.671% 的方差变异，7 个题项的因子载荷均符合不低于 0.5 的标准，竞争优势量表具有较好的效度。具体结果如表 5.8 所示。

表 5.8　竞争优势量表的因子分析结果

变量	题项	因子载荷	特征根	累计方差解释率（%）
竞争优势	ECA1	0.641	3.687	52.671
	ECA2	0.737		
	ECA3	0.790		
	ECA4	0.665		
	ECA5	0.714		
	ECA6	0.820		
	ECA7	0.696		

5.4.2　操作性资源能力量表检验

操作性资源能力量表包含 4 个维度共计 12 个题项，其信度分析结果见表 5.9。可以发现操作性资源能力量表的 Cronbach's α 值为 0.901，其中资源识别的 Cronbach's α 值为 0.762、价值主张的 Cronbach's α 值为 0.756、参与合作的 Cronbach's α 值为 0.722、影响制度的 Cronbach's α 值为 0.873，均大于 0.7，各题项的 CITC 值都在 0.5 以上（最小值为 0.514），量表具有较好的信度，可靠性水平达到标准。

表 5.9　操作性资源能力量表的信度分析结果

变量		题项	校正的项与总计相关性（CITC）	删除项后的 Cronbach's α	Cronbach's α	
操作性资源能力	资源识别	UARI1	0.650	0.893	0.762	0.901
		UARI2	0.591	0.895		
		UARI3	0.514	0.898		
	价值主张	AVP1	0.662	0.892	0.756	
		AVP2	0.610	0.894		
		AVP3	0.621	0.894		
	参与合作	EWA1	0.613	0.894	0.722	
		EWA2	0.670	0.891		
		EWA3	0.654	0.892		
	影响制度	IEI1	0.622	0.895	0.873	
		IEI2	0.689	0.891		
		IEI3	0.649	0.892		

本书对操作性资源能力的量表进行了 KMO 和 Bartlett 球形检验，检验结果如表 5.10 所示。操作性资源能力量表的 KMO 值为 0.797，大于 0.7，Bartlett 球形检验的结果显著，说明操作性资源能力适合进行因子分析。

表 5.10 操作性资源能力量表的 KMO 和 Bartlett 球形检验结果

KMO 值	Bartlett 球形检验		
	近似卡方	df	Sig.
0.797	368.49	66	0.000

在操作性资源能力的因子分析中，本书基于主成分分析，使用最大方差法进行旋转，提取了 4 个大于 1 的特征根，共同因子旋转后得到的特征根分别为 1.060、1.815、1.017 和 4.798，4 个公因子累计解释了 72.414% 的方差变异，12 个题项的因子载荷均高于 0.5，操作性资源能力量表具有较好的效度。具体结果如表 5.11 所示。

表 5.11 操作性资源能力量表的因子分析结果

变量	维度	题项	因子载荷	特征根	方差解释率（%）	累计方差解释率（%）
操作性资源能力	资源识别	UARI1	0.783	1.060	18.878	72.414
		UARI2	0.606			
		UARI3	0.858			
	价值主张	AVP1	0.727	1.815	20.703	
		AVP2	0.779			
		AVP3	0.806			
	参与合作	EWA1	0.611	1.017	10.139	
		EWA2	0.723			
		EWA3	0.679			
	影响制度	IEI1	0.841	4.798	22.694	
		IEI2	0.863			
		IEI3	0.728			

5.4.3 价值共创量表检验

价值共创量表包含两个维度共计 9 个题项,其信度分析结果见表 5.12。可以发现,价值共创量表的 Cronbach's α 值为 0.872,其中合作生产的 Cronbach's α 值为 0.813、使用价值的 Cronbach's α 值为 0.785,均大于 0.7,题项 VU1 的 CITC 值小于 0.5 大于 0.3,且删除该项后 α 值没有显著提高,所以予以保留。价值共创量表的可靠性水平可以接受。

表 5.12　价值共创量表的信度分析结果

变量		题项	校正的项与总计相关性(CITC)	删除项后的 Cronbach's α	Cronbach's α
价值共创	合作生产	CP1	0.703	0.849	0.813
		CP2	0.753	0.845	
		CP3	0.533	0.864	
		CP4	0.568	0.861	
	使用价值	VU1	0.467	0.870	0.785
		VU2	0.605	0.858	
		VU3	0.514	0.866	
		VU4	0.670	0.853	
		VU5	0.665	0.852	

（右侧 Cronbach's α 列：0.872，跨价值共创全行）

本书对价值共创的量表进行了 KMO 和 Bartlett 球形检验,检测结果如表 5.13 所示。价值共创量表的 KMO 值为 0.869,大于 0.7,Bartlett 球形检验结果显著,说明价值共创适合进行因子分析。

表 5.13　价值共创量表的 KMO 和 Bartlett 球形检验结果

KMO 值	Bartlett 球形检验		
0.869	近似卡方	df	Sig.
	262.556	36	0.000

在价值共创的因子分析中,本书基于主成分分析,使用最大方差法进行旋转,提取了两个大于 1 的特征根,共同因子旋转后得到的特征根分别

为 4.491 和 1.035，两个公因子累计解释了 61.401% 的方差变异，9 个题项的因子载荷均高于 0.5，操作性资源能力量表的效度可以接受。具体结果如表 5.14 所示。

表 5.14　价值共创量表的因子分析结果

变量	维度	题项	因子载荷	特征根	方差解释率（%）	累计方差解释率（%）
价值共创	合作生产	CP1	0.785	4.491	34.730	61.401
		CP2	0.831			
		CP3	0.634			
		CP4	0.672			
	使用价值	VU1	0.565	1.035	26.671	
		VU2	0.698			
		VU3	0.615			
		VU4	0.761			
		VU5	0.752			

5.4.4　服务创新量表检验

服务创新量表包含 6 个题项，其信度分析结果见表 5.15。可以发现，服务创新的 Cronbach's α 值为 0.839，大于 0.7，各题项的 CITC 值都在 0.5 以上（最小值为 0.555），量表具有较好的信度，也就是说，服务创新量表的可靠性水平是可以接受的。

表 5.15　服务创新量表的信度分析结果

变量	题项	校正的项与总计相关性（CITC）	删除项后的 Cronbach's α	Cronbach's α
服务创新	SI1	0.653	0.807	0.839
	SI2	0.579	0.820	
	SI3	0.682	0.800	
	SI4	0.575	0.823	
	SI5	0.665	0.803	
	SI6	0.555	0.825	

本书对服务创新的量表进行了 KMO 和 Bartlett 球形检验，检验结果如表 5.16 所示。服务创新量表的 KMO 值为 0.830，大于 0.7，Bartlett 球形检验结果显著，说明服务创新适合进行因子分析。

表 5.16　服务创新量表的 KMO 和 Bartlett 球形检验结果

KMO 值	Bartlett 球形检验		
	近似卡方	df	Sig.
0.830	152.183	15	0.000

在服务创新的因子分析中，本书基于主成分分析，使用最大方差法进行旋转，提取了一个大于 1 的特征根，共同因子旋转后得到的特征根为 3.353，累计解释 55.881% 的方差变异，6 个题项的因子载荷符合不低于 0.5 的标准，服务创新量表具有较好的效度。具体结果如表 5.17 所示。

表 5.17　服务创新量表的因子分析结果

变量	题项	因子载荷	特征根	累计方差解释率（%）
服务创新	SI1	0.775	3.353	55.881
	SI2	0.718		
	SI3	0.799		
	SI4	0.708		
	SI5	0.788		
	SI6	0.691		

5.4.5　共享制度量表检验

共享制度量表包含 3 个维度共计 12 个题项，其信度分析结果见表 5.18。可以发现，共享制度量表的 Cronbach's α 值为 0.896，其中规则的 Cronbach's α 值为 0.763、规范的 Cronbach's α 值为 0.772、认知的 Cronbach's α 值为 0.799，均大于 0.7，各题项的 CITC 值都在 0.5 以上（最小值为 0.501），说明共享制度量表的可靠性可以接受。

表 5.18　共享制度量表的信度分析结果

变量	题项		校正的项与总计相关性（CITC）	删除项后的 Cronbach's α	Cronbach's α	
共享制度	规则	IR1	0.501	0.893	0.763	0.896
		IR2	0.651	0.886		
		IR3	0.575	0.890		
		IR4	0.555	0.891		
	规范	IN1	0.506	0.893	0.772	
		IN2	0.688	0.884		
		IN3	0.680	0.884		
		IN4	0.666	0.885		
	认知	IC1	0.691	0.884	0.799	
		IC2	0.531	0.892		
		IC3	0.691	0.884		
		IC4	0.593	0.889		

　　本书对共享制度的量表进行了 KMO 和 Bartlett 球形检验，检验结果如表 5.19 所示。共享制度量表的 KMO 值为 0.819，大于 0.7，Bartlett 球形检验结果显著，说明共享制度适合进行因子分析。

表 5.19　共享制度量表的 KMO 和 Bartlett 球形检验结果

KMO 值	Bartlett 球形检验		
	近似卡方	df	Sig.
0.819	403.254	66	0.000

　　在共享制度的因子分析中，本书基于主成分分析，使用最大方差法进行旋转，提取了 3 个大于 1 的特征根，共同因子旋转后得到的特征根分别为 1.051、1.172 和 5.650，3 个公因子累计解释了 65.606% 的方差变异，12 个题项的因子载荷均高于 0.5，表明共享制度的量表具有较好的效度。具体结果如表 5.20 所示。

表 5.20　共享制度量表的因子分析结果

维度	题项	因子载荷	特征值	方差解释率（%）	累计方差解释率（%）
规则	IR1	0.881	1.051	15.446	65.606
	IR2	0.671			
	IR3	0.692			
	IR4	0.564			
规范	IN1	0.783	1.172	23.068	
	IN2	0.598			
	IN3	0.663			
	IN4	0.637			
认知	IC1	0.716	5.650	27.092	
	IC2	0.783			
	IC3	0.588			
	IC4	0.764			

第 6 章　数据分析与假设检验

在经过文献分析和案例研究之后，形成了本书的研究框架和研究假设。本章将在此基础上进行实证研究，对提出的研究假设进行验证。

6.1　描述性统计分析

本书最终问卷的发放历时 6 个月，通过线上与线下相结合的方式随机对企业管理者发放问卷。首先，借助本校校友会、MBA、EMBA 等社会资源对企业管理者进行调研，以"滚雪球"法，通过纸质问卷和网络问卷相结合的方式进行问卷发放。其次，通过产业论坛、会展活动等方式邀请参会企业的管理者进行问卷填写。最后，通过腾讯问卷在微博、企业论坛等社交网络邀请企业管理者进行填写，进一步扩大问卷发放的范围。本次正式调研共计发放问卷 600 份，回收有效问卷 451 份，问卷有效的回收率为 75.17%。下面将对问卷的基本情况进行描述性统计分析。

6.1.1　样本描述性统计分析

（1）被访问企业特征分析

企业所在地区的情况如表 6.1 所示。本书回收的问卷涉及全国 29 个省（区、市），其中广东省（12.86%）、河北省（6.87%）、河南省（6.65%）、山东省（6.43%）、北京市（5.99%）、湖南省（5.32%）的占比均超过 5%，六省市累计占比达到 44.12%。

表 6.1　企业所在地区

省（区、市）	计数（份）	占比（%）
广东省	58	12.86
河北省	31	6.87
河南省	30	6.65
山东省	29	6.43
北京市	27	5.99
湖南省	24	5.32
福建省	20	4.43
山西省	20	4.43
四川省	19	4.21
湖北省	18	3.99
江苏省	18	3.99
吉林省	17	3.77
安徽省	16	3.55
广西壮族自治区	15	3.33
浙江省	15	3.33
辽宁省	13	2.88
黑龙江省	12	2.66
陕西省	12	2.66
江西省	11	2.44
重庆市	10	2.22
上海市	8	1.77
甘肃省	6	1.33
贵州省	5	1.11
海南省	5	1.11
新疆维吾尔自治区	4	0.89
宁夏回族自治区	3	0.67
天津市	2	0.44
云南省	2	0.44
内蒙古自治区	1	0.22
合计	451	100.00

本书问卷中企业所属行业的分布较广,按照制造业、资源能源行业、生产性服务业、生活性服务业和其他行业进行分类,具体情况如表 6.2 所示。其中,生活性服务业和制造业占比较高,分别为 25.72% 和 25.50%,二者累计占比达到 51.22%。

表 6.2 企业所属行业

行业	计数（份）	占比（%）
生活性服务业	116	25.72
制造业	115	25.50
生产性服务业	98	21.73
资源能源行业	79	17.52
其他行业	43	9.53
合计	451	100.00

企业所有制类型情况如表 6.3 所示。在 451 份有效问卷中,涉及国有企业的问卷最多,达到 240 份,占比超过 50%（53.22%）；其次是民营或私营企业,共计 123 份问卷（27.27%）来自该类型企业；涉及外商独资企业和中外合资企业的问卷均为 38 份,占比均为 8.43%；另有其他类型企业问卷 12 份（2.66%）。

表 6.3 企业所有制类型

企业所有制类型	计数（份）	占比（%）
国有企业	240	53.22
民营或私营企业	123	27.27
外商独资企业	38	8.43
中外合资企业	38	8.43
其他类型	12	2.66
合计	451	100.00

企业成立年限情况如表 6.4 所示。在 451 份有效问卷中,涉及成立 3~5 年企业的问卷数最多,达到 163 份,占比为 36.14%；其次是成立 6~10 年的企业,涉及问卷数为 144 份,占比为 31.93%；涉及成立 3 年以下和

10 年以上企业的问卷占比分别为 4.43% 和 27.49%。

表 6.4　企业成立年限

企业成立年限	计数（份）	占比（%）
3 年以下	20	4.43
3~5 年	163	36.14
6~10 年	144	31.93
10 年以上	124	27.49
合计	451	100.00

　　企业规模的情况如表 6.5 所示。本书通过企业的员工数量对企业规模进行衡量。在 451 份有效问卷中，各规模企业分布较为平均，员工人数在 200 人以上的企业最多，占比达到 31.26%；员工人数在 51~100 人的企业紧随其后，占比为 24.39%；再次为员工人数 50 人及以下的企业，占比为 22.39%；最后是员工人数 101~200 人的企业，占比为 21.95%。总的来看，分布相对均衡。

表 6.5　企业规模

企业规模	计数（份）	占比（%）
50 人及以下	101	22.39
51~100 人	110	24.39
101~200 人	99	21.95
200 人以上	141	31.26
合计	451	100.00

（2）被访者个体特征分析

　　被访者的年龄分布情况如表 6.6 所示。在 451 份有效问卷中，被访者年龄在 21~30 岁的最多，为 285 人，占到样本总量的 63.19%；其次是年龄在 31~40 岁的被访者，为 123 人，占到样本总量的 27.27%；20 岁及以下、41~50 岁、50 岁以上的被访者分别为 28 人、12 人和 3 人，占样本总量的比重分别为 6.21%、2.66% 和 0.67%。

表 6.6 样本个体年龄特征

年龄	计数（份）	占比（%）
20 岁及以下	28	6.21
21~30 岁	285	63.19
31~40 岁	123	27.27
41~50 岁	12	2.66
50 岁以上	3	0.67
合计	451	100.00

被访者的性别分布情况如表 6.7 所示。由于本书选择的被访者为企业管理人员，因此被访者群体表现出男性人数多于女性的特点，其中男性被访者为 287 人，占样本总数的 63.64%，女性被访者为 164 人，占样本总数的 36.36%。

表 6.7 样本个体性别特征

性别	计数（份）	占比（%）
男	287	63.64
女	164	36.36
合计	451	100.00

6.1.2 变量描述性统计分析

本书对竞争优势、操作性资源能力、价值共创、服务创新、共享制度及其各维度进行了描述性统计分析，检验了各题项的均值、标准差和方差情况，如表 6.8 所示，各题项均值和标准差均未出现异常，可以进行下一步分析。

表 6.8 变量描述性统计分析

变量	题项	均值	标准差	方差
竞争优势	ECA1	3.77	1.153	1.330
	ECA2	3.68	1.168	1.365
	ECA3	3.60	1.058	1.119

续表

变量		题项	均值	标准差	方差
竞争优势		ECA4	3.67	1.109	1.229
		ECA5	3.66	1.064	1.133
		ECA6	3.65	1.092	1.192
		ECA7	3.70	1.105	1.221
操作性资源能力	资源识别	UARI1	3.65	1.007	1.013
		UARI2	3.71	0.995	0.990
		UARI3	3.76	1.000	1.000
	价值主张	AVP1	3.97	0.945	0.893
		AVP2	3.95	0.917	0.842
		AVP3	3.91	0.974	0.949
	参与合作	EWA1	3.79	0.963	0.926
		EWA2	3.77	0.985	0.971
		EWA3	3.75	0.939	0.882
	影响制度	IEI1	3.71	0.980	0.960
		IEI2	3.64	0.971	0.943
		IEI3	3.68	0.963	0.928
价值共创	合作生产	CP1	3.41	0.913	0.834
		CP2	3.42	0.923	0.852
		CP3	3.46	0.906	0.822
		CP4	3.37	0.901	0.813
	使用价值	VU1	3.72	0.914	0.836
		VU2	3.91	0.986	0.973
		VU3	3.79	0.919	0.845
		VU4	3.85	0.891	0.795
		VU5	3.81	0.967	0.936
服务创新		SI1	4.17	1.073	1.152
		SI2	3.78	1.063	1.130
		SI3	3.79	1.002	1.004
		SI4	4.03	1.051	1.105
		SI5	3.81	1.063	1.130
		SI6	3.83	0.980	0.961

变量		题项	均值	标准差	方差
共享制度	规则	IR1	3.95	0.941	0.886
		IR2	3.88	0.988	0.976
		IR3	3.92	0.992	0.984
		IR4	3.96	0.943	0.890
	规范	IN1	3.80	1.184	1.403
		IN2	3.75	1.150	1.322
		IN3	3.69	1.156	1.336
		IN4	3.83	1.172	1.373
	认知	IC1	3.81	1.097	1.203
		IC2	3.87	1.108	1.227
		IC3	3.80	1.094	1.197
		IC4	3.92	1.090	1.188

6.2　信度和效度分析

6.2.1　信度分析

信度分析是对研究量表可靠性和稳定性的一种检验，在学界上一般认为 Cronbach's α 值大于 0.7 则具有较好的信度。本书使用 SPSS 20.0 对各变量进行信度分析，结果如表 6.9 所示。变量竞争优势、操作性资源能力、价值共创、服务创新、共享制度及其各维度的 Cronbach's α 值均大于 0.7，CITC 值均大于 0.5，说明本书使用的量表具有较好的信度。

表 6.9　信度分析

变量	题项	CITC	删除项后的 Cronbach's α
竞争优势 （Cronbach's α = 0.928）	ECA1	0.775	0.917
	ECA2	0.792	0.915
	ECA3	0.755	0.919
	ECA4	0.757	0.918

续表

变量		题项	CITC	删除项后的 Cronbach's α
竞争优势 （Cronbach's α = 0.928）		ECA5	0.788	0.916
		ECA6	0.754	0.919
		ECA7	0.781	0.916
操作性资源能力 （Cronbach's α = 0.908）	资源识别 （Cronbach's α = 0.860）	UARI1	0.747	0.791
		UARI2	0.760	0.780
		UARI3	0.697	0.838
	价值主张 （Cronbach's α = 0.892）	AVP1	0.786	0.848
		AVP2	0.803	0.834
		AVP3	0.777	0.857
	参与合作 （Cronbach's α = 0.857）	EWA1	0.758	0.773
		EWA2	0.749	0.782
		EWA3	0.685	0.841
	影响制度 （Cronbach's α = 0.864）	IEI1	0.746	0.806
		IEI2	0.770	0.783
		IEI3	0.710	0.838
价值共创 （Cronbach's α = 0.908）	合作生产 （Cronbach's α = 0.898）	CP1	0.760	0.874
		CP2	0.766	0.872
		CP3	0.747	0.879
		CP4	0.823	0.851
	使用价值 （Cronbach's α = 0.924）	VU1	0.788	0.910
		VU2	0.805	0.907
		VU3	0.798	0.908
		VU4	0.757	0.916
		VU5	0.867	0.894
服务创新 （Cronbach's α = 0.897）		SI1	0.747	0.875
		SI2	0.724	0.879
		SI3	0.671	0.886
		SI4	0.804	0.866
		SI5	0.711	0.881
		SI6	0.673	0.886

变量		题项	CITC	删除项后的 Cronbach's α
共享制度 (Cronbach's α = 0.845)	规则 (Cronbach's α = 0.918)	IR1	0.836	0.884
		IR2	0.789	0.901
		IR3	0.793	0.899
		IR4	0.826	0.888
	规范 (Cronbach's α = 0.894)	IN1	0.780	0.858
		IN2	0.766	0.863
		IN3	0.739	0.873
		IN4	0.776	0.859
	认知 (Cronbach's α = 0.864)	IC1	0.725	0.822
		IC2	0.725	0.822
		IC3	0.691	0.836
		IC4	0.712	0.827

6.2.2　效度分析

本书在效度分析中对量表的内容效度、构建效度、聚合效度和判别效度进行了检验。

（1）内容效度

内容效度检验的是量表所测量的内容是不是研究真正需要测量的。本书所使用的量表均为国内外研究中使用过的成熟量表，并通过翻译—回译、专家咨询、预测试等方式反复对量表进行修正，对有歧义的语句进行修改，基本保证了量表能够测量研究想测量的内容，具有较好的内容效度。

（2）构建效度

构建效度通过因子分析进行检验，如表 6.10 所示，竞争优势、操作性资源能力、价值共创、服务创新、共享制度的 KMO 值均在 0.7 以上，Bartlett 球形检验结果显著。同时，在对各变量进行因子分析之后，操作性资源能力得到 4 个公因子，价值共创得到 2 个公因子，共享制度得到 3 个公因子，其累计方差解释率分别为 79.658%、76.872% 和 75.942%，得到的公因子对量表的方差解释能力较强，初步说明本书具有较好的构建效度。

此外，本书使用 AMOS 17.0 对竞争优势、操作性资源能力、价值共创、服务创新及共享制度进行了验证性因子分析，结果如表 6.11 所示，各题项的

表 6.10　因子分析结果

变量		特征根	方差解释率（%）	累计方差解释率（%）	KMO 值	Bartlett 球形检验显著性
竞争优势		4.895	69.932	69.932	0.939	0.000
操作性资源能力	资源识别	5.978	20.693	79.658	0.887	0.000
	价值主张	1.309	20.029			
	参与合作	1.216	19.587			
	影响制度	1.056	19.349			
价值共创	合作生产	5.189	42.141	76.872	0.890	0.000
	使用价值	1.729	34.731			
服务创新		3.963	66.065	66.065	0.906	0.000
共享制度	规则	4.478	26.807	75.942	0.863	0.000
	规范	2.690	25.272			
	认知	1.945	23.863			

表 6.11　验证性因子分析结果

变量		题项	因子载荷	CR	AVE	拟合指标
竞争优势		ECA1	0.810	0.928	0.649	$\chi^2/df = 1.641$ GFI = 0.985 CFI = 0.995 NFI = 0.988 RFI = 0.982 IFI = 0.995 TLI = 0.993 RMSEA = 0.040
		ECA2	0.827			
		ECA3	0.788			
		ECA4	0.788			
		ECA5	0.823			
		ECA6	0.787			
		ECA7	0.817			
操作性资源能力	资源识别	UARI1	0.837	0.861	0.675	$\chi^2/df = 1.822$ GFI = 0.966 CFI = 0.987 NFI = 0.971 RFI = 0.960 IFI = 0.987 TLI = 0.981 RMSEA = 0.045
		UARI2	0.856			
		UARI3	0.769			
	价值主张	AVP1	0.851	0.892	0.734	
		AVP2	0.889			
		AVP3	0.829			

续表

变量		题项	因子载荷	CR	AVE	拟合指标
操作性资源能力	参与合作	EWA1	0.866	0.859	0.671	$\chi^2/df = 1.822$
		EWA2	0.829			GFI = 0.966
		EWA3	0.758			CFI = 0.987
	影响制度	IEI1	0.834	0.865	0.681	NFI = 0.971
		IEI2	0.861			RFI = 0.960
		IEI3	0.779			IFI = 0.987
						TLI = 0.981
						RMSEA = 0.045
价值共创	合作生产	CP1	0.807	0.899	0.691	$\chi^2/df = 3.420$
		CP2	0.833			GFI = 0.965
		CP3	0.786			CFI = 0.976
		CP4	0.894			NFI = 0.967
	使用价值	VU1	0.820	0.925	0.712	RFI = 0.954
		VU2	0.858			IFI = 0.976
		VU3	0.836			TLI = 0.967
		VU4	0.782			RMSEA = 0.077
		VU5	0.916			
服务创新		SI1	0.797	0.897	0.595	$\chi^2/df = 1.987$
		SI2	0.768			GFI = 0.985
		SI3	0.709			CFI = 0.993
		SI4	0.867			NFI = 0.986
		SI5	0.770			RFI = 0.977
		SI6	0.703			IFI = 0.993
						TLI = 0.989
						RMSEA = 0.049
共享制度	规则	IR1	0.890	0.918	0.737	
		IR2	0.828			
		IR3	0.835			
		IR4	0.878			$\chi^2/df = 1.071$
	规范	IN1	0.846	0.894	0.679	GFI = 0.979
		IN2	0.819			CFI = 0.999
		IN3	0.790			NFI = 0.982
		IN4	0.839			RFI = 0.976
						IFI = 0.999
	认知	IC1	0.799	0.865	0.615	TLI = 0.998
		IC2	0.800			RMSEA = 0.013
		IC3	0.758			
		IC4	0.780			

因子载荷均大于 0.7，CR 值均大于 0.7，AVE 值均大于 0.5，进一步说明本书具有较好的构建效度。

（3）聚合效度

本书对数据和模型的拟合程度进行了检验，如表 6.11 所示，竞争优势、操作性资源能力、价值共创、服务创新、共享制度的 X^2/df 均小于 5，拟合指数 GFI、CFI、NFI、RFI、IFI、TLI 均大于 0.9，RMSEA 均小于 0.1，均符合标准，说明本书具有较好的聚合效度。

（4）判别效度

本书通过对变量的 Pearson 相关分析和相关系数与 AVE 平方根的比较来进行判别效度的检验。如表 6.12 所示，操作性资源能力的 4 个维度即资源识别（UARI）、价值主张（AVP）、参与合作（EWA）、影响制度（IEI），价值共创的 2 个维度即合作生产（CP）、使用价值（VU），服务创新（SI），共享制度的 3 个维度即规则（IR）、规范（IN）、认知（IC），竞争优势（ECA）之间存在一定的相关关系，变量和维度之间的相关系数均小于其 AVE 的平方根，说明本书具有良好的判别效度。

6.2.3　共同方法偏差检验

共同方法偏差是在问卷编写、发放、回收等过程中因为共同样本来源、测量环境、测量工具等而产生的系统性误差。为了减少共同方法偏差，本书在问卷编写过程中对使用的量表进行了多次翻译—回译，将属于同一变量的题项分开放置，并进行了预测试对问卷质量进行初步检验。在正式调研问卷的发放中，竭力避免在同一时间和同一地点发放过多问卷，尽力避免共同方法偏差问题。本书使用 Harman 单因子分析对共同方法偏差问题进行检验，通过对所回收问卷的全部题项进行未旋转的主成分分析，得到的第一个因子方差解释率为 30.403%，没有达到总方差解释率 75.807% 的一半，说明本书的共同方法偏差问题可以接受。

6.3　研究假设检验

本书通过回归分析法和 Bootstrap 法，对研究假设进行检验。将控制变

表 6.12 Pearson 相关分析

	1	2	3	4	5	6	7	8	9	10	11	12	13	14	15
SIZE															
TIME	0.113*														
INDUS	0.490**	0.146**													
TYPE	-0.056	0.008	-0.087												
UARI	-0.108*	-0.093	-0.105*	-0.001	0.822										
AVP	-0.103*	-0.055	-0.072	0.029	0.498**	0.857									
EWA	-0.090	-0.057	-0.111*	0.025	0.536**	0.473**	0.819								
IEI	-0.062	-0.135**	-0.081	-0.019	0.533**	0.506**	0.479**	0.825							
CP	-0.113*	-0.091	-0.062	0.012	0.373**	0.472**	0.320**	0.417**	0.831						
VU	-0.151**	-0.045	-0.119*	-0.023	0.509**	0.605**	0.492**	0.515**	0.493**	0.844					
SI	-0.129**	-0.075	-0.076	0.094	0.447**	0.466**	0.360**	0.399**	0.377**	0.421**	0.771				
IR	0.051	-0.014	-0.008	-0.019	0.023	0.041	0.058	0.009	0.124*	0.033	0.097	0.858			
IN	-0.044	0.021	-0.011	0.027	0.026	0.025	0.100*	0.036	0.049	0.038	0.137**	0.322**	0.824		
IC	-0.021	-0.009	0.022	0.008	0.011	0.117	0.058	0.170**	0.143**	0.077	0.149*	0.103*	0.256**	0.784	
ECA	-0.176**	-0.073	-0.109*	0.044	0.473**	0.505**	0.396**	0.508**	0.481**	0.479**	0.609**	0.041	0.160**	0.119*	0.806

注: *** 表示 $p<0.001$, ** 表示 $p<0.01$, * 表示 $p<0.05$; 对角线为 AVE 的平方根。

量企业规模、企业所属行业、企业成立年限及企业所有制类型进行虚拟变量处理后放入回归模型中。

6.3.1 操作性资源能力对竞争优势作用的检验

为了分析操作性资源能力对竞争优势的影响，本书将竞争优势作为因变量，分别将操作性资源能力及其 4 个维度资源识别、价值主张、参与合作、影响制度作为自变量构建回归模型，结果如表 6.13 所示。模型 2 显示操作性资源能力对竞争优势具有显著的正向影响（β = 0.582，p<0.001），能够解释 35.4% 的竞争优势变异，假设 H1 得到支持。同时，从模型 3、模型 4、模型 5、模型 6 中可以看出，操作性资源能力的 4 个维度资源识别（β = 0.475，p<0.001）、价值主张（β = 0.496，p<0.001）、参与合作（β = 0.384，p<0.001）、影响制度（β = 0.502，p<0.001）均对竞争优势具有显著的正向影响，假设 H1a、H1b、H1c、H1d 成立。

表 6.13　操作性资源能力对竞争优势的回归分析结果

变量		因变量：竞争优势（$N = 451$）					
		模型 1	模型 2	模型 3	模型 4	模型 5	模型 6
企业规模（以 200 人以上为参照）	50 人及以下	0.156*	0.102	0.100	0.124*	0.127*	0.136*
	51~100 人	0.134*	0.090	0.113*	0.065	0.106	0.140*
	101~200 人	0.060	0.001	0.011	-0.012	0.039	0.052
企业所属行业（以生活性服务业为参照）	生产性服务业	0.067	-0.020	0.014	0.033	0.011	-0.007
	资源能源行业	0.088	-0.018	0.034	0.085	0.001	-0.029
	制造业	-0.009	-0.061	-0.043	-0.014	-0.044	-0.063
	其他行业	0.045	-0.016	0.020	0.042	-0.031	0.007
企业成立年限（以 3~5 年为参照）	3 年以下	-0.003	-0.037	-0.056	-0.015	-0.037	0.017
	6~10 年	0.040	0.007	0.029	0.048	0.011	-0.009
	10 年以上	-0.058	-0.045	-0.098	0.007	-0.053	-0.050
企业类型（以国有企业为参照）	民营或私营企业	-0.080	-0.166	-0.146	-0.108	-0.149	-0.129
	外商独资企业	-0.037	-0.137	-0.094	-0.125	-0.086	-0.098
	中外合资企业	0.044	-0.035	-0.012	-0.003	-0.011	0.005
	其他类型企业	-0.048	-0.110	-0.076	-0.084	-0.103	-0.080

续表

变量	因变量：竞争优势（$N=451$）					
	模型 1	模型 2	模型 3	模型 4	模型 5	模型 6
操作性资源能力企业		0.582***				
资源识别			0.475***			
价值主张				0.496***		
参与合作					0.384***	
影响制度						0.502***
R^2	0.053	0.378	0.269	0.286	0.194	0.294
Adj. R^2	0.019	0.354	0.241	0.258	0.163	0.267
F	1.550	15.823***	9.561***	10.409***	6.256***	10.827***

注：*** 表示 $p<0.001$，** 表示 $p<0.01$，* 表示 $p<0.05$。

6.3.2　价值共创的中介作用检验

本书对中介作用的检验参考了学界广泛使用的层次回归方法（温忠麟等，2004），在已经检验了操作性资源能力对竞争优势作用的基础上，进行 3 个步骤的检验：①对自变量（操作性资源能力）与中介变量（价值共创和服务创新）的关系进行检验，若显著则进行下一步；②检验中介变量（价值共创和服务创新）对因变量（竞争优势）的影响，若显著则进行下一步；③将自变量（操作性资源能力）和中介变量（价值共创和服务创新）共同对因变量（竞争优势）进行回归，若自变量系数不显著则为完全中介，若自变量系数显著且明显小于自变量单独对因变量回归的系数，则为部分中介。同时，为了加强检验的稳健性，本书使用 SPSS 20.0 中的 Process 宏，通过 Sobel 法和 Bootstrap 法对中介效应进行进一步检验，在一定程度上对层次回归方法进行丰富和补充。

（1）操作性资源能力对价值共创的作用检验

为了分析操作性资源能力对价值共创的影响，本书将价值共创作为因变量，将操作性资源能力及其 4 个维度资源识别、价值主张、参与合作、影响制度分别作为自变量构建回归模型，结果如表 6.14 所示。模型 8 显示了操作性资源能力对价值共创具有显著的正向影响（$\beta=0.668$，$p<0.001$），

能够解释45.4%的价值共创变异，假设 H2 得到支持。同时，从模型9、模型10、模型11、模型12中可以看出，操作性资源能力的4个维度资源识别（β=0.514，p<0.001）、价值主张（β=0.622，p<0.001）、参与合作（β=0.463，p<0.001）、影响制度（β=0.536，p<0.001）均对价值共创具有显著的正向作用，假设 H2a、H2b、H2c、H2d 成立。

表 6.14　操作性资源能力对价值共创的回归分析结果

变量		因变量：价值共创（$N=451$）					
		模型 7	模型 8	模型 9	模型 10	模型 11	模型 12
企业规模（以 200 人以上为参照）	50 人及以下	0.145*	0.082	0.084	0.105*	0.110	0.124*
	51~100 人	0.165**	0.114*	0.143**	0.079	0.132*	0.172**
	101~200 人	0.105	0.037	0.051	0.014	0.079	0.096
企业所属行业（以生活性服务业为参照）	生产性服务业	0.126	0.025	0.068	0.082	0.057	0.046
	资源能源行业	0.156	0.035	0.099	0.153	0.052	0.032
	制造业	0.104	0.044	0.067	0.097	0.061	0.045
	其他行业	0.117	0.047	0.090	0.112	0.025	0.076
企业成立年限（以 3~5 年为参照）	3 年以下	0.007	−0.032	−0.050	−0.008	−0.034	0.029
	6~10 年	0.030	−0.008	0.018	0.040	−0.005	−0.022
	10 年以上	−0.086	−0.071	−0.129	−0.005	−0.080	−0.077
企业类型（以国有企业为参照）	民营或私营企业	0.042	−0.057	−0.029	0.008	−0.041	−0.010
	外商独资企业	0.033	−0.082	−0.028	−0.078	−0.026	−0.032
	中外合资企业	0.068	−0.022	0.008	0.010	0.002	0.027
	其他类型企业	−0.009	−0.080	−0.039	−0.053	−0.076	−0.042
操作性资源能力			0.668***				
资源识别				0.514***			
价值主张					0.622***		
参与合作						0.463***	
影响制度							0.536***
R^2		0.045	0.474	0.298	0.411	0.250	0.320
Adj. R^2		0.011	0.454	0.271	0.388	0.221	0.294
F		1.316	23.437***	11.045***	18.132***	8.670***	12.228***

注：*** 表示 p<0.001，** 表示 p<0.01，* 表示 p<0.05。

（2）价值共创对竞争优势的作用检验

为了分析价值共创对竞争优势的影响，本书将竞争优势作为因变量，将价值共创及其 2 个维度合作生产、使用价值分别作为自变量放入回归模型中，结果如表 6.15 所示。模型 14 显示价值共创对竞争优势具有显著的正向影响（$\beta = 0.536$，$p < 0.001$），能够解释 30.1% 的竞争优势变异，假设 H3 得到支持。同时，从模型 15、模型 16 中可以看出，价值共创的 2 个维度合作生产（$\beta = 0.459$，$p < 0.001$）、使用价值（$\beta = 0.459$，$p < 0.001$）均对竞争优势具有显著的正向作用，假设 H3a、H3b 成立。

表 6.15　价值共创对竞争优势的回归分析结果

变量		因变量：竞争优势（$N = 451$）			
		模型 13	模型 14	模型 15	模型 16
企业规模（以 200 人以上为参照）	50 人及以下	0.156*	0.078	0.104	0.093
	51~100 人	0.134*	0.046	0.079	0.058
	101~200 人	0.060	0.004	0.022	0.015
企业所属行业（以生活性服务业为参照）	生产性服务业	0.067	0.000	0.005	0.030
	资源能源行业	0.088	0.004	0.020	0.032
	制造业	−0.009	−0.064	−0.047	−0.052
	其他行业	0.045	−0.017	0.004	−0.006
企业成立年限（以 3~5 年为参照）	3 年以下	−0.003	−0.007	0.004	−0.015
	6~10 年	0.040	0.024	0.043	0.014
	10 年以上	−0.058	−0.012	−0.015	−0.032
企业类型（以国有企业为参照）	民营或私营企业	−0.080	−0.103	−0.083	−0.111
	外商独资企业	−0.037	−0.055	−0.045	−0.055
	中外合资企业	0.044	0.007	0.024	0.009
	其他类型企业	−0.048	−0.043	−0.049	−0.040
价值共创			0.536***		
合作生产				0.459***	
使用价值					0.459***
R^2		0.053	0.327	0.257	0.254
Adj. R^2		0.019	0.301	0.229	0.226
F		1.550	12.645***	9.001***	8.871***

注：*** 表示 $p < 0.001$，** 表示 $p < 0.01$，* 表示 $p < 0.05$。

（3）价值共创的中介作用检验

为了检验价值共创的中介效应，本书将操作性资源能力与价值共创同时作为自变量，将竞争优势作为因变量构建回归模型，结果如表 6.16 所示。模型 19 显示操作性资源能力（$\beta = 0.406$，$p < 0.001$）和价值共创（$\beta = 0.263$，$p < 0.001$）均对竞争优势具有显著作用，且与模型 18 相比，Adj. R^2 由 0.354 变为 0.391，模型的解释能力有所提升，说明价值共创在操作性资源能力与竞争优势之间起部分中介作用，假设 H4 得到支持。

表 6.16　价值共创的中介作用分析结果

变量		因变量：竞争优势（$N = 451$）		
		模型 17	模型 18	模型 19
企业规模（以 200 人以上为参照）	50 人及以下	0.156*	0.102	0.080
	51~100 人	0.134*	0.090	0.060
	101~200 人	0.060	0.001	−0.009
企业所属行业（以生活性服务业为参照）	生产性服务业	0.067	−0.020	−0.027
	资源能源行业	0.088	−0.018	−0.027
	制造业	−0.009	−0.061	−0.072
	其他行业	0.045	−0.016	−0.028
企业成立年限（以 3~5 年为参照）	3 年以下	−0.003	−0.037	−0.029
	6~10 年	0.040	0.007	0.009
	10 年以上	−0.058	−0.045	−0.026
企业类型（以国有企业为参照）	民营或私营企业	−0.080	−0.166	−0.151
	外商独资企业	−0.037	−0.137	−0.115
	中外合资企业	0.044	−0.035	−0.030
	其他类型企业	−0.048	−0.110	−0.089
操作性资源能力			0.582***	0.406***
价值共创				0.263***
R^2		0.053	0.378	0.415
Adj. R^2		0.019	0.354	0.391
F		1.550	15.823***	17.224***

注：*** 表示 $p < 0.001$，** 表示 $p < 0.01$，* 表示 $p < 0.05$。

参照 Hayes（2013）提出的方法，本书使用 Sobel 法和 Bootstrap 法对

价值共创的中介效应进行进一步检验，结果如表 6.17 所示。在 Sobel 检验中，价值共创（$Z = 4.7312$，$p < 0.001$）的中介效应得到进一步验证。使用 Process 宏中的模型四，在 95% 的置信水平下进行 5000 次抽样，结果显示，操作性资源能力通过价值共创对竞争优势产生的间接效应为 0.2376，置信区间为 [0.1431，0.3446]，不包含 0，假设 H4 再一次得到验证。

表 6.17 Sobel 法和 Bootstrap 法对价值共创中介作用的检验结果

中介变量	Sobel 法（$N = 451$）			Bootstrap 法（$N = 451$）			
	Z	SE	p	间接效应	Boot SE	Boot LLCI	Boot ULCI
价值共创	4.7312	0.0502	0.0000	0.2376	0.0510	0.1431	0.3446

6.3.3 服务创新的中介作用检验

（1）操作性资源能力对服务创新的作用检验

为了分析操作性资源能力对服务创新的影响，本书将服务创新作为因变量，将操作性资源能力及其 4 个维度资源识别、价值主张、参与合作、影响制度分别作为自变量构建回归模型，结果如表 6.18 所示。模型 21 显示操作性资源能力对服务创新具有显著的正向影响（$\beta = 0.522$，$p < 0.001$），能够解释 26.9% 的服务创新变异，假设 H5 得到支持。同时，从模型 22、模型 23、模型 24、模型 25 中可以看出，操作性资源能力的 4 个维度资源识别（$\beta = 0.446$，$p < 0.001$）、价值主张（$\beta = 0.463$，$p < 0.001$）、参与合作（$\beta = 0.357$，$p < 0.001$）、影响制度（$\beta = 0.400$，$p < 0.001$）均对服务创新具有显著的正向作用，假设 H5a、H5b、H5c、H5d 成立。

表 6.18 操作性资源能力对服务创新的回归分析结果

变量		因变量：服务创新（$N = 451$）					
		模型 20	模型 21	模型 22	模型 23	模型 24	模型 25
企业规模（以 200 人以上为参照）	50 人及以下	0.116	0.067	0.064	0.087	0.089	0.100
	51~100 人	0.066	0.027*	0.047	0.002*	0.041	0.072
	101~200 人	0.049	-0.004	0.003	-0.018	0.030	0.043

变量		因变量：服务创新（$N=451$）					
		模型 20	模型 21	模型 22	模型 23	模型 24	模型 25
企业所属行业（以生活性服务业为参照）	生产性服务业	0.053	-0.025	0.003	0.021	0.001	-0.006
	资源能源行业	-0.002	-0.097	-0.053	-0.005	-0.083	-0.095
	制造业	-0.024	-0.071	-0.056	-0.029	-0.058	-0.068
	其他行业	-0.038	-0.092	-0.061	-0.041	-0.108	-0.068
企业成立年限（以 3~5 年为参照）	3 年以下	0.004	-0.026	-0.046	-0.007	-0.027	0.020
	6~10 年	0.002	-0.027	-0.008	0.009	-0.025	-0.036
	10 年以上	-0.024	-0.012	-0.062	0.036	-0.02	-0.018
企业类型（以国有企业为参照）	民营或私营企业	-0.101	-0.178	-0.163	-0.126	-0.165	-0.140
	外商独资企业	-0.026	-0.116	-0.079	-0.108	-0.071	-0.074
	中外合资企业	0.039	-0.031	-0.013	-0.004	-0.012	0.008
	其他类型企业	0.015	-0.040	-0.012	-0.018	-0.037	-0.010
操作性资源能力			0.522***				
资源识别				0.446***			
价值主张					0.463***		
参与合作						0.357***	
影响制度							0.400***
R^2		0.034	0.297	0.225	0.237	0.157	0.188
Adj. R^2		0.001	0.269	0.195	0.208	0.124	0.156
F		0.994	10.959***	7.559***	8.085***	4.828***	6.003***

注：*** 表示 $p<0.001$，** 表示 $p<0.01$，* 表示 $p<0.05$。

（2）服务创新对竞争优势的作用检验

为了分析服务创新对竞争优势的影响，本书将竞争优势作为因变量，将服务创新作为自变量放入回归模型中，结果如表 6.19 所示。模型 27 显示了服务创新对竞争优势具有显著的正向影响（$\beta=0.594$，$p<0.001$），能够解释 37% 的竞争优势变异，假设 H6 得到支持。

表 6.19　服务创新对竞争优势的回归分析结果

变量		因变量：竞争优势（$N=451$）	
		模型 26	模型 27
企业规模（以 200 人以上为参照）	50 人及以下	0.156*	0.087
	51~100 人	0.134*	0.095
	101~200 人	0.060	0.031

续表

变量		因变量：竞争优势 （$N=451$）	
		模型 26	模型 27
企业所属行业（以生活性服务业为参照）	生产性服务业	0.067	0.036
	资源能源行业	0.088	0.089
	制造业	−0.009	0.006
	其他行业	0.045	0.068
企业成立年限（以 3~5 年为参照）	3 年以下	−0.003	−0.005
	6~10 年	0.040	0.038
	10 年以上	−0.058	−0.044
企业类型（以国有企业为参照）	民营或私营企业	−0.080	−0.020
	外商独资企业	−0.037	−0.022
	中外合资企业	0.044	0.020
	其他类型企业	−0.048	−0.057
服务创新			0.594 ***
R^2		0.053	0.393
Adj. R^2		0.019	0.370
F		1.550	16.855 ***

注： *** 表示 $p<0.001$， ** 表示 $p<0.01$， * 表示 $p<0.05$。

（3）服务创新的中介作用检验

为了检验服务创新的中介效应，本书将操作性资源能力与服务创新同时作为自变量，将竞争优势作为因变量构建回归模型，结果如表 6.20 所示。模型 30 显示操作性资源能力 （$\beta=0.373$，$p<0.001$）和服务创新 （$\beta=0.400$，$p<0.001$）均对竞争优势具有显著作用，且与模型 29 相比，Adj. R^2 由 0.354 变为 0.470，模型的解释能力有所提升，说明服务创新在操作性资源能力与竞争优势之间起部分中介作用，假设 H7 得到支持。

表 6.20 服务创新的中介作用分析结果

变量		因变量：竞争优势 （$N=451$）		
		模型 28	模型 29	模型 30
企业规模（以 200 人以上为参照）	50 人及以下	0.156 *	0.102	0.075
	51~100 人	0.134 *	0.090	0.079
	101~200 人	0.060	0.001	0.002

续表

变量		因变量：竞争优势（N=451）		
		模型 28	模型 29	模型 30
企业所属行业（以生活性服务业为参照）	生产性服务业	0.067	−0.020	−0.010
	资源能源行业	0.088	−0.018	0.021
	制造业	−0.009	−0.061	−0.032
	其他行业	0.045	−0.016	0.021
企业成立年限（以 3 年以下为参照）	3~5 年	−0.003	−0.037	−0.026
	6~10 年	0.040	0.007	0.018
	10 年以上	−0.058	−0.045	−0.040
企业类型（以国有企业为参照）	民营或私营企业	−0.080	−0.166	−0.095
	外商独资企业	−0.037	−0.137	−0.091
	中外合资企业	0.044	−0.035	−0.023
	其他类型企业	−0.048	−0.110	−0.094
操作性资源能力			0.582***	0.373***
服务创新				0.400***
R^2		0.053	0.378	0.491
Adj. R^2		0.019	0.354	0.470
F		1.550	15.823***	23.400***

注：*** 表示 $p<0.001$，** 表示 $p<0.01$，* 表示 $p<0.05$。

参照 Hayes（2013）及温忠麟等（2004）的建议，本书使用 Sobel 法和 Bootstrap 法对服务创新的中介效应进行进一步检验，结果如表 6.21 所示。在 Sobel 法检验中，服务创新（Z=7.3340，$p<0.001$）的中介效应得到进一步验证。使用 Process 宏中的模型四，在 95% 的置信水平下进行 5000 次抽样，结果显示，操作性资源能力通过服务创新对竞争优势产生的间接效应为 0.2825，置信区间为 [0.1922，0.3786]，不包含 0，假设 H7 再一次得到验证。

表 6.21　Sobel 法和 Bootstrap 法对服务创新中介作用的检验结果

中介变量	Sobel 法（N=451）			Bootstrap 法（N=451）			
	Z	SE	p	间接效应	Boot SE	Boot LLCI	Boot ULCI
服务创新	7.3340	0.0385	0.0000	0.2825	0.0478	0.1922	0.3786

6.3.4 共享制度的调节作用检验

（1）共享制度的调节作用检验

为了检验共享制度的调节作用，本书将操作性资源能力、共享制度进行中心化处理，然后分别以价值共创和服务创新为因变量，将共享制度、操作性资源能力以及共享制度与操作性资源能力的交互项放入回归模型中，结果如表 6.22 所示。模型 33 显示，以价值共创为因变量，操作性资源能力与共享制度的交互项正向显著（$\beta = 0.084$，$p < 0.05$），且与模型 32 相比，Adj. R^2 从 0.457 增长为 0.463，模型解释能力有所提升，说明共享制度在操作性资源能力对价值共创的影响中起正向调节作用，假设 H8 得到支持。模型 36 显示，以服务创新为因变量，操作性资源能力与共享制度的交互项正向显著（$\beta = 0.216$，$p < 0.001$），且与模型 35 相比，Adj. R^2 从 0.270 增长为 0.313，模型解释能力得到提升，说明共享制度在操作性资源能力对服务创新的影响中起正向调节作用，假设 H9 得到支持。

表 6.22 共享制度的调节作用分析结果

变量		因变量：价值共创（$N = 451$）			因变量：服务创新（$N = 451$）		
		模型 31	模型 32	模型 33	模型 34	模型 35	模型 36
企业规模（以 200 人以上为参照）	50 人及以下	0.145 *	0.084	0.078	0.116	0.069	0.053
	51~100 人	0.165 **	0.116 *	0.112 *	0.066	0.028	0.019
	101~200 人	0.105	0.038	0.032	0.049	-0.003	-0.019
企业所属行业（以生活性服务业为参照）	生产性服务业	0.126	0.022	0.018	0.053	-0.028	-0.037
	资源能源行业	0.156	0.031	0.019	-0.002	-0.100	-0.130
	制造业	0.104	0.043	0.032	-0.024	-0.072	-0.099
	其他行业	0.117	0.041	0.038	-0.038	-0.096	-0.104
企业成立年限（以 3~5 年为参照）	3 年以下	0.007	-0.029	-0.024	0.004	-0.024	-0.013
	6~10 年	0.030	-0.009	0.002	0.002	-0.028	-0.001
	10 年以上	-0.086	-0.070	-0.065	-0.024	-0.012	0.001
企业类型（以国有企业为参照）	民营或私营企业	0.042	-0.046	-0.044	-0.101	-0.171	-0.165
	外商独资企业	0.033	-0.076	-0.085	-0.026	-0.111	-0.135
	中外合资企业	0.068	-0.013	-0.014	0.039	-0.024	-0.029
	其他类型企业	-0.009	-0.073	-0.081	0.015	-0.036	-0.055

续表

变量	因变量：价值共创（$N=451$）			因变量：服务创新（$N=451$）		
	模型 31	模型 32	模型 33	模型 34	模型 35	模型 36
操作性资源能力		0.664***	0.650***		0.519***	0.483***
共享制度		0.068	0.073*		0.049	0.061
操作性资源能力×共享制度			0.084*			0.216***
R^2	0.045	0.479	0.485	0.034	0.299	0.342
Adj. R^2	0.011	0.457	0.463	0.001	0.270	0.313
F	1.316	22.317***	22.502***	0.994	10.364***	11.869***

注：*** 表示 $p<0.001$，** 表示 $p<0.01$，* 表示 $p<0.05$。

（2）共享制度各维度对操作性资源能力与价值共创关系的调节作用检验

为了检验共享制度各维度对操作性资源能力与价值共创关系的调节作用，本书将操作性资源能力与共享制度各维度进行了中心化处理，以价值共创为因变量，分别构建回归模型，依次将操作性资源能力、共享制度各维度以及操作性资源能力与共享制度各维度的交互项放入回归模型中，结果如表 6.23 所示。模型 39 显示以价值共创为因变量，操作性资源能力与规则交互项的回归系数正向显著（$\beta=0.082$，$p<0.05$），与模型 38 相比，Adj. R^2 从 0.459 增长为 0.464，模型解释能力有所提升，说明规则在操作性资源能力对价值共创的影响中起正向调节作用，假设 H8a 得到支持。模型 41 显示以价值共创为因变量，操作性资源能力与规范交互项的回归系数不显著，说明假设 H8b 不成立。模型 43 显示以价值共创为因变量，操作性资源能力与认知交互项的回归系数正向显著（$\beta=0.078$，$p<0.05$），与模型 42 相比，Adj. R^2 从 0.455 增长为 0.460，模型解释能力有所提升，说明认知在操作性资源能力对价值共创的影响中起正向调节作用，假设 H8c 成立。

表 6.23　共享制度各维度对操作性资源能力与价值共创关系的调节作用分析结果

变量		因变量：价值共创（$N=451$）						
		模型 37	模型 38	模型 39	模型 40	模型 41	模型 42	模型 43
企业规模（以 200 人以上为参照）	50 人及以下	0.145*	0.086	0.085	0.082	0.082	0.083	0.074
	51~100 人	0.165**	0.121*	0.117*	0.114*	0.114*	0.111*	0.112*
	101~200 人	0.105	0.035	0.029	0.037	0.037	0.038	0.031

续表

变量		因变量：价值共创（N=451）						
		模型 37	模型 38	模型 39	模型 40	模型 41	模型 42	模型 43
企业所属行业（以生活性服务业为参照）	生产性服务业	0.126	0.011	0.012	0.026	0.026	0.025	0.017
	资源能源行业	0.156	0.020	0.019	0.037	0.036	0.033	0.020
	制造业	0.104	0.032	0.031	0.046	0.045	0.042	0.028
	其他行业	0.117	0.029	0.036	0.048	0.048	0.046	0.033
企业成立年限（以3~5年为参照）	3 年以下	0.007	-0.033	-0.030	-0.032	-0.031	-0.027	-0.025
	6~10 年	0.030	-0.010	-0.007	-0.008	-0.007	-0.006	0.003
	10 年以上	-0.086	-0.069	-0.068	-0.072	-0.071	-0.067	-0.062
企业类型（以国有企业为参照）	民营或私营企业	0.042	-0.039	-0.039	-0.055	-0.055	-0.060	-0.063
	外商独资企业	0.033	-0.064	-0.068	-0.081	-0.082	-0.087	-0.097
	中外合资企业	0.068	-0.007	-0.008	-0.022	-0.021	-0.021	-0.028
	其他类型企业	-0.009	-0.062	-0.068	-0.079	-0.080	-0.086	-0.088
操作性资源能力			0.671***	0.652***	0.6672***	0.667***	0.662***	0.655***
规则			0.082*	0.080*				
规范					0.012	0.012		
认知							0.049	0.053
操作性资源能力×规则				0.082*				
操作性资源能力×规范						0.007		
操作性资源能力×认知								0.078*
R²		0.045	0.481	0.487	0.474	0.474	0.476	0.482
Adj. R²		0.011	0.459	0.464	0.453	0.451	0.455	0.460
F		1.316	22.488***	22.648***	21.928***	20.589***	22.116***	22.255***

注：*** 表示 $p<0.001$，** 表示 $p<0.01$，* 表示 $p<0.05$。

（3）共享制度各维度对操作性资源能力与服务创新关系的调节作用检验

为了检验共享制度各维度对操作性资源能力与服务创新关系的调节作用，本书将操作性资源能力和共享制度各维度进行了中心化处理，以服务创新为因变量，分别构建回归模型，依次将操作性资源能力、共享制度各维度以及操作性资源能力与共享制度各维度的交互项放入回归模型中，结果如表6.24所示。模型46显示以服务创新为因变量，操作性资源能力与规则交互项的回归系数不显著，说明假设 H9a 不成立。模型 48 显示以服务创新为因变量，操作性资源能力与规范交互项的回归系数正向显著（β = 0.176，p<0.001），与模型 47 相比，Adj. R^2 从 0.278 增长为 0.307，模型解释能力有所提升，说明规范在操作性资源能力对服务创新的影响中起正向调节作用，假设 H9b 得到支持。模型 50 显示以服务创新为因变量，操作性资源能力与认知交互项的回归系数正向显著（β = 0.206，p<0.001），与模型 49 相比，Adj. R^2 从 0.277 增长为 0.317，模型解释能力有所提升，说明认知在操作性资源能力对服务创新的影响中起正向调节作用，假设 H9c 成立。

表 6.24　共享制度各维度对操作性资源能力与服务创新关系的调节作用分析结果

变量		因变量：服务创新（N=451）						
		模型 44	模型 45	模型 46	模型 47	模型 48	模型 49	模型 50
企业规模（以 200 人以上为参照）	50 人及以下	0.116	0.064	0.062	0.067	0.061	0.068	0.046
	51~100 人	0.066	0.021	0.018	0.027	0.021	0.021	0.022
	101~200 人	0.049	-0.003	-0.008	-0.001	0.000	-0.001	-0.02
企业所属行业（以生活性服务业为参照）	生产性服务业	0.053	-0.013	-0.012	-0.016	-0.017	-0.026	-0.046
	资源能源行业	-0.002	-0.084	-0.084	-0.086	-0.105	-0.101	-0.136
	制造业	-0.024	-0.061	-0.061	-0.055	-0.07	-0.076	-0.112
	其他行业	-0.038	-0.077	-0.072	-0.084	-0.083	-0.094	-0.129
企业成立年限（以 3~5 年为参照）	3 年以下	0.004	-0.025	-0.023	-0.024	-0.015	-0.017	-0.013
	6~10 年	0.002	-0.025	-0.022	-0.03	-0.011	-0.025	-0.001
	10 年以上	-0.024	-0.014	-0.013	-0.02	-0.013	-0.005	0.009
企业类型（以国有企业为参照）	民营或私营企业	-0.101	-0.193	-0.193	-0.165	-0.154	-0.184	-0.193
	外商独资企业	-0.026	-0.131	-0.134	-0.112	-0.126	-0.126	-0.153
	中外合资企业	0.039	-0.045	-0.045	-0.024	-0.021	-0.029	-0.047
	其他类型企业	0.015	-0.056	-0.062	-0.034	-0.049	-0.053	-0.058
操作性资源能力			0.519 ***	0.505 ***	0.516 ***	0.513 ***	0.511 ***	0.492 ***
规则			0.072	0.073				
规范					0.100 *	0.105 *		
认知							0.095 *	0.106 *
操作性资源能力×规则				0.064				

续表

变量	因变量：服务创新（$N = 451$）						
	模型 44	模型 45	模型 46	模型 47	模型 48	模型 49	模型 50
操作性资源能力×规范					0.176 ***		
操作性资源能力×认知							0.206 ***
R^2	0.034	0.301	0.305	0.306	0.336	0.305	0.346
Adj. R^2	0.001	0.273	0.275	0.278	0.307	0.277	0.317
F	0.994	10.493 ***	10.028 ***	10.731 ***	11.550 ***	10.679 ***	12.056 ***

注：*** 表示 $p<0.001$，** 表示 $p<0.01$，* 表示 $p<0.05$。

6.3.5　被调节的中介作用检验

前文检验了价值共创、服务创新的中介效应和共享制度的调节效应，可以进行下一步的被调节的中介作用检验。

（1）共享制度调节"操作性资源能力—价值共创—竞争优势"路径的检验

参考 Hayes（2013）对有调节的中介模型的研究，本书使用 SPSS 20.0 软件中 Process 宏中的模型七，选择 5000 个样本在 95% 的置信水平下对共享制度调节"操作性资源能力—价值共创—竞争优势"的路径进行检验，结果如表 6.25 所示。操作性资源能力与共享制度的交互作用显著（$\beta =$ 0.5499，$p<0.001$），置信区间为 ［0.4081，0.6917］，且共享制度一致性在低、中、高 3 种不同程度时，价值共创在操作性资源能力与竞争优势之间的中介作用均显著，置信区间分别为 ［0.1159，0.2981］、［0.1393，0.3377］、［0.1577，0.3885］，置信区间都不包含 0，且在共享制度一致性程度较低时效应最小，为 0.1992，在共享制度一致性程度较高时效应最大，

表 6.25　共享制度调节"操作性资源能力—价值共创—竞争优势"

效应类型			SE	LLCI	ULCI
直接效应		0.5499	0.0721	0.4081	0.6917
间接效应	低	0.1992	0.0468	0.1159	0.2981
	中	0.2313	0.0502	0.1393	0.3377
	高	0.2633	0.0583	0.1577	0.3885

为 0.2633 。由此说明，价值共创在操作性资源能力与竞争优势之间的中介作用受到共享制度的调节，存在被调节的中介效应，假设 H10 成立。

（2）共享制度调节"操作性资源能力—服务创新—竞争优势"路径的检验

同样参考 Hayes（2013）对有调节的中介模型的研究，本书使用 SPSS 20.0 软件中 Process 宏中的模型七，选择 5000 个样本在 95% 的置信水平下对共享制度调节"操作性资源能力—服务创新—竞争优势"的路径进行检验，结果如表 6.26 所示。操作性资源能力与共享制度的交互作用显著（$\beta = 0.5049$，$p < 0.001$），置信区间为 ［0.3900，0.6199］，且共享制度一致性在低、中、高 3 种不同程度时，服务创新在操作性资源能力与竞争优势之间的中介作用均显著，置信区间分别为 ［0.0372，0.2581］、［0.1803，0.3643］、［0.2865，0.5212］，置信区间都不包含 0，且在共享制度一致性程度较低时效应最小，为 0.1357，共享制度一致性程度较高时效应最大，为 0.3875。由此说明，服务创新在操作性资源能力与竞争优势之间的中介作用受到共享制度的调节，存在被调节的中介效应，假设 H11 成立。

表 6.26 共享制度调节"操作性资源能力—服务创新—竞争优势"

效应类型		SE	LLCI	ULCI
直接效应	0.5049	0.0585	0.3900	0.6199
间接效应　低	0.1357	0.0564	0.0372	0.2581
间接效应　中	0.2616	0.0458	0.1803	0.3643
间接效应　高	0.3875	0.0575	0.2865	0.5212

6.3.6 研究结果

本书基于文献梳理和案例研究构建了操作性资源能力对竞争优势作用机制的整合模型，并提出了 31 个研究假设，假设检验结果如表 6.27 所示。

表 6.27 研究结果

编号	研究假设	结果
H1	操作性资源能力对竞争优势具有显著的正向影响	成立

续表

编号	研究假设	结果
H1a	资源识别对竞争优势具有显著的正向影响	成立
H1b	价值主张对竞争优势具有显著的正向影响	成立
H1c	参与合作对竞争优势具有显著的正向影响	成立
H1d	影响制度对竞争优势具有显著的正向影响	成立
H2	操作性资源能力对价值共创具有显著的正向影响	成立
H2a	资源识别对价值共创具有显著的正向影响	成立
H2b	价值主张对价值共创具有显著的正向影响	成立
H2c	参与合作对价值共创具有显著的正向影响	成立
H2d	影响制度对价值共创具有显著的正向影响	成立
H3	价值共创对竞争优势具有显著的正向影响	成立
H3a	合作生产对竞争优势具有显著的正向影响	成立
H3b	使用价值对竞争优势具有显著的正向影响	成立
H4	价值共创在操作性资源能力与竞争优势的关系中起中介作用	成立
H5	操作性资源能力对服务创新具有显著的正向影响	成立
H5a	资源识别对服务创新具有显著的正向影响	成立
H5b	价值主张对服务创新具有显著的正向影响	成立
H5c	参与合作对服务创新具有显著的正向影响	成立
H5d	影响制度对服务创新具有显著的正向影响	成立
H6	服务创新对竞争优势具有显著的正向影响	成立
H7	服务创新在操作性资源能力与竞争优势的关系中起中介作用	成立
H8	共享制度正向调节操作性资源能力与价值共创之间的关系	成立
H8a	规则正向调节操作性资源能力与价值共创之间的关系	成立
H8b	规范正向调节操作性资源能力与价值共创之间的关系	不成立
H8c	认知正向调节操作性资源能力与价值共创之间的关系	成立
H9	共享制度正向调节操作性资源能力与服务创新之间的关系	成立
H9a	规则正向调节操作性资源能力与服务创新之间的关系	不成立
H9b	规范正向调节操作性资源能力与服务创新之间的关系	成立
H9c	认知正向调节操作性资源能力与服务创新之间的关系	成立
H10	共享制度正向调节"操作性资源能力—价值共创—竞争优势"的作用路径	成立
H11	共享制度正向调节"操作性资源能力—服务创新—竞争优势"的作用路径	成立

首先，假设检验结果表明，操作性资源能力对竞争优势具有显著的正向影响（$\beta = 0.582$，$p < 0.001$），同时，操作性资源能力的 4 个维度资源识

别、价值主张、参与合作、影响制度均对竞争优势具有显著的正向影响，本书的假设 H1 及其子假设 H1a、H1b、H1c 及 H1d 得到支持。

其次，在操作性资源能力对竞争优势的作用中，价值共创和服务创新的中介效应显著。除了使用传统的层次回归分析方法，本书还使用了 Sobel 法和 Bootstrap 法对价值共创和服务创新的中介作用进行了进一步验证，检验结果均显示价值共创和服务创新在操作性资源能力对竞争优势的作用中起部分中介作用，本书的假设 H2~H7 及其子假设均得到支持。

再次，在操作性资源能力对价值共创和服务创新的作用中还存在调节因素。一方面，共享制度正向调节操作性资源能力对价值共创的正向作用，共享制度的规则维度和认知维度也正向调节操作性资源能力对价值共创的影响，但是规范维度在操作性资源能力对价值共创的作用中的调节效应不显著。另一方面，共享制度正向调节操作性资源能力对服务创新的正向作用，共享制度的规范维度和认知维度均正向调节操作性资源能力对服务创新的作用，但是规则维度在操作性资源能力对服务创新的作用中的调节效应不显著。研究假设 H8、H9 成立，子假设 H8a、H8c、H9b、H9c 成立，H8b、H9a 不成立。

最后，共享制度在操作性资源能力对竞争优势的影响机制中发挥重要作用。本书使用 Bootstrap 法，对有调节的中介效应进行了检验，结果显示共享制度正向调节"操作性资源能力—价值共创—竞争优势"和"操作性资源能力—服务创新—竞争优势"两条路径，研究假设 H10、H11 成立。

6.4　研究结果讨论

前文对 451 份有效问卷的数据进行统计，对 31 个研究假设进行了验证，下面将对假设检验的结果进行讨论。

6.4.1　操作性资源能力对竞争优势的作用

本书构建回归模型并进行了实证检验，结果显示操作性资源能力对竞争优势具有显著的正向作用，并且操作性资源能力的 4 个维度对竞争优势的正向作用同样显著。由此可知，本书的研究假设 H1、H1a、H1b、H1c、H1d 均成立。也就是说，在服务生态系统中，企业能够通过操作性资源能力促进竞争优势的形成和提升，这一研究结果与 Nenonen 等（2018）提出的"操作性资源能力能够促进参与者与服务生态系统的成功"具有相似性。但是，Nenonen 等（2018）更强调参与者与服务生态系统的共生关系，相较于操作性资源能力对企业竞争优势形成和提升的作用，该研究更关注参与者如何运用操作性资源能力提升整个服务生态系统的总福利。此外，本书也印证了 Lütjen 等（2019）的研究结果"操作性资源能力能够对企业的创新、绩效等产生积极影响"，但是该研究停留在理论层面，仅通过一些实例对观点进行了佐证，并没有进行实证研究。本书在 Nenonen 等（2018）和 Lütjen 等（2019）研究的基础上，采用实证的方法验证了操作性资源能力对竞争优势的正向影响。服务生态系统是一个不断变化的动态系统，服务生态系统中的企业需要不断与其他各角色的参与者进行互动，操作性资源能力能够帮助企业获取关键资源，与其他参与者保持良好适度的关系，营造适合其发展的服务生态系统环境。因此，服务生态系统中的企业应注重操作性资源能力的培养，以更好地在服务生态系统中活动，为竞争优势的形成和提升创造条件。

从实证分析结果来看，操作性资源能力的各维度即资源识别、价值主张、参与合作、影响制度对竞争优势也具有显著的正向作用。首先，资源识别正向影响竞争优势。资源整合是服务生态系统中参与者交互的基本行为之一，是服务生态系统中的企业结构化和再结构化的核心（Vargo and Akaka，2012）。资源识别是资源整合的前提，是在服务生态系统中活动的企业制定计划、开展合作的重要依据，资源识别能力的提升为企业竞争优势的提升奠定了基础。其次，价值主张正向影响竞争优势。服务主导逻辑强调企业不能单独创造价值，但是能够提出价值主张（Vargo and Lusch，2004），阐明价值主张对企业的重要意义不言而喻。价值主张能够帮助企业发出自己的声音，与其他参与者进行有效沟通，提升企业在服务生态系统中的影响力，促进竞争优势的形成和提升。再次，参与合作正向影响竞争优势。在数字经济不断发展的背景下，企业需要与更多服务生态系统参与者进行交互，与其他参与者的合作能够降低企业获得外部资源的难度、减少不确定性风险、获得收益的网络增值效应，有利于竞争优势的形成和提升（简兆权和旷珍，2020）。最后，影响制度正向影响竞争优势。服务生态系统中的参与者是通过共享的制度逻辑联系在一起的，价值创造活动受到制度的协调和指导（Vargo and Lusch，2016）。企业提升影响制度的能力有利于营造适合企业发展的服务生态系统环境，增强企业在服务生态系统中的影响力，进而获得优于竞争对手的表现。

6.4.2 价值共创的中介作用

在对价值共创中介作用的检验中，本书先使用了层次回归的方法，又使用了 Sobel 法和 Bootstrap 法对检验结果进行进一步验证，以提升检验的稳健性。各方法的检验结果均显示，价值共创在操作性资源能力与竞争优势之间起部分中介作用，服务生态系统中的企业应提升对价值共创的重视。

首先，操作性资源能力及其各维度对价值共创均具有显著的正向影响，本书假设 H2、H2a、H2b、H2c、H2d 成立。服务生态系统强调 A2A 导向，认为价值是由多个参与者共同创造的（Vargo and Lusch，2016），操作性资源能力能够使企业与其他参与者共同进行的资源整合和服务交换更顺利地开展，促进价值共创的实现。本书深入探析了操作性资源能力 4 个维度对价值共创的影响。第一，资源识别对价值共创具有显著的正向影响。资源整合是实现价值共创的基础（Loïc，2016），资源识别对企业选择合作伙伴、获取关键资源、开展资源整合具有积极的促进作用，能够帮助企业实现价值共创。第二，价值主张对价值共创具有显著的正向影响。在服务生态系统中，企业无法单独创造或传递价值，只能提出价值主张。价值主张的阐明是企业与其他参与者设置共同目标、确定共创路径、修正共创行为的重要手段，为企业进行价值共创提供了条件。第三，参与合作对价值共创具有显著的正向影响。与其他参与者互动是服务生态系统中参与者的基本行为，也是服务生态系统中价值共创的微观基础（Beirão et al.，2017），企业提升参与合作能力既能提高资源的可获得性，又能够减少参与者互动的不确定性，优化了价值共创的环境。第四，影响制度正向影响价值共创。服务生态系统中的不同制度使参与者进行价值共创的方式存在差异，制度为价值共创提供了指导方针，确定了时间、地点等条件（Aal et al.，2016）。同时，制度会因参与者行为影响而发生改变，因此企业影响制度的能力能够使服务生态系统中的制度朝对企业有利的方向变化，降低企业价值共创的难度。

其次，价值共创及其各维度对竞争优势具有显著的正向作用，本书假设 H3、H3a、H3b 成立。该研究结果与孙璐等（2016）对小米生态系统的案例研究结论一致。在生产力和互联网技术不断发展的大环境下，传统的价值链已经不能适应发展需求，以服务生态系统为价值创造场景，以服务生态系统的参与者进行价值共创为形式的价值创造模式被越来越多的企业所采用。价值共创体现了开放、包容、共赢的价值创造观，是现代企业形成竞争优势的重要路径。第一，合作生产对竞争优势具有显著的正向影响。在参与者不断交互的服务生态系统中，企业能够通过合作生产获得关键资源，与其他参与者保持战略合作关系，不断地更新知识和信息（Lütjen et al.，2019），为竞争优势的形成创造了可能。第二，使用价值对竞争优势具有显著的正向影响。从产品主导逻辑到服务主导逻辑的转变实际上代表了价值观的转变，是一个从交换价值到使用价值的过程（马永开等，2020）。使用价值给受益人带来独特的价值体验，具有异质性，企业与其他参与者共同创造的使用价值难以被竞争对手模仿和复制，有利于竞争优势的形成和保持。

最后，本书实证检验了价值共创在操作性资源能力与竞争优势之间的部分中介作用，本书假设 H4 成立。该研究结果说明，在服务生态系统中企业较高的操作性资源能力对竞争优势的提升作用部分地通过促进价值共创来实现。价值的创造能够最直接地反映企业能力的提升，同时竞争优势代表了优于竞争对手的表现，价值创造方面的表现是其重要的组成部分，因此价值共创能够在操作性资源能力与竞争优势的关系中起部分中介作用。这一结论有助于服务生态系统中的企业转变对价值的认知，将企业从独自进行价值创造转变为与生态系统中其他参与者进行价值共创，实现双赢或多赢的局面，同时也为企业提升自身竞争优势打下基础。

6.4.3 服务创新的中介作用

在对服务创新中介作用的验证中，本书先使用了层次回归的方法，又使用了 Sobel 法和 Bootstrap 法对检验结果进行了进一步验证，以提升研究的稳健性。各方法的检验结果均显示，服务创新在操作性资源能力与竞争优势之间起部分中介作用，服务生态系统中的企业应提升对服务创新的重视。

首先，操作性资源能力及其各维度对服务创新均具有显著的正向影响，本书假设 H5、H5a、H5b、H5c、H5d 成立。Chandler 等（2019）的研究结果指出，服务创新的成功与否总是和企业与外部行动者协调、协作的能力交织在一起，动态能力和对操作性资源的利用成为服务创新的关键。操作性资源能力是基于操作性资源的动态能力，能够帮助企业有效地在服务生态系统中活动，对需要跨组织协调资源、关系的服务创新具有促进作用。本书深入探析了操作性资源能力 4 个维度对服务创新的影响。第一，资源识别对服务创新具有显著的正向影响。资源的拆分、整合、重新配置是服务创新的关键问题（Barile et al.，2016），资源识别一方面是明晰资源拆分、整合、重新配置的基础，另一方面也是甄别关键参与者的前提。因此，资源识别能力越高，服务创新开展的条件越充分。第二，价值主张对服务创新具有显著的正向影响。创新想法的提出是创新的起点，价值主张能够帮助企业将创新的想法概念化，并迅速使合作伙伴理解，为服务创新的开展创造了可能。第三，参与合作对服务创新具有显著的正向影响。服务创新发生在 A2A 导向的服务生态系统中，创新无法单独完成，参与合作显得至关重要。与其他参与者合作直接影响了关键资源的获取和服务创新的扩散（pathak et al.，2020），因而能促进服务创新的实现。第四，影响制度对服务创新具有显著的正向影响。服务创新意味着对服务生态系统中现有的制度发出挑战（Ngo and O'Cass，2009），改变原有模式和发展路径。影响制度的能力能够使企业顺利打破原有参与者的互动模式，减小正反馈机制带来的阻力，建立新的规则制度，使服务创新能够顺利开展。

其次，服务创新对竞争优势具有显著的正向影响，本书假设 H6 成立。

该研究结论与许多学者的观点相似。姜铸和李宁（2015）的研究结果显示，服务创新会给企业绩效带来显著的正向影响，特别是对制造企业具有独特作用。Wu 和 Nguyen（2019）的研究进一步显示服务生态系统中的企业能够通过组织学习、知识资源和关系资产开展服务创新，在服务生态系统中获得优于竞争对手的组织绩效。服务生态系统中的服务创新是一个新的且有用的过程，这个过程能够不断改善企业与服务生态系统中其他参与者的关系，创造新的价值实现路径，帮助企业适应不断变化的服务生态系统，进而带来优于竞争对手的表现。

最后，本书实证检验了服务创新在操作性资源能力与竞争优势之间的部分中介作用，本书假设 H7 成立。该研究结果说明，在服务生态系统中企业较高的操作性资源能力对竞争优势的提升作用部分地通过促进服务创新来实现。服务生态系统视角下服务超越了有形产出和无形产出的范畴，被定义为了自己或他人利益而利用资源，使服务创新也超越了有关服务的创新和改进的定义，成为服务生态系统中创新的一般形式（Vargo and Lusch，2008）。服务生态系统是一个动态的 A2A 系统，服务创新中广泛存在着跨组织行为，在这样的背景下企业的操作性资源能力显得越发重要。同时，服务创新是企业避免核心能力刚性、维持企业活力的关键，是企业能够长久保持竞争优势的重要途径。因此，服务创新能在操作性资源能力与竞争优势的关系中起部分中介作用，这一结论有助于完善服务生态系统中操作性资源能力对竞争优势的作用机制。

6.4.4 共享制度的调节作用

本书通过回归模型对共享制度的调节作用进行了检验，回归分析结果显示，共享制度对操作性资源能力与价值共创、服务创新之间的关系具有显著的正向调节作用。共享制度是服务生态系统的治理机制，对参与者的行为起指导和约束作用（Vargo and Lusch，2016），能够对企业运用操作性资源能力产生影响。因此，在价值共创和服务创新的开展和实现过程中，企业必须关注服务生态系统共享制度的变化和一致性程度，根据共享制度变化的具体情况及时调整操作性资源能力的培养和运用方向。

一方面，共享制度对操作性资源能力与价值共创之间的关系起显著的正向调节作用，假设 H8 得到支持。服务生态系统中的价值创造不是由企业单独完成的，价值创造过程必须由多个参与者共同参与，并总是通过共享制度进行协调。参与者进行价值共创的相关活动并不总是成功的，在各参与者所持的共享制度一致性程度较高的情况下，参与者之间的冲突较少（Vink et al.，2021），操作性资源能力的培养和运用事半功倍，因而能够更好地促进价值共创的实现。但是，研究结果同样显示，并非共享制度的所有维度在操作性资源能力与价值共创的关系中都具有显著的正向调节作用。第一，规则正向调节操作性资源能力与价值共创之间的关系，假设 H8a 得到支持。规则代表服务生态系统中明文规定的正式准则，当参与者在一致的正式准则的框架下活动时，不确定性降低，参与者信任增加，企业提升操作性资源能力能够有效促进关键资源的获取、交易成本的降低和合作活动的顺利开展，使价值共创更容易发生。第二，规范对操作性资源能力与价值共创之间的关系未起显著的正向调节作用，假设 H8b 不成立。尽管当参与者之间所遵循的规范一致性程度较高时，参与者能够感受到相似的社会和集体期望，但是由于服务生态系统中的价值共创具有多主体的特点，各参与者之间存在利益冲突和机会主义行为（Pathak et al.，2020），因此，规范的使能作用与机会主义行为产生抵消效果，使规范在操作性资源能力与价值共创之间的调节作用不显著。第三，认知正向调节操作性资源能力与价值共创之间的关系，假设 H8c 得到支持。企业在运用操作性资源能力进行价值共创时，认知的一致性能够帮助企业与其他参与者更好地相互理解，降低互动阻力，使价值共创更容易开展。

另一方面，共享制度对操作性资源能力与服务创新之间的关系起显著的正向调节作用，假设 H9 得到支持。在服务生态系统中，服务创新代表着新的资源组合及通过参与者互动产生的新的解决方案和新机会（Chandler et al.，2019），发生在服务生态系统共享制度的框架内。在一致的共享制度指导下，参与者能够增加对彼此的理解和信任，减少交易成本，从而促进服务创新的开展。共享制度与操作性资源能力的契合和交互，能够成为企业服务创新的催化剂，正向调节操作性资源能力与服务创新之间的关系。但是，研究结果同样显示，并非共享制度的所有维度在操作性资源能力与服务创新的关系中都具有显著的正向调节作用。第一，规则在操作性资源能力与服务创新的关系中没有起到显著的正向调节作用，假设 H9a 不成立。当参与者进行互动时所持的规则一致性程度较高时，参与者遵守相同的正式规则，所有行为发生在正式规则的框架内，参与者冲突和不确定性降低。但企业通过操作性资源能力进行服务创新时会导致突破原有规则框架的行为产生，由于规则存在正反馈机制，这种打破规则的行为将受到惩罚和抑制。因此，冲突和不确定性减少带来的促进作用与正反馈的抑制作用相抵消，规则在操作性资源能力与服务创新之间的调节作用不显著。第二，规范正向调节操作性资源能力与服务创新之间的关系，假设 H9b 得到支持。当参与者进行互动时所持的规范一致性较高时，企业与其他参与者能够做出相似的价值判断，保持相近的创新步调，实现彼此的配合与互补。同时，参与者遵守的技术规范一致性程度越高，越能减少因技术接口差异带来的成本，从而通过操作性资源能力和共享制度的组合进化（Amara et al.，2009），促进服务创新的实现。第三，认知正向调节操作性资源能力与服务创新之间的关系，假设 H9c 得到支持。在参与者认知一致性程度较高时，参与者对彼此的行为逻辑具有较高的理解水平，能够使企业与其他参与者在互动过程中避免不必要的冲突，同时提升资源投入意愿，保持一致的发展方向，为操作性资源能力的发挥扫清障碍，有利于服务创新的产生。

6.4.5　被调节的中介作用

本书检验了共享制度对价值共创、服务创新中介效应的调节作用，结果显示共享制度正向调节操作性资源能力通过价值共创、服务创新对竞争优势产生的间接作用。本书将企业置于服务生态系统的大环境中，共享制度是服务生态系统的治理机制，对企业在生态系统中的行为产生影响。因此，在服务生态系统中活动的企业必须注意共享制度的协调和约束作用，特别是在与其他参与者进行互动的时候，要根据彼此共享制度的一致性程度对资源和能力的投入进行估计和预判，充分认识到共享制度的重要性。

一方面，共享制度正向调节操作性资源能力通过价值共创对竞争优势产生的间接作用，本书假设 H10 成立。根据 Hayes（2013）的研究建议，本书使用 SPSS 20.0 的 Process 宏对被调节的中介作用进行了检验，Bootstrap 法检验结果显示，在共享制度一致性程度不断提升时，价值共创的中介作用不断增强，低、中、高 3 种不同共享制度一致性调节下的置信区间均不包含 0，中介作用受到共享制度的正向调节。这表明，本书验证了共享制度对"操作性资源能力—价值共创—竞争优势"这一路径具有显著的正向调节作用。随着共享制度一致性程度的不断提升，企业与其他参与者的关系不断密切，不确定性和冲突风险降低，企业操作性资源能力的运用空间和发挥的作用不断加大，价值共创更容易产生，在帮助企业不断实现价值累积的同时也使企业获得了竞争优势。

另一方面，共享制度正向调节操作性资源能力通过服务创新对竞争优势产生的间接作用，本书假设 H11 成立。根据 Hayes（2013）的研究建议，本书使用 SPSS 20.0 的 Process 宏对被调节的中介作用进行了检验，Bootstrap 法检验结果显示，在共享制度一致性程度不断提升时，服务创新的中介作用不断增强，低、中、高 3 种不同共享制度一致性调节下的置信区间均不包含 0，中介作用受到共享制度的正向调节。这表明，本书验证了共享制度对"操作性资源能力—服务创新—竞争优势"这一路径具有显著的正向调节作用。随着共享制度一致性程度的不断提升，企业更容易与合作伙伴产生相似的价值判断和行为逻辑，在创新的方向上更容易达成一致，实现行动默契和资源互补，操作性资源能力在这种情况下更容易发挥，服务创新事半功倍，企业能获得优于竞争对手的表现，有利于竞争优势的长期保持。

第 7 章　研究结论与未来展望

随着数字经济的不断发展，经济管理活动的各主体打破了物理空间的限制，联系越发密切，互动越发频繁。产品主导逻辑难以解释和指导数字经济时代的管理实践，服务主导逻辑被更多学者认同，服务生态系统受到关注。本书基于服务生态系统的视角，综合资源基础观、动态能力理论和服务主导逻辑理论，构建了操作性资源能力对竞争优势的作用机制模型，深入探讨了操作性资源能力、价值共创、服务创新与竞争优势的关系，同时将共享制度引入模型，探索了共享制度的调节作用。本章将依据实证结果提出主要研究结论，对研究的理论贡献和管理启示进行阐述，并给出研究局限和未来研究展望。

7.1　研究结论

本书从服务生态系统的视角出发，通过理论研究、案例探索和实证分析探讨了操作性资源能力对竞争优势的作用机制。基于 451 份问卷调查的结果，本书得出如下结论。第一，企业能够通过发挥操作性资源能力实现竞争优势，操作性资源能力的 4 个维度即资源识别、价值主张、参与合作和价值共创均会对竞争优势产生正向作用。第二，作为服务生态系统中价值创造的一般形式，价值共创在操作性资源能力积极影响竞争优势的机制中起部分中介作用，即企业能够通过发挥操作性资源能力推动价值共创进而实现竞争优势。第三，创新是企业可持续发展的重要保障，服务创新在企业通过发挥操作性资源能力获得竞争优势的作用机制中起部分中介作用，即企业能够通过培育操作性资源能力开展服务创新进而获得竞争优势。第四，共享制度作为服务生态系统的治理机制，深刻影响了参与者的行动及交互行为，能够调节操作性资源能力对价值共创和服务创新的作用，但其 3 个维度的调节作用有所区别。规则维度和认知维度均正向调节操作性资源能力对价值共创的影响，规范维度的调节效应不显著；规范维度和认知维度均正向调节操作性资源能力对服务创新的影响，规则维度的调节效应不显著。第五，共享制度在操作性资源能力对竞争优势的影响机制中发挥重要作用，正向调节"操作性资源能力—价值共创—竞争优势"和"操作性资源能力—服务创新—竞争优势"两条作用路径。

7.2　理论贡献

本书的理论贡献如下。

（1）本书使用定性研究与定量研究相结合的方法探索了操作性资源能力对竞争优势的影响，丰富了操作性资源能力的相关理论。随着互联网技术和数字经济的不断发展，服务生态系统的实践不断丰富，服务生态系统理论受到越来越多的关注。操作性资源是服务生态系统中竞争优势的来源（Vargo and Lusch，2008），操作性资源能力的重要作用开始被学界重视（Ngo and O'Cass，2009；Nenonen et al.，2019）。但是，目前对该领域的研究远远落后于实践发展，对服务生态系统的探讨，特别是有关操作性资源能力与竞争优势的研究主要集中于理论探索和定性分析，鲜有定量研究。本书从服务生态系统视角出发，结合资源基础观、动态能力理论、服务主导逻辑理论，对服务生态系统中企业操作性资源能力对竞争优势的影响进行了案例研究和定量的实证研究，深入剖析了操作性资源能力的不同维度对竞争优势的影响，弥补了当前研究的不足。

（2）本书识别了价值共创和服务创新两个中介变量，厘清了从操作性资源能力到竞争优势的作用路径。在现有研究中，学者大多强调服务生态系统中操作性资源及操作性资源能力的重要作用，认为其是企业竞争优势和服务生态系统战略利益的重要来源（Vargo and Lusch，2016），但是对操作性资源能力对竞争优势的作用路径鲜有探讨。服务生态系统中的企业不是孤立的个体，而是在不断的互动中与其他参与者保持着既竞争又合作的关系，并与服务生态系统互利共生（令狐克睿等，2018）。因此，价值共创成为企业实现价值累积的主要手段，与其他参与者合作进行服务创新成为企业不断前进的重要驱动力，价值共创和服务创新在企业通过操作性资源能力获得竞争优势的路径中发挥了重要作用。本书基于服务生态系统的视角，深度剖析了操作性资源能力对竞争优势的作用机制，识别出价值共创和服务创新两个中介变量，完善了操作性资源能力对竞争优势影响的作用路径。

（3）本书明晰了在操作性资源能力对竞争优势作用机制中的边界条件。通过理论研究、案例研究和实证分析，本书得出服务生态系统中的企业在发挥操作性资源能力的过程中受到了共享制度的影响。随着服务生态系统理论研究的不断深入，学界对服务生态系统共享制度的关注程度不断提高，认为其是服务生态系统的治理机制，对参与者行为和活动具有深远影响。尽管现有研究认识到了共享制度的重要作用，但是鲜有研究将其作为权变因素引入整合模型中，且缺乏对共享制度的实证研究。本书引入了共享制度作为调节变量，分析了共享制度在操作性资源能力与价值共创、服务创新关系中的调节作用，并进一步验证了共享制度对"操作性资源能力—价值共创—竞争优势"和"操作性资源能力—服务创新—竞争优势"两条路径的正向调节作用，丰富并完善了操作性资源能力对竞争优势的作用机制模型，为研究服务生态系统中企业如何获得竞争优势提供了新思路。

7.3　管理启示

本书的管理启示如下。

（1）企业应打破原有产品主导逻辑的禁锢，从服务生态系统的视角出发看待企业的发展。互联网技术的不断进步和数字经济的日益繁荣使社会经济活动参与者的互动更加频繁，以企业为价值创造者、以有形资源为财富来源的产品主导逻辑对经济管理活动的指导能力逐渐减弱，服务主导逻辑和服务生态系统理论对实践的指导作用不断凸显。一方面，从服务生态系统的视角出发看待企业发展能够帮助企业更好地应对数字经济和服务经济带来的挑战。信息技术和交通运输领域的发展降低了企业互动的成本，服务经济的繁荣使体验价值和使用价值越发受到关注，密切了企业与其他参与者之间的关系。企业凭借自身的技术、资源独自进行价值创造并主导或垄断市场的情况不复存在，关注其他利益相关者的价值主张、利用生态系统和价值网络中的资源、开展广泛的合作成为信息时代企业获得竞争优势并走向成功的必要条件。因此，企业应秉持开放合作的态度，积极与服务生态系统中的其他参与者互动，合理利用服务生态系统中的资源，灵活处理与其他参与者的关系，从服务生态系统的视角出发制定企业的发展战略。另一方面，从服务生态系统的视角出发看待企业发展能够帮助企业打破产品本位的禁锢，有利于企业升级转型。传统的产品主导逻辑认为有形产品是财富的来源，企业将价值创造的重心放在产品生产上，忽视了其他利益相关者在价值创造过程中的主张和作用，极易导致科技创新与市场需求的不匹配。从服务生态系统的视角出发看待企业发展，将使企业对更多的利益相关者予以关注，帮助企业优化资源配置，合理化业务发展和创新方向，有效协调各方关系。特别是对制造企业而言，从服务生态系统的视角看待企业发展，能够有效推动制造企业的服务化进程，使企业由提供产品向提供解决方案转变，推动企业升级发展。

（2）企业应将关注焦点从有形的对象性资源转移到无形的操作性资源上，重视培养操作性资源能力。在传统经济学视角下，人类财富的主要来源是有形的、静态的、以自然资源为代表的对象性资源，而个人或组织所拥有的知识、技术等无形的、动态的操作性资源的价值则通过以较低的成本将对象性资源转化为产出（产品）来体现。随着经济社会的发展，生产力水平不断提升，知识、技术等无形资源的价值日益凸显。资源基础观（Barney，1991）指出稀缺的、异质的、不可模仿的、难以替代的资源更为重要，符合上述特征的操作性资源开始受到管理者和学界的重视。服务主导逻辑的基本命题指出，操作性资源是企业竞争优势和生态系统战略利益的来源（Vargo and Lusch，2008，2016），培育操作性资源能力是服务生态系统中企业获得竞争的重要途径。企业应将关注的重点从对象性资源转移到操作性资源上，从培养资源识别能力、价值主张能力、参与合作能力、影响制度能力出发，对操作性资源能力的提升进行全面长期管理。首先，应提升企业甄别资源的能力，加强在先进技术、行业前沿、商业模式创新等方面的信息收集和员工培训，明确企业在价值创造和创新上所需的必要资源，减少冗余信息的干扰。其次，维护好与直接增值利益相关者（如客户、供应商等）的关系，密切与非直接增值利益相关者（如政府、协会等）的关系。直接增值利益相关者往往是企业价值共创的直接参与者，而非直接增值利益相关者则具有结构洞的作用，是企业有效信息的重要来源，与两种利益相关者保持适当的关系是企业在服务生态系统中有效活动的基础。再次，清晰化企业的核心价值主张，能够以简明扼要、通俗易懂的语言向服务生态系统的其他参与者阐明企业的诉求和引领的价值取向。通过大众传媒、社交网络等渠道，运用标语、视觉识别系统、短视频、直播等多种方式，利用公益活动、事件营销等多种手段，不断强化企业阐明和输出价值主张的能力。最后，企业应积极融入行业协会、政府咨询会、专家座谈会等组织和活动中，提升企业在制定行业标准、市场准则、相关优惠政策等方面的参与度，不断提升企业在整个服务生态系统中的影响力。

（3）企业应改变原有价值创造模式，与服务生态系统的其他参与者进行价值共创，重视共同生产和使用价值的重要意义。企业在进行价值创造的时候，应打破原有的"闭门造车"式或传统价值链模式的禁锢，充分利用服务生态系统的特性，积极将服务生态系统中的其他参与者纳入价值共创中来。一方面，企业应充分了解客户、供应商、分销商等利益相关者的价值主张，在服务生态系统共享制度的协调下将直接增值利益相关者纳入价值共创的过程中，通过建立合作和战略伙伴关系等方法，增强直接增值利益相关者的专用性资产投入意愿，提升企业与其他参与者进行价值共创时知识、信息、资本、人力资源等的通达性和可获得性，减少企业参与合作生产的障碍。另一方面，重视不同情境下各参与者在价值共创中获得的效用，尤其关注受益人的体验。不同于产品主导逻辑关注的交换价值，服务主导逻辑关注的焦点是使用价值，不同参与者在不同情境下获得的使用价值具有差异，即参与者会产生不同的体验。企业应关注参与价值共创各主体从该过程中获得的使用价值，尤其应关注客户的体验，在互动过程中注重关系的维护，在技术的应用上关注操作的友好性和体验性。

（4）深化企业服务创新，整合服务生态系统中的资源，以开放的态度欢迎更多参与者加入服务创新的过程中。尽管价值共创能够给企业带来收益，但是长期沿着相同路径进行价值创造容易使企业产生路径依赖和能力刚性，难以应对急剧变化的外部环境，不利于企业长远发展，因此创新对企业来说至关重要。首先，通过本书可知，服务创新是服务生态系统中企业竞争优势的重要来源。企业应提高对服务创新的重视程度，以广义的服务创新概念统领科技创新和市场创新，破除将科技创新、市场创新割裂的固有观念，以使服务生态系统中的参与者获益为创新目标。其次，企业应秉持开放共享的态度，在进行创新活动之前充分考虑服务生态系统中其他参与者的价值主张，在与其他参与者进行交互的过程中不断修正创新的发展和前进方向，避免一味加大 R&D 投入但成果转化率低、创新与市场脱节的问题。最后，企业应将更多服务生态系统的参与者变成企业合作创新的参与者，通过签订战略合作协议、增加专用性资产投入、加强人员交流等方式增强企业互信，减少不确定性和创新风险，畅通企业开放式创新路径。

（5）重视服务生态系统的共享制度，不断审视企业在服务生态系统中活动的制度环境，有效利用共享制度在跨文化、跨区域合作中带来的便利。共享制度是服务生态系统中参与者活动的协调机制，对与共享制度一致的行为产生使能作用，对与共享制度不一致的行为产生抑制作用，是服务生态系统中企业活动的重要影响因素。此外，跨文化、跨区域经营一直是企业发展壮大过程中面临的重要挑战，服务生态系统的共享制度能够帮助企业在跨文化、跨区域活动中减少差异性、多元化和动态性带来的风险。本书的实证结果显示，共享制度在操作性资源能力影响竞争优势的作用机制中具有重要作用，共享制度的一致性程度能够影响企业操作性资源能力的发挥，进而影响企业的价值共创和服务创新，是影响服务生态系统中企业竞争优势的重要权变因素。因此，在企业的日常运行中，管理者应注意服务生态系统共享制度的变化，系统性、周期化评估企业与其他参与者在共享制度方面的一致性程度，对企业与其他关键参与者在市场准则、技术标准、行业道德、价值判断、文化认知等方面的异同予以明确和重视。选择在共享制度一致性程度高的时候加大投入，发挥企业优势推动价值共创和服务创新，为企业赢得竞争优势。

7.4　研究局限

本书的研究局限如下。

（1）样本选择的局限。考虑到不同文化、不同经济发展状况将对研究产生影响，本书选取了来自全国 29 个省（区、市）的样本，但各省（区、市）样本分布不均，天津（2 个）、云南（2 个）、内蒙古（1 个）等省（区、市）样本量较少，广东（58 个）、河北（31 个）、河南（30 个）等省（区、市）样本量较多，未来在样本选取上可以更关注地域分布的均衡性。同时，不同行业企业对操作性资源能力的运用可能存在差异，本书样本涉及行业类型较多，没有针对特定的具体行业进行深入探讨。虽然研究结论相对具有一般性，但具体行业可能存在特殊性，未来可以对特定行业进行具体研究。

（2）研究方法的局限。本书进行的是利用横截数据的静态研究，数据是在单一时点获取，其中企业的能力和状态会随时间的推移发生变化，并且操作性资源能力的发挥和作用的实现需要一个过程，这在一定程度上影响了本书的研究结果，未来可以通过长期跟踪的纵贯研究对本书的结论进行进一步检验。

（3）研究模型的局限。本书讨论了操作性资源能力对竞争优势的影响机制，识别了价值共创和服务创新两个中介变量和共享制度这一调节变量。但服务生态系统中企业竞争优势的形成还可能受到其他因素的影响，如企业生态位、生态系统外部情境等，未来研究应考虑更多影响因素，进一步完善操作性资源能力对竞争优势的作用模型。

7.5 未来展望

（1）跟踪性纵贯研究。服务生态系统中企业操作性资源能力的形成、运用及效果的产生均需要一定的时间，因此对企业的跟踪研究是有必要的。同时，服务生态系统理论尚未成熟，理论研究滞后于实践的发展。对服务生态系统企业的跟踪性研究，有利于深化学界对服务生态系统的理解，完善企业操作性资源能力对竞争优势的作用机制，丰富服务生态系统理论。此外，跟踪性纵贯研究能够避免单一时点横截研究在方法上的一些问题，在跟踪过程中可能发现更多影响服务生态系统中企业竞争优势形成的因素，为相关理论的发展奠定基础，给予服务生态系统中的企业更多可行性指导。

（2）基于服务生态系统特点，探索共享制度对企业的影响。服务生态系统是一个多层次的、重叠的又相对独立的系统，共享制度作用于服务生态系统的各个层次，各层次之间的共享制度既具有一致性又相对独立，成为连接服务生态系统微观、中观、宏观层面的纽带。服务生态系统不同层面的共享制度对企业活动会产生促进或抑制作用。从服务生态系统结构特点的角度出发，探讨共享制度对企业活动的影响，可以成为未来研究的一个方向。

（3）服务生态系统中价值共毁的研究。服务生态系统中的参与者存在广泛的互动，但是受参与者资源、能力、共享制度一致性等因素的影响，互动的结果并不总是正向的，也可能导致价值共毁的出现。此外，尽管有共享制度协调服务生态系统中的参与者行为，但机会主义行为仍然普遍存在，增加了价值共毁出现的可能性。目前，学界对服务生态系统价值共创的关注程度不断提升，价值共创被认为是服务生态系统中价值创造的一般形式。但现有研究对价值共毁的关注程度有所欠缺。服务生态系统中价值共毁是如何发生的，价值共毁将对企业产生什么影响，企业如何发挥操作性能力规避价值共毁？这些问题都值得进一步探讨。

参考文献

[1] Aal, K. , Pietro, L. D. , et al. , 2016, "Innovation in service ecosystems: An empirical study of the integration of values, brands, service systems and experience rooms", *Journal of Service Management*, 27 (4): 619-651.

[2] Aarikka-Stenroos, L. , Jaakkola, E. , 2012, "Value co-creation in knowledge intensive business services: A dyadic perspective on the joint problem solving process", *Industrial Marketing Management*, 41 (1): 1-26.

[3] Adner, R. , 2017, "Ecosystem as structure: An actionable construct for strategy", *Journal of Management*, 43 (1): 39-58.

[4] Adner, R. , Kapoor, R. , 2010, "Value creation in innovation ecosystems: How the structure of technological interdependence affects firm performance in new technology generations", *Strategic Management Journal*, 31 (3): 306-333.

[5] Akaka, M. A. , Chandler, J. D. , 2011, "Roles as resources: A social roles perspective of change in value networks", *Marketing Theory*, 11 (3): 243-260.

[6] Akaka, M. A. , Vargo, S. L. , 2013, "Technology as an operant resource in service (eco) systems", *Information Systems and E-Business Management*, 12 (3): 367-384.

[7] Akaka, M. A. , Vargo, S. L. , 2015, "Extending the context of service: From encounters to ecosystems", *Journal of Services Marketing*, 29 (6-7): 453-462.

［8］ Akaka, M. A. , Vargo, S. L. , Lusch, R. F. , 2013, "The complexity of con-text: A service ecosystems approach for international marketing", *Journal of International Marketing*, 21 (4): 1-20.

［9］ Akaka, M. A. , Vargo, S. L. , Schau, H. J. , 2015, "The context of experience", *Journal of Service Management*, 26 (2): 206-223.

［10］ Akgün, A. E. , Erdil, O. , et al. , 2016, "The relationship among gratitude, hope, connections, and innovativeness", *The Service Industries Journal*, 36 (3-4): 102-123.

［11］ Alderson, W. , 1957, *Marketing Bbehavior and Executive Action: A Functionalist Approach to Marketing Theory* [Homewood (ILL): Irwin].

［12］ Alvarez, S. A. , Young, S. L. , Woolley, J. L. , 2015, "Opportunities and institutions: A co-creation story of the king crab industry", *Journal of Business Venturing*, 30 (1): 95-112.

［13］ Amara, N. , Landry, R. , et al. , 2009, "Patterns of innovation in knowledge-intensive business services", *The Service Industries Journal*, 29 (4): 407-430.

［14］ Ansoff, H. I. , 1965, *Corporate Strategy* (New York: Mc Graw Hill).

［15］ Arnould, E. , Thompson, C. , 2005, "Consumer culture theory (CCT): Twenty years of research", *Journal of Consumer Research*, 31 (4): 868-882.

［16］ Astley, W. G. , Van de Ven, A. H. , 1983, "Central perspectives and debates in organization theory", *Administrative Science Quarterly*, 28 (2): 245-273.

［17］ Atuahene-Gima, K. , 2010, "Differential potency of factors affecting innovation performance in manufacturing and services firms in Australia", *Journal of Product Innovation Management*, 13 (1): 35-52.

［18］ Avlonitis, G. J. , Papastathopoulos, P. G. , Gounaris, S. P. , 2001, "An empirically-based typology of product innovativeness for new financial services: Success and failure scenarios", *Journal of Product Innova-*

tion Management, 18 (5): 324-342.

[19] Bagozzi, R. P. , 1975, "Marketing as exchange", *Journal of Marketing*, 39 (4): 32-39.

[20] Ballantyne, D. , Varey, R. J. , 2006, "Creating value-in-use through marketing interaction: The exchange logic of relating, communicating and knowing", *Marketing Theory*, 6 (3): 334-348.

[21] Banoun, A. , Dufour, L. , Andiappan, M. , 2016, "Evolution of a service ecosystem: Longitudinal evidence from multiple shared services centers based on the economies of worth framework", *Journal of Business Research*, 69 (8): 2990-2998.

[22] Barile, S. , Lusch, R. , et al. , 2016, "Systems, networks, and ecosystems in service research", *Journal of Service Management*, 27 (4): 652-674.

[23] Barile, S. , Saviano, M. , 2000, "Foundations of systems thinking: The structure system paradigm", *Social Science Electronic Publishing*, 10 (2): 15-32.

[24] Barney, J. B. , 1991, "Firm resource and sustained competitive advantage", *Journal of Management*, 17 (1): 99-120.

[25] Barras, R. , 1986, "Towards a theory of innovation in services", *Research Policy*, 15 (4): 161-173.

[26] Beirão, G. , Patrício, L. , Fisk, R. P. , 2017, "Value cocreation in service ecosystems: Investigating health care at the micro, meso, and macro levels", *Journal of Service Management*, 28 (2): 227-249.

[27] Beitelspacher, L. S. , Tokman, M. , et al. , 2012, "Retail service-based operant resources and market performance", *International Journal of Logistics Management*, 23 (3): 408-434.

[28] Benner, M. J. , Tushman, M. L. , 2003, "Exploitation, exploration, and process management: The productivity dilemma revisited", *Academy of Management Review*, 28 (2): 238-256.

[29] Berends, H. , Bijh, D. , Debackere, K. , 2006, "Knowledge sharing mechanisms in industrial research", *R&D Management*, 36 (1): 85–95.

[30] Berger, P. L. , Luckmann, T. , 1967, *The Social Construction of Reality: A Treatise in the Sociology of Knowledge* (London: Penguin).

[31] Bergin-Seers, S. , Breen, J. , Frew, E. , 2008, "The determinants and barriers affecting innovation management in SMTEs in the tourist park sector", *Tourism Recreation Research*, 33 (3): 245–253.

[32] Besanko, D. , Darnove, D. , Shanley, M. , 2000, *Economics of Strategy* (New York: John Wiley & Sons).

[33] Betton, J. , Dess, G. G. , 1985, "The application of population ecology models to the study of organizations", *Academy of Management Review*, 10 (4): 750–757.

[34] Bonsu, S. K. , Darmody, A. , 2008, "Co-creating second life: Market-consumer cooperation in contemporary economy", *Journal of Macromarketing* 28 (4): 355–368.

[35] Breslin, D. , 2013, "The nature of technology: What it is and how it evolves", *Investigaciones De Historia Económica*, 6 (18): 200–202.

[36] Camilleri, J. , Neuhofer, B. , 2017, "Value co-creation and co-destruction in the Airbnb sharing economy", *International Journal of Contemporary Hospitality Management*, 29 (9): 2322–2340.

[37] Carlborg, P. , Kindström, D. , Kowalkowski, C. , 2014, "The evolution of service innovation research: A critical review and synthesis", *The Service Industries Journal*, 34 (5): 373–398.

[38] Carpenter, M. A. , Sanders, W. G. , 2007, *Strategic Management: A Dynamic Perspective: Concepts and Cases* (New Jersey: Prentice Hall Press).

[39] Chamberlin, E. H. , 1939, "Chamberlin's monopoly supply curve: Reply", *The Quarterly Journal of Economics*, 53 (4): 642–644.

[40] Chandler, J. D. , Danatzis, I. , et al. , 2019, "How does innovation emerge in a service ecosystem?", *Journal of Service Research*, 22 (1):

75-89.

[41] Chandler, J. D., Lusch, R. F., 2015, "Service systems: A broadened framework and research agenda on value propositions, engagement, and service experience", *Journal of Service Research*, 18 (1): 6-22.

[42] Chandler, J. D., Vargo, S. L., 2011, "Contextualization and value-in-context: How context frames exchange", *Marketing Theory*, 11 (1): 35-49.

[43] Cho, H. J., Pucik, V., 2005, "Relationship between innovativeness, quality, growth, profitability, and market value", *Strategic Management Journal*, 26 (6): 555-575.

[44] Clark, K. B., Fujimoto, T., 1990, "The power of product integrity", *Harvard Business Review*, 68 (6): 107-118.

[45] Clements, F. E., 1916, *Plant Succession* (London: Chapman & Hall).

[46] Colombelli, A., 2012, "High growth firms and technological knowledge: Do gazelles follow exploration or exploitation strategies?", *Alessandra Colombelli*, 23 (1): 261-291.

[47] Constantin, J. A., Lusch, R. F., 1994, *Understanding Resource Management* (Oxford: Oxford Press).

[48] Cooley, C. H., 1922, "Human nature and the social order", *American Journal of Sociology*, 148 (2): 351-353.

[49] Cova, B., Dalli, D., Zwick, D., 2011, "Critical perspectives on consumers' role as 'producers': Broadening the debate on value co-creation in marketing processes", *Marketing Theory*, 11 (3): 231-241.

[50] Cusumano, M. A., Kahl, S. J., Suarez, F. F., 2015, "Services, industry evolution, and the competitive strategies of product firms", *Strategic Management Journal*, 36 (4): 559-575.

[51] David, P. A., 1985, "Clio and the economics of QWERTY", *American Economic Review*, 75 (2): 332-337.

[52] Day, G. S., 1994, "The capabilities of market-driven organizations",

Journal of Marketing, 58（4）：37-52.

[53] De Brentani, U. , 1995, "New industrial service development: Scenarios for success and failure", *Journal of Business Research*, 32（2）：93-103.

[54] Den B. , Hertog, P. , Van der Aa, W. , et al. , 2010, "Capabilities for managing service innovation: Towards a conceptual framework", *Journal of Service Management*, 21（4）：490-514.

[55] Den Hertog, P. , 2000, "Knowledge-intensive business services as co-producers of innovation", *International Journal of Innovation Management*, 4（4）：491-528.

[56] Dimaggio, P. J. , Powell, W. W. , 1983, "The iron cage revisited: Institutional isomorphism and collective rationality in organizational fields", *American Sociological Review*, 48（2）：147-160.

[57] Drejer, I. , 1998, "Identifying innovation in surveys of services: A Schumpeterian perspective", *Research Policy*, 33（3）：551-562.

[58] Drejer, I. , 2004, "Identifying innovation in surveys of services: A Schumpeterian perspective", *Research Policy*, 33（3）：551-562.

[59] Drucker, P. F. , 1985, "The Discipline of Innovation", *Harvard Business Review*, 76（6）：149-57.

[60] Echeverri, P. , Skålén, P. , 2011, "Co-creation and co-destruction: A practice-theory based study of interactive value formation", *Marketing Theory*, 11（3）：351-373.

[61] Edvardsson, B. , Gustafsson, A. , Roos, I. , 2005, "Service portraits in service research: A critical review", *International Journal of Service Industry Management*, 16（1）：107-121.

[62] Edvardsson, B. , Kleinaltenkamp, M. , et al. , 2014, "Institutional logics matter when coordinating resource integration", *Marketing Theory*, 14（3）：291-309.

[63] Edvardsson, B. , Tronvoll, B. , 2013, "A new conceptualization of service innovation grounded in S-D logic and service systems", *Interna-*

tional Journal of Quality & Service Sciences, 5 (1): 19-31.

[64] Edvardsson, B., Tronvoll, B., Gruber, T., 2011, "Expanding under-standing of service exchange and value co-creation: A social construction approach", *Journal of the Academy of Marketing Science*, 39 (2): 327-339.

[65] Edwards, J. R., 2007, "Methods for integrating moderation and media-tion", *Psychological Methods*, 12 (1): 1-22.

[66] Eisenhardt, K. M., Martin, J. A., 2000, "Dynamic capabilities: What are they?", *Strategic Management Journal*, 21 (10): 1105-1121.

[67] Fisher, D., Smith, S., 2011, "Cocreation is chaotic: What it means for marketing when no one has control", *Marketing Theory*, 11 (3): 325-350.

[68] Fligstein, N., 1997, "Social skill and institutional theory", *American Behavioral Scientist*, 40 (4): 397-405.

[69] Frow, P., McColl-Kennedy, J. R., et al., 2014, "Value propositions: A service ecosystem perspective", *Marketing Theory*, 14 (3): 327-351.

[70] Gallouj, F., Savona, M., 2009, "Innovation in services: A review of the debate and a research agenda", *Journal of Evolutionary Economics*, 19 (2): 149-172.

[71] Ganesan, P., Sridhar, M., 2016, "Service innovation and customer performance of telecommunication service provider: A study on mediation effect of corporate reputation", *Corporate Reputation Review*, 19 (1): 77-101.

[72] Gassmann, O., Zeschky, M., et al., 2010, "Crossing the industry-line: Breakthrough Innovation through Cross-industry Alliances with 'Non-suppliers'", *Long Range Planning*, 43 (5-6): 639-654.

[73] Gebauer, H. A., Krempl, R., et al., 2008, "Innovation of product-re-lated services", *Journal of Service Theory & Practice*, 4 (4): 387-404.

[74] Gebauer, H. A., Reynoso, J. B., 2013, "An agenda for service re-

search at the base of the pyramid", *Journal of Service Management*, 24 (5): 1933-1947.

[75] Geels, F. W., 2004, "From sectoral systems of innovation to socio-technical systems: Insights about dynamics and change from sociology and institutional theory", *Research Policy*, 33 (6-7): 897-920.

[76] Giddens, 1984, *The Constitution of Society* (California: University of California Press).

[77] Granovetter, M. S., 1985, "Economic action and social structure: The problem of embeddedness", *American Journal of Sociology*, 91 (3): 481-510.

[78] Grönroos, C., Ravald, A., 2011, "Service as business logic: Implications for value creation and marketing", *Journal of Service Management*, 22 (1): 5-22.

[79] Gruhl, D., Bailey, J., et al., 2007, "Steps toward a science of service systems", *Computer*, 40 (1): 71-77.

[80] Guan, J., Liu, N., 2016, "Exploitative and exploratory innovations in knowledge network and collaboration network: A patent analysis in the technological field of nano-energy", *Research Policy*, 45 (1): 97-112.

[81] Gummesson, E., Mele, C., 2010, "Marketing as value co-creation through network interaction and resource integration", *Journal of Business Market Management*, 4 (4): 181-198.

[82] Gummesson, E., 1994, "Service management: An evaluation and the future", *International Journal of Service Industry Management*, 5 (5): 77-96.

[83] Hallett, T., Ventresca, M. J., 2006, "Inhabited institutions: Social interactions and organizational forms in Gouldner's patterns of industrial bureaucracy", *Theory & Society*, 35 (2): 213-236.

[84] Hannan, M. T., Freeman, J., 1977, "The population ecology of organ-

izations", *American Journal of Sociology*, 82 (5): 929-964.

[85] Hao, M., 2000, "Competitive advantage and firm performance", *Competitiveness Review*, 10 (2): 15-32.

[86] Hayes, A. F., 2013, *Introduction to Mediation, Moderation, and Conditional Process Analysis: A Regression-Based Approach* (New York: Guilford Press).

[87] Helkkula, A., Kelleher, C., Pihlström, M., 2012, "Characterizing value as an experience: Implications for service researchers and managers", *Journal of Service Research*, 15 (1): 59-75.

[98] Hobbs, C., 2015, "Systems thinking, critical realism and philosophy: A confluence of ideas", *Journal of the Operational Research Society*, 66 (1): 175-176.

[89] Hofer, C. W., Schendel, D., 1978, *Strategy Formulation: Analytical Concepts* (St Paul: West Publishing).

[90] Hoffman, A. J., 2000, *Competitive Environmental Strategy: A Guide to the Changing Business Landscape* (Island: Island Press).

[91] Hoffman, L., 1990, "Constructing realities: An art of lenses", *Family Process*, 29 (1): 1-12.

[92] Holbrook, M. B., 2006, "Consumption experience, customer value, and subjective personal introspection: An illustrative photographic essay", *Journal of Business Research*, 59 (6): 714-725.

[93] Hollebræk, L. D., Andreassen, T. W., 2018, "The S - D logic - informed 'hamburger' model of service innovation and its implications for engagement and value", *Journal of Services Marketing*, 32 (1): 1-7.

[94] Hoyer, W. D., Chandy, R., et al., 2010, "Consumer cocreation in new product development", *Journal of Service Research*, 13 (3): 283-296.

[95] Huiikkola, T., Kottamäki, M., 2017, "Solution providers' strategic capabilities", *Journal of Business & Industrial Marketing*, 32 (5): 752-777.

[96] Hu, M. L. M., Horng, J. S., Sun, Y. H. C., 2009, "Hospitality teams: Knowledge sharing and service innovation performance", *Tourism Management*, 30 (1): 41-50.

[97] Iansiti, M., Levin, R., 2004, "Strategy as ecology", *Harvard Business Review*, 34 (3): 68-78.

[98] Johnstone, M. L., 2012, "The servicescape: The social dimensions of place", *Journal of Marketing Management*, 28 (11-12): 1399-1418.

[99] Karniouchina, E. V., Victorino, L., Verma, R., 2010, "Product and service innovation: Ideas for future cross-disciplinary research", *Journal of Product Innovation Management*, 23 (3): 274-280.

[100] Karpen, I. O., Bove, L. L., Luka, B. A., 2012, "Linking service-dominant logic and strategic business practice: A conceptual model of a service-dominant orientation", *Journal of Service Research*, 15 (1): 21-38.

[101] Ketonen-Oksi, S., 2018. "Creating a shared narrative: The use of causal layered analysis to explore value co-creation in a novel service ecosystem", *European Journal of Futures Research*, 6 (1): 1-12.

[102] Kim, H., Lee, J. N., Han, J., 2010, "The role of IT in Business Ecosystems", *Communications of the Acm*, 53 (5): 151-156.

[103] Kindström, D., Kowalkowski, C., 2009, "Development of industrial service offerings: A process framework", *Journal of Service Management*, 20 (2): 156-172.

[104] Kindström, D., Kowalkowski, C., Sandberg, E., 2013, "Enabling service innovation: A dynamic capabilities approach", *Journal of Business Research*, 66 (8): 1063-1073.

[105] Kleinaltenkamp, M., Corsaro, D., Sebastiani, R., 2018, "The role of proto-institutions within the change of service ecosystems", *Journal of Service Theory and Practice*, 28 (5): 609-635.

[106] Knoke, D., Powell, W. W., Dimaggio, P. J., 1993, "The new insti-

tutionalism in organizational analysis", *The American Political Science Review*, 87 (2): 501-502.

[107] Koskela-Huotari, K., Edvardsson, B., et al., 2016, "Innovation in service ecosystems—breaking, making, and maintaining institutionalized rules of resource integration", *Journal of Business Research*, 19 (8): 2964-2971.

[108] Kowalkowski, C., 2011, "Dynamics of value propositions: Insights from service-dominant logic", *European Journal of Marketing*, 45 (1-2): 277-294.

[109] Kowalkowski, C., Gebauer, H., Olivá, R., 2017, "Service growth in product firms: Past, present, and future", *Industrial Marketing Management*, 60 (10): 82-88.

[110] Latour, B., 2007, *Reassembling the Social: An Introduction to Actor-Network Theory* (Oxford: Oxford University Press).

[111] Lawrence, T. B., Suddaby, R., Leca, B., 2009, *Institutional Work—Actors and Agency in Institutional Studies or Organizations* (Cambridge: Cambridge University Press).

[112] Leonard-Barton, D., 1992, "Core capability and core rigidities: A paradox in managing new product development", *Strategic Management Journal*, 13 (1): 111-125.

[113] Leonardelli, G. J., 2003, "Calculation for the Sobel test: An interactive calculation tool for mediation tests", *Energy Conservation Technology*, 15 (9): 1103-1109.

[114] Letaifa, S. B., Reynoso, J., 2015, "Toward a service ecosystem perspective at the base of the pyramid", *Journal of Service Management*, 26 (5): 684-705.

[115] Li, L. P., Juric, B., Brodie, R. J., 2018, "Actor engagement valence: Conceptual foundations, propositions and research directions", *Journal of Service Management*, 29 (3): 491-516.

［116］Loïc, P., Cáceres, R. C., 2010, "Not always co-creation: introducing interactional co-destruction of value in service-dominant logic", *Journal of Services Marketing*, 24 (6): 430-437.

［117］Loïc, P., 2016, "Studying customers' resource integration by service employees in interactional value co-creation", *Journal of Services Marketing*, 30 (2): 152-164.

［118］Longo, M. C., Giacone, S. C., 2017, "Struggling with agency problems in open innovation ecosystems: Corporate policies in innovation hub", *TQM Journal*, 29 (6): 881-898.

［119］Lorsch, J. W., 1967, "Differentiation and integration in complex organizations", *Administrative Science Quarterly*, 12 (1): 1-47.

［120］Lowe, B., 2010, "Service innovation: How to go from customer needs to breakthrough services", *Journal of Product & Brand Management*, 20 (7): 557-557.

［121］Lütjen, H., Schultz, C., et al., 2019, "Managing ecosystems for service innovation: A dynamic capability view", *Journal of Business Research*, 104 (9): 506-519.

［122］Lütjen, H., Tietze, F., Schultz, C., 2017, "Service transitions of product-centric firms: An explorative study of service transition stages and barriers in Germany's energy market", *International Journal of Production Economics*, 192 (10): 106-119.

［123］Lusch, R. F., Nambisan, S., 2015, "Service innovation: A service-dominant logic perspective", *MIS Quarterly*, 39 (1): 155-175.

［124］MacKinnon, D. P., Fairchild, A. J., Fritz, M. S., 2007, "Mediation analysis", *Annual Review of Psychology*, 58 (58): 593-614.

［125］MacMillan, K., Komar, J., 2018, "Population ecology (organizational ecology): An experiential exercise demonstrating how organizations in an industry are born, change, and die", *Journal of Management Education*, 42 (3): 375-397.

[126] Madhavaram, S., Hunt, S. D., 2008, "The service-dominant logic and a hierarchy of operant resources: Developing masterful operant resources and implications for marketing strategy", *Journal of the Academy of Marketing Science*, 36 (1): 67-82.

[127] Maglio, P. P., Kieliszewski, C. A., Spohrer, J. C., 2010, *Handbook of Service Science* (Boston: Springer).

[128] Maglio, P. P., Spohrer, J., 2008, "Fundamentals of service science", *Journal of the Academy of Marketing Science*, 36 (1): 18-20.

[129] Maglio, P. P., Vargo, S. L., et al., 2009, "The service system is the basic abstraction of service science", *Information Systems and E-Business Management*, 7 (4): 395-406.

[130] Malthus T., 1789, *An Essay on the Principle of Population* (London: Printed for Johnson).

[131] Marquis, C., Raynard, M., 2015, "Institutional strategies in emerging markets", *The Academy of Management Annals*, 9 (1): 291-335.

[132] Martinez, V., Neely, A., et al., 2017, "Exploring the journey to services", *International Journal of Production Economics*, 192 (10): 66-80.

[133] Mathur, S. S., 2001, "Creating value: Successful business strategies", *Creating Value Successful Business Strategies*, 29 (5): 365-372.

[134] McAdam, D., Tarrow, S., Tilly, C., 2003, "Dynamics of contention", *Social Movement Studies*, 2 (1): 97-98.

[135] McColl-Kennedy, J. R., Cheung, L., Ferrier, E., 2015, "Co-creating service experience practices", *Journal of Service Management*, 26 (2): 249-275.

[136] McColl-Kennedy, J. R., Vargo, S. L., et al., 2012, "Health care customer value cocreation practice styles", *Journal of Service Research*, 15 (4): 370-389.

[137] McKelvey, B., Aldrich, H., 1983, "Populations, natural selection,

and applied organizational science", *Administrative Science Quarterly*, 28 (1): 101-128.

[138] Mehra, A., 1994, "Strategic groups: A resource-based approach", *The Journal of Socio-Economics*, 23 (4): 425-439.

[139] Merz, M. A., He, Y., Vargo, S. L., 2009, "The evolving brand logic: A service-dominant logic perspective", *Journal of the Academy of Marketing Science*, 37 (3): 328-344.

[140] Meynhardt, T., Chandler, J. D., Strathoff, P., 2016, "Systemic principles of value co-creation: Synergetics of value and service ecosystems", *Journal of Business Research*, 69 (8): 2981-2989.

[141] Meynhardt, T., 2009, "Public value inside: What is public value creation?", *International Journal of Public Administration*, 32 (3-4): 192-219.

[142] Michel, S., Brown, S. W., Gallan, A. S., 2008, "An expanded and strategic view of discontinuous innovations: Deploying a service-dominant logic", *Journal of the Academy of Marketing Science*, 36 (1): 54-66.

[143] Miller, D., Friesen, P. H., 1980, "Momentum and revolution in organizational adaptation", *Academy of Management Journal*, 23 (4): 591-614.

[144] Miller, D., 2008, "The uses of value", *Geoforum*, 39 (3): 1122-1132.

[145] Mitchell, V. L., 2006, "Knowledge integration and information technology project performance", *MIS Quarterly*, 30 (4): 919-939.

[146] Moeller, S., Ciuchita, R., et al., 2013, "Uncovering collaborative value creation patterns and establishing corresponding customer roles", *Journal of Service Research*, 16 (4): 471-487.

[147] Moore, J. F., 1993, "Predators and prey: A new ecology of competition", *Harvard Business Review*, 71 (3): 75-83.

[148] Moore, J. F., 1998, "The rise of a new corporate form", *Washington*

Quarterly, 21 (1): 167-181.

[149] Morgan, H. R. M., 1995, "The comparative advantage theory of competition", *Journal of Marketing*, 59 (2): 1-15.

[150] Nambisan, S., Baron, R. A., 2009, "Virtual customer environments: Testing a model of voluntary participation in value co - creation activities", *Journal of Product Innovation Management*, 26 (4): 388-406.

[151] Ndofor, H. A., Sirmon, D. G., He, X., 2011, "Firm resources, competitive actions and performance: investigating a mediated model with evidence from the in-vitro diagnostics industry", *Strategic Management Journal*, 32 (6): 640-657.

[152] Nenonen, S., Gummerus, J., Sklyar, A., 2018, "Game-changers: Dynamic capabilities' influence on service ecosystems", *Journal of Service Management*, 29 (4): 569-592.

[153] Ngo, L. V., O'cass, A., 2009, "Creating value offerings via operant resource - based capabilities", *Industrial Marketing Management*, 38 (1): 45-59.

[154] Nonaka, I., 1994, "A dynamic theory of organizational knowledge creation", *Organization Science*, 5 (1): 14-37.

[155] Normann, R., 2004, "Reframing business: When the map changes the landscape", *International Journal of Service Industry Management*, 15 (1): 122-125.

[156] North, D. C., 1990, *Institutions, Institutional Change and Economic Performance* (Cambridge: Cambridge University Press).

[157] Nysveen, H., Pedersen, P. E., Skard, S., 2013, "Brand experiences in service organizations: Exploring the individual effects of brand experience dimensions", *Journal of Brand Management*, 20 (5): 404-423.

[158] Ordanini, A., Parasuraman, A., 2011, "Service innovation viewed through a service-dominant logic lens: A conceptual framework and em-

pirical analysis", *Journal of Service Research*, 14 (1): 3-23.

[159] Orlikowski, I. , Wanda, J. , 1992, "The duality of technology: Rethinking the concept of technology in organizations", *Organization Science*, 3 (3): 398-427.

[160] Ostrom, A. L. , Bitner, M. J. , et al. , 2010, "Moving forward and making a difference: Research priorities for the science of service", *Journal of Service Research*, 13 (1): 4-36.

[161] Paiola, M. , Saccani, N. , et al. , 2013, "Moving from products to solutions: Strategic approaches for developing capabilities", *European Management Journal*, 31 (8): 390-409.

[162] Pathak, B. , Ashok, M. , Tan, L. Y. , 2020, "Value co-destruction: exploring the role of actors' opportunism in the B2B context", *International Journal of Information Management*, 52 (02): 1-13.

[163] Payne, A. , Frow, P. , Eggert, A. , 2017, "The customer value proposition: Evolution, development, and application in marketing", *Journal of the Academy of Marketing Science*, 45 (4): 467-489.

[164] Penaloza, L. , Mish, J. , 2011, "Leveraging insights from consumer culture theory and service dominant logic: The nature and processes of market co-creation in triple bottom line firms", *Marketing Theory*, 11 (2): 9-34.

[165] Penaloza, L. , Venkatesh, A. , 2006, "Further evolving the new dominant logic of marketing: From services to the social construction of markets", *Marketing Theory*, 6 (3): 299-316.

[166] Penrose, E. T. , 1959, *The Theory of the Growth of the Firm* (Oxford: Oxford University Press).

[167] Peteraf, M. A. , Barney, J. B. , 2003, "Unraveling the resource-based tangle", *Managerial & Decision Economics*, 24 (4): 309-323.

[168] Peteraf, M. A. , 1993, "The cornerstones of competitive advantage: A resources-based view", *Strategic Management Journal*, 14 (3): 179-191.

［169］ Peters, B. G. , 2012, *Institutional Theory in Political Science: The New Institutionalism* (New York: Continuum International Publishing Group).

［170］ Peters, L. D. , 2016, "Heteropathic versus homopathic resource integration and value co-creation in service ecosystems", *Journal of Business Research*, 69 (8): 2999-3007.

［171］ Peters, L. D. , Pressey, A. D. , et al. , 2013, "Constructivism and critical realism as alternative approaches to the study of business networks: Convergences and divergences in theory and in research practice", *Industrial Marketing Management*, 42 (3): 336-346.

［172］ Philip, K. , 1973, "Marketing management: Analysis, planning, implementation and control", *Journal of Marketing*, 37 (1): 297-320.

［173］ Pierce, J. L. , Newstrom J. W. , 2008, *The manager's bookshelf: amosaic of contemporary views* (Upper Saddle River: Pearson Prentice Hall).

［174］ Pine, B. J. , Peppers, D. , Rogers, M. , 1995, "Do you want to keep your customers forever?", *Harvard Business Review*, 73 (2): 103-114.

［175］ Pop, O. M. , Leroi-Werlends, S, et al. , 2018, "Institutional types and institutional change in healthcare ecosystems", *Journal of Service Management*, 29 (4): 593-614.

［176］ Porter, M. E. , 1985, *Competitive Advantage* (New York: The Free Press).

［177］ Porter, M. E. , 1987, "From competitive advantage to corporate strategy", *Harvard Business Review*, 65 (3): 43-59.

［178］ Powell, T. C. , 2001, "Competitive advantage: Logical and philosophical considerations", *Strategic Management Journal*, 22 (9): 875-888.

［179］ Prahalad, C. K. , Hamel, G. , 1990, "The core competence of the corporation", *Harvard Business Review*, 68 (3): 79-91.

［180］ Prahalad, C. K. , Ramaswamy, V. , 2004, "Co-creating unique value with customers", *Strategy & Leadership*, 32 (3): 4-9.

［181］ Prahalad, C. K. , Ramaswamy, V. , 2010, "Co-creation experiences: The next practice in value creation", *Journal of Interactive Marketing*,

18（3）：5-14.

［182］Prahalad, C. K. , 2004, "The future of competition: Co-creating unique value with customers", *Research - Technology Management*, 47（3）：62-62.

［183］Putnam, R. D. , 1993, "The prosperous community: Social capital and public life", *American Prospect*, 13（2）：35-42.

［184］Ramaswamy, V. , Ozcan, K. , 2014, *The Co-creation Paradigm*（Redwood City: Stanford University Press）.

［185］Ranjan, K. R. , Read, S. , 2016, "Value co-creation: Concept and measurement", *Journal of the Academy of Marketing Science*, 44（3）：290-315.

［186］Ren, S. J. , Hu, C. , et al. , 2015, "An empirical analysis of inter-organisational value co-creation in a supply chain: A process perspective", *Production Planning & Control*, 26（12）：969-980.

［187］Sajtos, L. , Kleinaltenthal, M. , Harrison, J. , 2018, "Boundary objects for institutional work across service ecosystems", *Journal of Service Management*, 29（4）：615-640.

［188］Sandström, S. , Edvardsson, B. , et al. , 2008, "Value in use through service experience", *Journal of Service Theory and Practice*, 18（2）：112-126.

［189］Schau, H. J. , Muñiz, A·M. , Arnould, E. J. , 2009, "How brand community practices create value", *Journal of Marketing*, 73（5）：30-51.

［190］Schneiberg, M. , King, M. , Smith, T. , 2008, "Social movements and organizational form: Cooperative alternatives to corporations in the American insurance, dairy, and grain industries", *American Sociological Review*, 73（4）：635-667.

［191］Schouten, J. W. , McAlexander, J. H. , 1995, "Subcultures of consumption: An ethnography of the new bikers", *Journal of Consumer Re-

search, 22 (1): 43-61.

[192] Schulte, W. D. , 1999, "The Effect of International Corporate Strategies and Information and Communication Technologies on Competitive Advantage and Firm Performance: An Exploratory Study of the International Engineering, Procurement and Construction (IEPC) Industry". Thesis: George Washington University.

[193] Scott, R. W. , 1987, "Organizations: Rational, natural, and open systems", *American Journal of Sociology*, 29 (1): 399-404.

[194] Scott, W. R. , 2014, *Institutions and Organizations* (4th ed.) (Thousand Oaks CA: Sage Publication Inc).

[195] Selznick, P. , 1957, *Leadership in Administration: A Sociological Interpretation* (New York: Harper & Row).

[196] Sigalas, C. , Papadakis, V. M. , 2018, "Empirical investigation of relationship patterns between competitive advantage and superior performance", *Journal of Strategy and Management*, 11 (1): 81-111.

[197] Siltaloppi, P. J. , Koskela-Huotari, K. , Vargo, S. L. , 2016, "Institutional complexity as a driver for innovation in service ecosystems", *Service Science*, 8 (3): 333-343.

[198] Simon, H. A. , 1959, "Administrative behavior: A study of decision-making processes in administrative organization", *Administrative Science Quarterly*, 2 (2): 244-248.

[199] Simon, H. A. , 1978, "Rationality as process and as product of thought", *American Economic Review*, 68 (2): 1-16.

[200] Singh, S. K. , Chen, J. , et al. , 2019, "Environmental ethics, environmental performance, and competitive advantage: Role of environmental training", *Technological Forecasting and Social Change*, 146 (9): 203-211.

[201] Sirmon, D. G. , Hitt, M. A. , Ireland, R. D. , 2007, "Managing firm resources in dynamic environments to create value: Looking inside the

black box", *Academy of Management Review*, 32（1）: 273-292.

［202］ Skålén, P. Gummerus, J., et al., 2015, "Exploring value proposi-
tions and service innovation: A service-dominant logic study", *Journal
of the Academy of Marketing Science*, 43（2）: 137-158.

［203］ Smith, A., 1776, *An Inquiry into the Nature and Causes of the Wealth
of Nations* (London: Printed for W. Strahan and T. Cadell).

［204］ Sántamaría, L., Nieto, M. J., Miles, I., 2012, "Service innovation
in manufacturing firms: Evidence from Spain", *Technovation*, 32（2）:
144-155.

［205］ Snyder, H., Witell, L., et al., 2016, "Identifying categories of serv-
ice innovation: A review and synthesis of the literature", *Journal of Busi-
ness Research*, 69（7）: 2401-2408.

［206］ Solomon, M. R., Surprenant, C., Gutman, C. E. G., 1985, "A role
theory perspective on dyadic interactions: The service encounter", *Jour-
nal of Marketing*, 49（1）: 99-111.

［207］ Song, M., Benedetto, C. A. D., 2008, "Supplier's involvement and
success of radical new product development in new ventures", *Journal of
Operations Management*, 26（1）: 1-22.

［208］ Spencer, H., 1910, *The Principles of Sociology* (London: Appleton).

［209］ Spohrer, J., Anderson, L. C., et al., 2008, "Service Science", *Jour-
nal of Grid Computing*, 6（3）: 313-324.

［210］ Spohrer, J., Maglio, P. P., 2008, "The emergence of service sci-
ence: Toward systematic service innovations to accelerate co-creation of
value", *Production and Operations Management*, 17（3）: 238-246.

［211］ Stevens, E., Dimitriadis, S., 2004, "New service development through
the lens of organisational learning: Evidence from longitudinal case stud-
ies", *Journal of Business Research*, 57（10）: 1074-1084.

［212］ Storbacka, K., Brodie, R. J., et al., 2016, "Actor engagement as a
microfoundation for value co-creation", *Journal of Business Research*,

69 (8): 3008-3017.

[213] Storey, C. , Cankurtaran, P. , et al. , 2016, "Success factors for service innovation: A meta-analysis", *Journal of Product Innovation Management*, 33 (5): 527-548.

[214] Storey, C. , Hull, F. M. , 2010, "Service development success: A contingent approach by knowledge strategy", *Journal of Service Management*, 21 (2): 140-161.

[215] Story, V. M. , Raddats, C. , et al. , 2017, "Capabilities for advanced services: A multi-actor perspective", *Industrial Marketing Management*, 60 (1): 54-68.

[216] Strauss, A. L. , 1987, *Qualitative Analysis for Social Scientists* (Cambridge: Cambridge University Press).

[217] Su, M. D. P, Edvardsson, B. , Tronvoll, B. , 2013, "A new conceptualization of service innovation grounded in S-D logic and service systems", *International Journal of Quality and Service Sciences*, 5 (1): 19-31.

[218] Sumner F. , 1940, *Folkways* (Boston: Ginn & Co).

[219] Sundbo, J. , Gallouj, F. , 2000, "Innovation as a loosely coupled system in services", *International Journal of Services Technology & Management*, 1 (1): 15-36.

[220] Tansley, A. G. , 1935, "The use and abuse of vegetational concepts and terms", *Ecology*, 16 (3): 284-307.

[221] Teece, D. J. , 2007, "Explicating dynamic capabilities: The nature and microfoundations of (sustainable) enterprise performance", *Strategic Management Journal*, 28 (13): 1319-1350.

[222] Teece, D. , Pisano, G. , 1994, "The dynamic capabilities of firms: An introduction", *Industrial & Corporate Change*, 3 (3): 537-556.

[223] Thornton, P. H. , Ocasio, W. , Lounsbury, M. , 2012, *The Institutional Logics Perspective: A New Approach to Culture, Structure, and Process*

（Oxford: Oxford University Press）.

[224] Toivonen, M., Tuominen, T., 2009 "Emergence of innovations in services", *The Service Industries Journal*, 29 (7): 887–902.

[225] Töytäri, P., Turunen, T., et al., 2018, "Aligning the mindset and capabilities within a business network for successful adoption of Smart services", *Journal of Product Innovation Management*, 35 (5): 763–779.

[226] Ulaga, W., Reinartz, W., 2011, "Hybrid offerings: How manufacturing firms combine goods and services successfully", *Journal of Marketing*, 75 (6): 5–23.

[227] Vallaster, C., von Wallpach, S., 2013, "An online discursive inquiry into the social dynamics of multi-stakeholder brand meaning co-creation", *Journal of Business Research*, 66 (9): 1505–1515.

[228] Van den Ende, J., 2003, "Modes of governance of new service development for mobile networks: A life cycle perspective", *Research Policy*, 32 (8): 1501–1518.

[229] Van Horne, J.C., 1988, "Sustainable growth modeling", *Journal of Corporate Finance*, 12 (1): 19–25.

[230] Vargo, S.L., Akaka, M.A., 2012, "Value cocreation and service systems (re) formation: A service ecosystems view", *Service Science*, 4 (3): 207–217.

[231] Vargo, S.L., Akaka, M.A., Wieland, H., 2020, "Rethinking the process of diffusion in innovation: A service-ecosystems and institutional perspective", *Journal of Business Research*, 116 (8): 526–534.

[232] Vargo, S.L., Lusch, R.F., 2004, "Evolving to a new dominant logic for marketing", *Journal of Marketing*, 68 (1): 1–17.

[233] Vargo, S.L., Lusch, R.F., 2010, "From repeat patronage to value co-creation in service ecosystems: A transcending conceptualization of relationship", *Journal of Business Market Management*, 4 (4): 169–

179.

[234] Vargo, S. L. , Lusch, R. F. , 2016, "Institutions and axioms: An extension and update of service-dominant logic", *Journal of the Academy of Marketing Science*, 44 (1): 5-23.

[235] Vargo, S. L. , Lusch, R. F. , 2014, "Inversions of service-dominant logic", *Marketing Theory*, 14 (3): 239-248.

[236] Vargo, S. L. , Lusch, R. F. , 2011, "It's all B2B ⋯ and beyond: Toward a systems perspective of the market", *Industrial Marketing Management*, 40 (2): 181-187.

[237] Vargo, S. L. , Lusch, R. F. , 2008, "Service-dominant logic: Continuing the evolution", *Journal of the Academy of Marketing Science*, 36 (1): 1-10.

[238] Vargo, S. L. , Lusch, R. F. , 2017, "Service-dominant logic 2025", *International Journal of Research in Marketing*, 34 (1): 46-67.

[239] Vargo, S. L. , Maglio, P. P. , Akaka, M. , 2008, "On value and value co-creation: A service systems and service logic perspective", *European Management Journal*, 6 (3): 145-152.

[240] Vargo, S. L. , Wieland, H. , Akaka, M. A. , 2015, "Innovation through institutionalization: A service ecosystems perspective", *Industrial Marketing Management*, 44 (1): 63-72.

[241] Vink, J. , Koskela-Huotari, K. , et al. , 2021, "Service ecosystem design: Propositions, process model, and future research agenda", *Journal of Service Research*, 24 (2): 168-186.

[242] Wallin, J. , Parida, V. , Isaksson, O. , 2015, "Understanding product-service system innovation capabilities development for manufacturing companies", *Journal of Manufacturing Technology Management*, 26 (5): 763-787.

[243] Wareham, J. , Fox, P. B. , Cano Giner, J. L. , 2014, "Technology ecosystem governance", *Organization Science*, 25 (4): 1195-1215.

［244］Waseem, D. , Biggemann, S. , Garry, T. , 2018, "Value co‐crea-tion: The role of actor competence", *Industrial Marketing Management*, 70 (04): 5-12.

［245］Wernerfelt, B. , 1984, "A resource‐based view of the firm", *Strategic Management Journal*, 5 (2): 171-180.

［246］West, G. P. , Noel, T. W. , 2009, "The impact of knowledge re-sources on new venture performance", *Journal of Small Business Man-agement*, 47 (1): 1-22.

［247］Wieland, H. , Polese, F. , et al. , 2012, "Toward a service (eco) systems perspective on value creation", *Social Science Electronic Pub-lishing*, 3 (3): 12-25.

［248］Williamson, O. E. , 2000, "The new institutional economics: Taking stock, looking ahead", *Global Jurist*, 38 (3): 595-613.

［249］Witell, L. , Snyder, H. , et al. , 2016, "Defining service innovation: A review and synthesis", *Journal of Business Research*, 69 (8): 2863-2872.

［250］Wu, W. Y. , Nguyen, P. T. , 2019, "The antecedents of dynamic service innovation capabilities: The moderating roles of market dynamism and market orientation", *International Journal of Innovation Manage-ment*, 23 (7): 1-30.

［251］Yin, R. K. , 2014, *Case Study Research: Design and Methods* (5th ed.) (California: Thousand Oaks).

［252］Yi, Y. , Gong, T. , 2013, "Customer value co‐creation behavior: Scale development and validation", *Journal of Business Research*, 66 (9): 1279-1284.

［253］Zhao, X. , Lynch, J. G. , Chen, Q. , 2010, "Reconsidering Baron and Kenny: Myth and truth about mediation analysis", *Journal of Con-sumer Research*, 37 (2): 197-206.

［254］白景坤、张雅、李思晗，2020，《平台型企业知识治理与价值共创

关系研究》，《科学学研究》第 12 期。

[255] 白如彬、周国华、谭德庆，2013，《跨组织私人关系、组织间合作关系与组织速度竞争优势路径关系研究》，《软科学》第 1 期。

[256] 曹洪军、陈泽文，2017，《内外环境对企业绿色创新战略的驱动效应——高管环保意识的调节作用》，《南开管理评论》第 6 期。

[257] 曾萍、夏秀云、黄紫薇，2017，《引入情境调节的企业社会资本对双元创新的影响机制》，《中国科技论坛》第 9 期。

[258] 崔海云、施建军，2013，《服务创新、顾客体验价值与休闲农业企业绩效》，《南京社会科学》第 11 期。

[259] 崔淼、李万玲，2017，《商业生态系统治理：文献综述及研究展望》，《技术经济》第 12 期。

[260] 邓之宏、李亮宇，2017，《中国 O2O 市场价值主张影响顾客价值的机制》，《中国流通经济》第 8 期。

[261] 〔美〕菲力普·科特勒，1991，《市场营销管理 分析、规划、执行和控制》陈乃新等译，科学技术文献出版社。

[262] 冯文娜、姜梦娜、孙梦婷，2020，《市场响应、资源拼凑与制造企业服务化转型绩效》，《南开管理评论》第 4 期。

[263] 郭国庆、姚亚男，2013，《服务主导逻辑下价值共创过程及测量——基于生产率视角的初步分析》，《财贸经济》第 5 期。

[264] 简兆权、柳仪，2015，《关系嵌入性、网络能力与服务创新绩效关系的实证研究》，《软科学》第 5 期。

[265] 简兆权、旷珍，2020，《协同创新网络、复合式能力与新服务开发绩效》，《管理学报》第 10 期。

[266] 简兆权、令狐克睿、李雷，2016，《价值共创研究的演进与展望——从"顾客体验"到"服务生态系统"视角》，《外国经济与管理》第 9 期。

[267] 简兆权、令狐克睿，2018，《虚拟品牌社区顾客契合对价值共创的影响机制》，《管理学报》第 3 期。

[268] 简兆权、肖霄，2015，《网络环境下的服务创新与价值共创：携程

案例研究》,《管理工程学报》第 1 期。

[269] 姜尚荣、乔晗、张思等,2020,《价值共创研究前沿:生态系统和商业模式创新》,《管理评论》第 2 期。

[270] 姜铸、李宁,2015,《服务创新、制造业服务化对企业绩效的影响》,《科研管理》第 5 期。

[271] 焦娟妮、范钧,2019,《顾客—企业社会价值共创研究述评与展望》,《外国经济与管理》第 2 期。

[272] 金永生、李吉音、李朝辉,2017,《网络导向、价值共创与新创企业绩效——制度环境与企业发展阶段的调节》,《北京理工大学学报》(社会科学版)第 6 期。

[273] 金钰莹、叶广宇,2020,《全球价值链视角下中日服务业出口贸易结构比较研究》,《数量经济研究》第 2 期。

[274] 胡有林、韩庆兰,2018,《考虑双方努力的产品服务系统价值共创》,《计算机集成制造系统》第 1 期。

[275] 孔鹏举、周水银,2013,《基于企业与顾客共同创造竞争优势的企业参与概念研究》,《管理学报》第 5 期。

[276] 李纲、陈静静、杨雪,2017,《网络能力、知识获取与企业服务创新绩效的关系研究——网络规模的调节作用》,《管理评论》第 2 期。

[277] 李金生、卞曰瑭、刘利平,2020,《知识生态关系对高新技术企业自主创新的价值共创绩效影响研究》,《江苏社会科学》第 1 期。

[278] 李雷、简兆权、张鲁艳,2013,《服务主导逻辑产生原因、核心观点探析与未来研究展望》,《外国经济与管理》第 4 期。

[279] 蔺雷,吴贵生,2008,《制造业发展与服务创新——机理、模式与战略》,科学出版社。

[280] 令狐克睿、简兆权、李雷,2018,《服务生态系统:源起、核心观点和理论框架》,《研究与发展管理》第 5 期。

[281] 令狐克睿、简兆权,2017,《制造业服务化价值共创模式研究——基于服务生态系统视角》,《华东经济管理》第 6 期。

[282] 刘飞、简兆权，2014，《网络环境下基于服务主导逻辑的服务创新：一个理论模型》，《科学学与科学技术管理》第 2 期。

[283] 刘燕琪、辛本禄，2021，《后疫情时期服务业发展的思考与对策——基于服务生态系统的视角》，《企业经济》第 3 期。

[284] 卢纹岱，2000，《SPSS for Windows 统计分析》，电子工业出版社。

[285] 马海燕、熊英、钟倩，2018，《网络嵌入、服务创新与制造企业转型升级绩效的关系研究》，《中国地质大学学报》（社会科学版）第 1 期。

[286] 马永开、李仕明、潘景铭，2020，《工业互联网之价值共创模式》，《管理世界》第 8 期。

[287] 马源鸿、曹云忠、方佳明，2018，《移动短视频社交平台中的价值共创机理——基于抖音短视频的案例研究》，《电子科技大学学报》（社科版）第 4 期。

[288] 〔美〕诺思，2008，《制度、制度变迁与经济绩效》，杭行译，格致出版社、上海三联书店、上海人民出版社。

[289] 欧阳桃花，2004，《试论工商管理学科的案例研究方法》，《南开管理评论》第 2 期。

[290] 孙楚、曾剑秋，2019，《共享经济时代商业模式创新的动因与路径——价值共创的视角》，《江海学刊》第 2 期。

[291] 孙立缘、罗建强、杨慧，2019，《面向价值共创的服务衍生供需决策优化研究》，《中国管理科学》第 9 期。

[292] 孙璐、李力、陶福平，2016，《信息交互能力、价值共创与竞争优势——小米公司案例研究》，《研究与发展管理》第 6 期。

[293] 孙璐、李力、孔英，2018，《信息交互能力的测度及其对竞争优势的影响研究：基于用户体验的价值共创视角》，《管理工程学报》第 2 期。

[294] 孙永波、丁沂昕、王勇，2018，《价值共创互动行为对品牌权益的作用研究》，《外国经济与管理》第 4 期。

[295] 〔美〕塔尔科特·帕森斯，2003，《社会行动的结构》，张明德等

译，译林出版社。

[296] 唐国锋、李丹，2020，《工业互联网背景下制造业服务化价值创造体系重构研究》，《经济纵横》第 8 期。

[297] 〔美〕W. 理查德·斯科特，2010，《制度与组织：思想观念与物质利益》（第 3 版），姚伟、王黎芳译，中国人民大学出版社。

[298] 王金凤、吴蕊强、冯立杰等，2017，《企业创新氛围、员工创新意愿与创新绩效机理研究——基于高新技术企业的实证分析》，《经济与管理研究》第 9 期。

[299] 王雷、曾剑秋、温馨，2018，《顾客价值主张对服务创新绩效的影响——顾客参与的中介作用》，《经济与管理研究》第 8 期。

[300] 王水莲、李志刚、杜莹莹，2019，《共享经济平台价值创造过程模型研究——以滴滴、爱彼迎和抖音为例》，《管理评论》第 7 期。

[301] 魏江、陶颜、陈俊青，2008，《服务创新的实施框架及其实证》，《科研管理》第 6 期。

[302] 温忠麟、张雷、侯杰泰等，2004，《中介效应检验程序及其应用》，《心理学报》第 5 期。

[303] 吴明隆，2003，《SPSS 统计应用实务：问卷分析与应用统计》，科学出版社。

[304] 吴杨伟、王胜，2018，《再论比较优势与竞争优势》，《经济学家》第 11 期。

[305] 武柏宇、彭本红，2018，《服务主导逻辑、网络嵌入与网络平台的价值共创——动态能力的中介作用》，《研究与发展管理》第 1 期。

[306] 武文珍、陈启杰，2012，《价值共创理论形成路径探析与未来研究展望》，《外国经济与管理》第 6 期。

[307] 肖萌、马钦海，2017，《顾客资源对价值共创能力的影响机制——资源整合的中介作用》，《技术经济》第 9 期。

[308] 肖艳红、卢艳秋、叶英平，2018，《能力柔性与知识管理战略匹配对竞争优势的影响》，《科技进步与对策》第 1 期。

[309] 辛本禄、刘燕琪，2021，《服务价值网中双元创新对高质量服务供

给的影响研究》，《科技管理研究》第 7 期。

［310］辛本禄、刘燕琪，2020，《服务消费与中国经济高质量发展的内在机理与路径探索》，《南京社会科学》第 11 期。

［311］辛本禄、刘燕琪，2021，《基于制度作用机制的服务生态系统整合模型研究》，《中国科技论坛》第 1 期。

［312］熊正德、魏唯、顾晓青，2020，《网络位置、跨界搜索与制造企业服务创新绩效》，《科学学研究》第 7 期。

［313］徐泽磊、于桂兰，2020，《战略变革前瞻性对企业创新绩效的影响研究》，《管理学报》第 8 期。

［314］〔英〕亚当·斯密，2003，《国富论：国民财富的性质和起因的研究》，谢祖钧译，中南大学出版社。

［315］严建援、何群英，2017，《B2B 情境下专用性投资、顾客价值共创与顾客价值间的关系研究》，《管理学报》第 7 期。

［316］杨路明、张惠恒、许文东，2020，《服务主导逻辑下价值共创影响研究——平台能力的中介作用》，《云南财经大学学报》第 5 期。

［317］杨苗苗、王娟茹，2020，《跨界搜索、知识整合与企业可持续竞争优势》，《科学学研究》第 4 期。

［318］杨善林、周开乐、张强等，2016，《互联网的资源观》，《管理科学学报》第 1 期。

［319］杨学成、涂科，2017，《出行共享中的用户价值共创机理——基于优步的案例研究》，《管理世界》第 8 期。

［320］杨洋、耿洁、刘振华，2015，《制造企业服务创新对企业绩效的作用机制》，《系统工程》第 6 期。

［321］易朝辉，2010，《资源整合能力、创业导向与创业绩效的关系研究》，《科学学研究》第 5 期。

［322］尹碧波、张国安，2010，《以资源为基础的企业竞争优势理论的演进与发展趋势》，《华东经济管理》第 6 期。

［323］余光胜，2002，《企业竞争优势根源的理论演进》，《经济管理》第 20 期。

［324］张婧、何勇，2014，《服务主导逻辑导向与资源互动对价值共创的影响研究》，《科研管理》第 1 期。

［325］张伟、郭立宏、张武康，2018，《企业经营创新、动态能力与竞争优势关系研究》，《科技进步与对策》第 17 期。

［326］张祥、陈荣秋，2009，《竞争优势的新来源：与顾客共创价值》，《管理工程学报》第 4 期。

［327］张颖、高杰、冯泰文，2014，《供应商合作与企业竞争优势的关系研究》，《管理学报》第 3 期。

［328］赵晓煜、高云飞、孙梦迪，2020，《制造企业组织柔性、动态服务创新能力与服务创新绩效》，《科技进步与对策》第 15 期。

［329］庄彩云、陈国宏，2017，《产业集群知识网络多维嵌入性与创新绩效研究——基于企业双元学习能力的中介作用》，《华东经济管理》第 12 期。

［330］周晓东、项保华，2003，《什么是企业竞争优势?》，《科学学与科学技术管理》第 6 期。

［331］朱勤、孙元、周立勇，2019，《平台赋能、价值共创与企业绩效的关系研究》，《科学学研究》第 11 期。

附录 1 访谈提纲（企业）

尊敬的先生/女士：

您好！

我是从事服务生态系统的研究人员，本次调研旨在了解服务生态系统中的企业是如何获得竞争优势的，感谢您配合我们进行这次调研。本次调研所收集的信息仅用于学术研究，您的回答将被完全保密。您给出的回答没有对错之分，所反馈的内容对我们的研究十分重要，再次感谢您的配合。

祝您万事如意！

第一部分 被访谈者个人基本信息

1. 您的性别：1. 男　2. 女

2. 您的年龄：＿＿＿＿＿＿＿＿＿＿＿

3. 您所在的企业：＿＿＿＿＿＿＿＿＿＿

4. 您在该企业的工作年限：＿＿＿＿＿＿＿＿

第二部分：服务生态系统中竞争优势
产生的原因和影响因素

1. 请简单描述您所在的企业在其所处的服务生态系统中扮演什么样的角色？处于什么样的地位？与其他企业相比如何？

2. 您认为您所在的企业所具有的竞争优势的来源是什么？

3. 您所在的企业在行业和市场中是否活跃？通常在什么方面具有较大影响力？

4. 您所在的企业与竞争对手、供应商、客户等利益相关者的关系如何？（请举例说明）

5. 与利益相关者合作给您所在的企业带来了哪些好处？（请尽量多地举例）

6. 在能力方面您如何评价您所在的企业？在哪些方面具有优势？

7. 您认为您所在的企业给客户提供的产品或服务是个性化、独特的吗？客户的需求能否被重视？

8. 您所在的企业在创新方面是如何做的？创新都是如何产生的？

9. 近年来，您所在的企业所处的服务生态系统是否稳定？在制度方面有什么变化？

本次访谈结束，谢谢您的合作！

附录2 访谈提纲（客户）

尊敬的先生/女士：

您好！

我是从事服务生态系统的研究人员，本次调研旨在了解服务生态系统中的企业是如何获得竞争优势的，感谢您配合我们进行这次调研。本次调研所收集的信息仅用于学术研究，您的回答将被完全保密。您给出的回答没有对错之分，所反馈的内容对我们的研究十分重要，再次感谢您的配合。

祝您万事如意！

第一部分　被访谈者个人基本信息

1. 您的性别：1. 男　　2. 女

2. 您的年龄：＿＿＿＿＿＿＿＿＿＿＿＿

3. 您成为 W＼H＼B 企业的客户的时间：＿＿＿＿＿＿＿＿＿＿＿＿＿

第二部分：服务生态系统中竞争优势
产生的原因和影响因素

1. 请用一句话描述您对该企业的认识？

2. 您经常使用该企业的产品和服务吗？最常使用的是什么？

3. 您使用该企业产品和服务印象最深刻（最难忘）的经历是怎样的？

4. 吸引您成为该企业的客户的原因是什么？

5. 您是否参与过该企业的活动？请具体描述。

6. 您认为该企业是否以顾客为中心？请举例说明。

7. 该企业的哪些价值主张或哪些行为令您印象深刻？

8. 您认为使用该企业的产品和服务给您带来哪些好处？

9. 您如何评价该企业的能力？这给您带来哪些影响？

本次访谈结束，谢谢您的合作！

附录3 访谈提纲（其他利益相关者）

尊敬的先生/女士：

您好！

我是从事服务生态系统的研究人员，本次调研旨在了解服务生态系统中的企业是如何获得竞争优势的，感谢您配合我们进行这次调研。本次调研所收集的信息仅用于学术研究，您的回答将被完全保密。您给出的回答没有对错之分，所反馈的内容对我们的研究十分重要，再次感谢您的配合。

祝您万事如意！

第一部分　被访谈者个人基本信息

1. 您的性别：1. 男　　2. 女

2. 您的年龄：＿＿＿＿＿＿＿＿＿＿＿＿

3. 您与 W \ H \ B 企业的关系：＿＿＿＿＿＿＿＿＿＿＿＿

第二部分：服务生态系统中竞争优势
产生的原因和影响因素

1. 请用一句话描述您对该企业的认识？

2. 您经常与该企业打交道吗？最频繁的接触和互动是什么？

3. 您与该企业有关的印象最深刻（最难忘）的经历是怎样的？

4. 与该企业的互动合作是不是愉快的？请具体描述。

5. 该企业是否采取措施维护和您（您所在组织）的关系？请具体描述。

6. 您愿意为和该企业互动合作投入更多的时间、资源等成本吗？请简单阐述原因。

7. 您是否参与过该企业的活动？请具体描述。

8. 企业的哪些价值主张或哪些行为令您印象深刻？

9. 您如何评价该企业能力？这给您带来哪些影响？

10. 您与该企业在市场标准、行业准则等问题上是否能够达成一致？

11. 您是否能够理解并认同该企业的行为逻辑？

本次访谈结束，谢谢您的合作！

附录4　调查问卷

尊敬的女士/先生：

您好！

首先十分感谢您参与此次问卷调查。我们团队正在进行一项严谨的学术研究，您所回答的问题没有对错之分，仅用于学术研究，请您根据您的实际情况进行填写。您的信息我们会绝对保密，不会向其他组织或个人泄露，问卷采取匿名方式收集。

第一部分　企业评价

近年来，苹果生态系统、共享经济生态系统等服务生态系统的实践被越来越多人所熟知，这些生态系统注重客户、供应商、政府等更多的利益相关者的作用。本书从服务生态系统的视角出发对企业进行研究，每道题均有5个选项，其中1表示非常不同意、2表示比较不同意、3表示不同意也不反对、4表示比较同意、5表示非常同意，请您根据题目描述进行选择。

一、请根据您所在企业的实际情况选择（1表示非常不同意，5表示非常同意），在对应数字上标记"√"。

题项	非常不同意	比较不同意	不同意也不反对	比较同意	非常同意
1. 企业在进行互动时，能够考虑到客户的资源和能力问题	1	2	3	4	5
2. 企业在进行互动时，能够考虑到业务伙伴的资源和能力问题	1	2	3	4	5

续表

题项	非常 不同意	比较 不同意	不同意 也不反对	比较同意	非常同意
3. 企业在进行互动时，能够了解需要什么样的基础设施（如能源供应、运输能力）才能使业务顺利开展	1	2	3	4	5
4. 企业能够使客户理解自己的价值主张	1	2	3	4	5
5. 企业擅长向大众传递产品和服务蕴含的价值	1	2	3	4	5
6. 企业能够根据实际情况重新定义自己的产品和服务	1	2	3	4	5
7. 企业认为竞争对手也是对市场发展做出贡献的重要同行	1	2	3	4	5
8. 企业擅长与新的商业伙伴（如供应商、分销商、客户）建立合作关系	1	2	3	4	5
9. 企业擅长与新的非商业伙伴（如媒体、研究机构、政府组织）建立合作关系	1	2	3	4	5
10. 企业影响了所在市场上常用的术语	1	2	3	4	5
11. 企业影响了市场和行业标准（如技术标准、行业守则）	1	2	3	4	5
12. 媒体和政府等外部人士经常向企业咨询意见	1	2	3	4	5

二、请根据您所在企业的实际情况选择（1 表示非常不同意，5 表示非常同意），在对应数字上标记"√"。

题项	非常 不同意	比较 不同意	不反对	比较同意	非常同意
1. 客户、供应商等利益相关者对产品或服务的想法和建议是受到欢迎的	1	2	3	4	5
2. 客户、供应商等利益相关者愿意花时间和精力帮助企业改善产品或服务	1	2	3	4	5
3. 客户、供应商等利益相关者积极参与业务流程（如产品和服务的开发、销售等）	1	2	3	4	5
4. 客户、供应商等利益相关者为了从过程、产品或服务中获益，倾向于积极主动地使用自己的技能、知识等资源能力	1	2	3	4	5

题项	非常 不同意	比较 不同意	不反对	比较同意	非常同意
5. 企业与客户、供应商等利益相关者的互动是一段美好的记忆	1	2	3	4	5
6. 每个客户从产品或服务中获得的体验具有独特性	1	2	3	4	5
7. 产品或服务的价值取决于客户等参与者的自身特点和使用条件	1	2	3	4	5
8. 客户等参与者的个体需求得到重视，会被尽量满足	1	2	3	4	5
9. 客户、供应商等利益相关者获得的良好体验极具价值	1	2	3	4	5

三、请根据您所在企业的实际情况选择（1 表示非常不同意，5 表示非常同意），在对应数字上标记"√"。

题项	非常 不同意	比较 不同意	不反对	比较同意	非常同意
1. 企业在与其他参与者（客户、供应商等）的互动中使用了服务新概念	1	2	3	4	5
2. 企业不断尝试与新的客户进行互动	1	2	3	4	5
3. 企业在尝试使用新的价值网络或者新的商业模式	1	2	3	4	5
4. 企业使用了新的收益分配模式	1	2	3	4	5
5. 企业在技术层面使用了新的交付系统	1	2	3	4	5
6. 企业在非技术层面使用了新的交付系统	1	2	3	4	5

四、请根据您所在企业的实际情况选择（1 表示非常不同意，5 表示非常同意），在对应数字上标记"√"。

题项	非常 不同意	比较 不同意	不反对	比较同意	非常同意
1. 企业与其他参与者（供应商、分销商等）之间在市场规则和行业标准方面一致性程度高	1	2	3	4	5

题项	非常 不同意	比较 不同意	不反对	比较同意	非常同意
2. 企业与其他参与者（供应商、分销商等）受到的政府法规和政策干预的一致性程度高	1	2	3	4	5
3. 企业与其他参与者（供应商、分销商等）在指导日常工作的规则和标准方面的一致性程度高	1	2	3	4	5
4. 企业与其他参与者（供应商、分销商等）遵循的行业奖惩标准的一致性程度高	1	2	3	4	5
5. 企业与其他参与者（供应商、分销商等）对市场总体福利改善方向期望的一致性程度高	1	2	3	4	5
6. 企业与其他参与者（供应商、分销商等）遵循的技术规范的一致性程度高	1	2	3	4	5
7. 企业与其他参与者（供应商、分销商等）遵循的行业道德标准的一致性程度高	1	2	3	4	5
8. 企业与其他参与者（供应商、分销商等）遵循的行业从业者资格认证的一致性程度高	1	2	3	4	5
9. 企业与其他参与者（供应商、分销商等）对行业文化认同的一致性程度高	1	2	3	4	5
10. 企业与其他参与者（供应商、分销商等）对彼此行为逻辑认同的一致性程度高	1	2	3	4	5
11. 企业与其他参与者（供应商、分销商等）对共同信念坚守的一致性程度高	1	2	3	4	5
12. 企业与其他参与者（供应商、分销商等）所持的认知框架的一致性程度高	1	2	3	4	5

五、请根据您所在企业的实际情况选择（1 表示非常不同意，5 表示非常同意），在对应数字上标记"√"。

题项	非常 不同意	比较 不同意	不反对	比较同意	非常同意
1. 相比于竞争对手，企业能以更低成本提供产品或服务	1	2	3	4	5
2. 相比于竞争对手，企业的市场份额增长更快	1	2	3	4	5

续表

题项	非常 不同意	比较 不同意	不反对	比较同意	非常同意
3. 相比于竞争对手，企业的利润率更高	1	2	3	4	5
4. 相比于竞争对手，企业能提供更高品质的产品或服务	1	2	3	4	5
5. 相比于竞争对手，企业的客户黏性更高	1	2	3	4	5
6. 相比于竞争对手，企业的创新优势更大	1	2	3	4	5
7. 相比于竞争对手，企业的利益相关者满意度更高	1	2	3	4	5

第二部分　个人与企业信息

请您根据您和您所在企业的实际情况进行选择，我们会对您的答案予以严格保密。

1. 请问您的性别：

A. 男　　　　　　B. 女

2. 请问您的年龄：

A. 20 岁及以下　　　　B. 21~30 岁　　　　C. 31~40 岁

D. 41~50 岁　　　　　E. 50 岁以上

3. 请问您所在企业所属的行业：

1. 生活性服务业　　　2. 生产性服务业　　　3. 制造业

4. 资源能源行业　　　5. 其他类型行业

4. 请问您所在企业的规模：

A. 50 人及以下　　　　B. 51~100 人　　　　C. 101~200 人

D. 200 人以上

5. 请问您所在企业的性质：

A. 国有企业　　　　　B. 民营或私营企业　　　C. 外商独资企业

D. 中外合资企业　　　E. 其他类型企业

6. 请问您所在企业的成立年限：

1. 3 年以下   2. 3~5 年   3. 6~10 年

4. 10 年以上

问卷到此结束，再次谢谢您的配合！

图书在版编目（CIP）数据

操作性资源能力与企业竞争优势：基于服务生态系统的视角 / 刘燕琪著 . --北京：社会科学文献出版社，2024.8. --ISBN 978-7-5228-3894-6

Ⅰ. F271.3

中国国家版本馆 CIP 数据核字第 2024AF9493 号

操作性资源能力与企业竞争优势

——基于服务生态系统的视角

著　　者 / 刘燕琪

出 版 人 / 冀祥德
组稿编辑 / 高　雁
责任编辑 / 颜林柯
责任印制 / 王京美

出　　版 / 社会科学文献出版社 · 经济与管理分社（010）59367226
　　　　　地址：北京市北三环中路甲 29 号院华龙大厦　邮编：100029
　　　　　网址：www.ssap.com.cn
发　　行 / 社会科学文献出版社（010）59367028
印　　装 / 三河市尚艺印装有限公司

规　　格 / 开　本：787mm×1092mm　1/16
　　　　　印　张：14.5　字　数：223 千字
版　　次 / 2024 年 8 月第 1 版　2024 年 8 月第 1 次印刷
书　　号 / ISBN 978-7-5228-3894-6
定　　价 / 138.00 元

读者服务电话：4008918866